超大城市群协同发展研究丛书

城市群协同发展场景规划与实践

曾元武　史京文　俞　露等　著

科学出版社

北　京

内 容 简 介

本书聚焦粤港澳大湾区城市群区域性、复合性的协同发展问题及综合决策需求，以场景为驱动、规划为引领，探索面向城市群综合决策与协同服务的数据治理、集成分析、优化决策等关键技术，研发城市群综合数据一体化管理平台，依托广东省国土空间规划"一张图"实施监督信息系统，在人口、交通、环境、产业、基础设施、公共服务等领域开展应用示范，推动大湾区协同创新及高质量发展，助力提升大湾区城市治理能力和公共服务水平。

本书可供从事智慧城市、国土空间规划等相关研究领域的科学工作者、工程师、技术人员等，以及自然资源、发展和改革、工业信息化、生态环境等部门工作人员参阅。

审图号：粤 S（2024）115 号

图书在版编目（CIP）数据

城市群协同发展场景规划与实践 / 曾元武等著. -- 北京：科学出版社，2024.11. --（超大城市群协同发展研究丛书）. -- ISBN 978-7-03-079807-7

Ⅰ. F299.21

中国国家版本馆 CIP 数据核字第 2024Y6J415 号

责任编辑：郭勇斌　杨路诗 / 责任校对：张亚丹
责任印制：赵　博 / 封面设计：义和文创

科 学 出 版 社 出版
北京东黄城根北街 16 号
邮政编码：100717
http://www.sciencep.com
北京富资园科技发展有限公司印刷
科学出版社发行　各地新华书店经销

*

2024 年 11 月第 一 版　开本：720 × 1000　1/16
2025 年 9 月第二次印刷　印张：15　插页：8
字数：323 000
定价：128.00 元
（如有印装质量问题，我社负责调换）

"超大城市群协同发展研究丛书"编委会

《城市群协同发展场景规划与实践》编委会

主　编：曾元武　史京文　俞　露

副主编：徐晓绵　程迎轩　刘　敏　罗宏明　冯　舒　陈泽鹏

成　员：刘翠霞　谢　宇　周洁艺　陈鑫祥　郭　晨　李　奇

　　　　胡应龙　奚宇霖　王晨辉　莫登海　徐妙媛　唐正宇

　　　　易嘉兴　马贤娥　汤沫熙　陈　玲　周艺霖　廖　琪

　　　　饶志新　余雪飞　刘雅瑜　梁家华　黄冠平　刘星南

丛 书 序 一

随着城市化进程的推进，城市空间、产业和人口规模不断扩展，相邻城市之间的联系日益增强，形成相互依存、合作紧密的城市群。城市群是资源要素高度集中的城市连绵区域，已成为经济、社会和科技发展的重要引擎。纽约、旧金山、伦敦、巴黎和东京等国际大都市，辐射带动了其周边不同等级规模的城市，形成特色鲜明、一体化程度高的城市群，在全球经济发展中具有重要地位。进入 21 世纪以来，我国逐步形成京津冀、长三角、粤港澳大湾区三个特大城市群，成渝、长江中游、山东半岛、粤闽浙沿海城市群、中原、关中平原、兰州-西宁、北部湾等不同规模的城市群也逐步纳入国家发展规划。实施城市群战略有利于推动区域协调发展，形成新发展格局，实现"双碳"目标，从而提升城市化质量和城市群竞争力。

《粤港澳大湾区发展规划纲要》明确提出"建设世界级城市群"，促进区域协调发展。粤港澳大湾区是典型的超大城市群，由珠三角9市和香港、澳门特别行政区共 11 个城市组成，经济社会密度高，创新要素集聚，产业体系完备，经济互补性强，区位和集群优势明显，国际化程度高，经济体量大，在我国发展大局和世界经济格局中均具有重要地位和作用。响应国家需求，强化城市协同，破解合作难题，向更高水平迈进，是粤港澳大湾区城市群的内在发展需求和必要使命担当。如何充分利用独特的体制机制优势，破除障碍因素，促进市场互联互通、资源合理配置、治理合作协同是粤港澳大湾区城市群发展面临的重要课题，需要政界、业界和学界共同努力，深入探究，破局求解。在数字技术和经济迅速发展的今天，通过数字湾区建设，强化粤港澳大湾区城市群在数字空间、网络空间的融合是推进区域一体化协同发展的重要路径。基于立体感知、深度分析和智能优化技术的应用，有利于整合粤港澳大湾区城市群的土地、人口、科技、经济、基础设施等资源，推动构建完整协调的产业生态链，降低企业的运营和创新成本，提升城市群综合竞争力，促进粤港澳大湾区城市群经济、社会和环境的可持续发展。

深圳大学联合广东省科学院广州地理研究所、香港理工大学深圳研究院、中国科学院自动化研究所、广东省土地调查规划院、中山大学、广东省国土资源技术中心、北京高德云图科技有限公司、中电科新型智慧城市研究院有限公司、深圳市城市规划设计研究院股份有限公司 9 家单位，承担了国家重点研发计划"物联网与智慧城市关键技术及示范"专项项目"粤港澳大湾区城市群综合决策和协同服务研究与示范"（项目编号：2019YFB2103100）。研究团队聚焦粤港澳大湾区城市群综合决策和协同管理服务需求，解析国内外城市群协同发展的规律与机理，构建粤港澳大湾区城市群协同发展理论框架，制定数字化治理、网络化服务、智能化协同技术标准；探索面向城市群空间协同的多源（元）数据治理、集成分析、优化决策等关键技术，提出综合决策和协同服务范式，构建粤港澳大湾区城市群综合数据一体化管理平台。通过近 3 年的合作研究，项目组取得一系列可喜的创新成果。"超大城市群协同发展研究丛书"是部分研究成果的总结，涉及粤港澳大湾区城市群协同创新、发展状态感知与计算、综合模拟与优化、协同发展场景规划等内容。本人希望并相信，丛书的出版能够引起各界的广泛关注、讨论和思考，为粤港澳大湾区城市群发展和国家城市群战略的实施提供有益的理论和方法参考及支持。

郭仁忠

中国工程院院士

深圳大学智慧城市研究院

2023 年 3 月

丛书序二

超大城市群,作为一个国家和全球城市体系中的璀璨明珠,以其顶级的战略地位、庞大的人口规模、雄厚的经济总量、超大的核心城市以及高度的经济外向度和综合发育程度,成为了城市群发展的巅峰形态。从全球范围来看,以纽约为核心的美国东北部大西洋沿岸城市群、以芝加哥引领的五大湖城市群、以东京为核心的日本太平洋沿岸城市群,以及以伦敦为核心的英伦城市群、欧洲西北部巴黎领衔的城市群等都属于全球超大城市群。在我国的京津冀城市群、长三角城市群、粤港澳大湾区城市群等,它们无疑也是全球超大城市群的典型代表。

这些超大城市群,通过精细合理的分工合作,紧密地嵌入全球生产与创新网络,如同强大的磁场,吸引着全球资源,推动着科技创新,引领着世界经济的浪潮。然而,它们也面临着同质化竞争、资源错配、发展失序、人地矛盾等区域协同发展的共性难题。

相比之下,粤港澳大湾区城市群,其"一国两制"、三个关税区的独特背景,使得其空间尺度关系更为错综复杂。在这片充满活力的土地上,要实现市场互联互通、生产要素高效流动、产业合理分工和资源高效配置的协同发展,无疑是一项更为艰巨而复杂的任务,同时也蕴含着更为丰富的研究价值。

正因如此,粤港澳区域协同发展一直是地理学及其他有关学科研究的热点与焦点。自 20 世纪 80 年代以来,众多专家学者围绕粤港澳区域合作、联动与一体化发展等议题,展开了大量深入而富有成效的研究,揭示了粤港之间从"前店后厂"到"前金后厂",从"单向辐射"到"双向辐射"的协同模式。然而,随着时代的变迁,粤港澳大湾区协同发展的机制已发生了深刻的变化,"前店后厂"等已成为历史,协同发展的模式更加多元,领域更加广泛。

特别是在当前全球数字化与人工智能加速发展的时代背景下,粤港澳大湾区协同发展正面临着数智转型的巨大挑战。一方面,需要突破综合决策与协同管理的技术瓶颈,以支撑城市群产业协同创新、资源协同配置、服务协同共享、环境协同治理、制度协同安排等应用场景;另一方面,需要构建全新的协同机制,促进区域数据流动、信息共享、规则对接与管理协同等。

在此背景下,深圳大学携手广东省科学院广州地理研究所等 9 家高等院校、科研机构和企业,共同承担了国家重点研发项目,聚焦粤港澳大湾区城市群综合决策与协同管理服务需求,深入解析超大城市群协同发展的规律与机理,探索面向城市群空间协同的多源数据治理、集成分析、优化决策等关键技术，提出城市群综合决策与协同服务的范式与机制创新。

经过系统研究与提炼总结，研究团队形成了这套"超大城市群协同发展研究丛书"。在数字技术和经济迅猛发展的今天，强化粤港澳城市群在数字空间、网络空间的融合，是推动区域一体化协同发展的重要路径。基于立体感知、深度分析与智能优化技术的应用，将有利于整合区域土地、人才、科技、信息、基础设施等资源，推动构建产业创新生态链，缓解城市群人地矛盾，提升城市群综合竞争力。

我坚信，这套丛书的出版将引领数字化时代超大城市群协同研究的新方向，为新时期粤港澳大湾区的协同发展与智慧转型注入强大的知识动力与智慧光芒！

许学强

中山大学地理科学与规划学院教授

2024 年 10 月

前　　言

　　城市群是国家工业化和城镇化发展到高级阶段的产物，是高度一体化和同城化的城市群体，是经济、社会和科技发展的重要聚集地，承载着国家参与全球竞争和世界经济中心转移的重要战略任务。在当今全球化和信息化的时代背景下，城市群作为推动区域经济发展的重要引擎，其协同发展已成为国家竞争力提升的关键所在。粤港澳大湾区作为中国开放程度最高、经济活力最强的区域之一，是国家区域协调发展的重要组成部分，其城市群高质量协同发展更具全局性和战略性意义。

　　2019年《粤港澳大湾区发展规划纲要》发布以来，粤港澳大湾区城市群围绕城乡融合发展、基础设施共建、科技创新协作和区域要素流动等关键内容，积极对接"一带一路"倡议，推动世界一流创新经济湾区构建，带动珠三角区域产业转型升级，打造"全球生产中心＋全球创新中心"，在提升中国产业全球价值链地位、引领新一轮创新发展和经济全球化方面，取得了丰富的成果。然而，粤港澳大湾区城市群在高质量发展的关键时期，依然面临资源环境约束加剧、区域发展不平衡、治理体系不完善等现实问题，这些均在不同程度上影响了大湾区城市群的发展能级。

　　针对粤港澳大湾区城市群协同发展问题的区域性、复合性特点及综合决策与协同发展需求，本书在对城市群协同发展问题进行客观评述的基础上，构建了场景规划理论体系；运用场景规划的方法识别了粤港澳大湾区一系列关键的协同发展场景，并设计了相应的应用场景及其实施路径；研究了城市群数字化治理、网络化服务和智能化协同的综合统筹决策技术，探索了空间规划数据共享网络化服务标准的制定，以及城市群综合数据一体化管理平台的建设和基于国土空间规划"一张图"系统的应用示范。

　　本书是基于"十三五"国家重点研发计划专项项目"粤港澳大湾区城市群综合决策和协同服务研究与示范"（项目编号：2019YFB2103100）课题"粤港澳大湾区城市群综合决策与协同服务平台及应用示范"（课题编号：2019YFB2103105）的研究成果编写，通过对成果的总结、提炼，实现成果的分享、推广和应用。围绕城市群协同发展评估、基础设施与重大项目优化配置、空间资源优化利用辅助决策、空间基础信息协同共享、绿道碧道协同规划与治理、环境协同治理、规划协同监督、海岸线协同保护、海域协同管理和南粤古驿道旅游精品路线等重要场景，开展城市群协同发展模式与应用示范探索，以期为我国其他同类型城市群的一体化协同发展提供一定参考。

　　本书撰写过程中，得到了深圳大学、广东省土地调查规划院、深圳市城市规划设计研究院股份有限公司、广东省国土资源技术中心以及"粤港澳大湾区城市群综合决策和协同服务研究与示范"项目组等其他单位领导和工作人员的大力支持。在此一并表示最诚挚的感谢！

作　者

2024 年 10 月

目　　录

第1章 绪 论

城市群协同发展被视为推动社会经济环境持续发展的先进方式，是提升城市化质量、提高区域核心竞争力的重要途径。我国城市群仍面临区域发展不平衡、同质化竞争和资源错配等问题，成为制约区域协调发展的主要因素。当前，国土空间规划改革成为推进国土空间治理体系和治理能力现代化的关键路径，也是推进城市群协同发展的重要环节。从国土空间规划视角，通过新理论、新技术、新场景等探索城市群协同发展路径，可成为促进城市群空间治理与区域协同发展的重要方式。本章围绕城市群协同发展的现实问题和需求，分析探索国土空间规划对促进城市群协同发展的引领作用，并探索以场景为依托驱动城市群协同发展的实现路径。

1.1 城市群协同发展的现实问题与需求

1.1.1 城市群协同发展问题

随着城市化进程不断推进，城市群逐渐成为我国未来经济、社会、科技发展的重要聚集地，城市群间的综合协同是促进城市群发挥综合效益、实现整体高质量发展的前提（方创琳，2014；陆军，2020）。近年来，党中央陆续提出京津冀协同发展、粤港澳大湾区建设、长三角一体化等一系列国家战略，尽管战略目标各有差别，但促进区域协同发展、提升城市群整体竞争力却是共有之意。相关学者从产业、经济、社会、环境、资源等角度对不同地区的城市群进行了协同水平测度和实证分析，探寻城市及城市群的协同演化问题（朱俊成，2011；方创琳，2017；杨珍丽等，2018；梁龙武等，2019）。研究表明，全球化背景下我国城市群发展呈现显著的区域协同特征，但依旧面临着资源配置、环境治理、产业协同等多维度的挑战。我国城市间各类资源的配置、能力供给以及社会治理水平存在差异，城市间的区域协同与行政分治矛盾仍普遍存在，信息化建设过程中的信息孤岛、数据烟囱等问题相对突出，制约了区域协调发展（周春山等，2018）。

1.1.2 城市群协同发展需求

在信息化突飞猛进的时代背景下，以场景为依托，面向城市群协同发展的实际需求，设计在城市新技术环境下的城市群综合决策和协同服务应用场景，利用现代信息技术手段解决城市群多元数据难以关联融合与共享服务、多部门业务难以协同等难题，将有助于整体提升城市群综合竞争能力，促进全面落实国家发展战略。当前，围绕城市信息化建设已经研发了大量的信息化平台或系统，但这些平台或系统存在平台异构、系统多样、数据分散、模型复杂、接口不一等问题，难以支撑城市群复杂环境下的综合决策与协同服务。为此，需要基于分布式集群计算的多层次细粒度云计算架构，通过研发数据汇聚、决策模型部署、分析集成、应用服务等关键技术并封装形成功能模块，集成于管理平台，这有助于解决城市群综合决策中各类异构平台连通、复杂模型并行计算与服务管理问题，有效支撑城市群的综合决策与协同服务的应用。

1.2　国土空间规划与城市群协同发展

1.2.1　国土空间规划改革的目标

2019 年 5 月，《中共中央 国务院关于建立国土空间规划体系并监督实施的若干意见》（以下简称《若干意见》）印发，提出建立国土空间规划体系并监督实施，将主体功能区规划、土地利用规划、城乡规划等空间规划融合为统一的国土空间规划，实现"多规合一"，强化国土空间规划对各专项规划的指导约束作用。根据国土空间治理体系和治理能力现代化的战略需要，在规划观念、体系、任务、方法、实施等方面进行全方位、重构性变革。推进国土空间规划改革的目标可概括为以下内容：一是在"多规合一"基础上，通过职能整合统一国土空间的战略配置、用途管制及生态保护修复，推动跨区域、跨部门的资源共享、优势互补、机制融合和协同共治。二是建立全国统一、权责清晰、科学高效的国土空间规划体系，整体谋划新时代国土空间开发保护格局，综合考虑人口分布、经济布局、国土利用、生态环境保护等因素，科学布局生产空间、生活空间、生态空间。三是为绿色生产方式和生活方式构建、生态文明与美丽中国建设和高质量发展等提供支撑，保障国家战略有效实施，促进国土空间治理体系和治理能力现代化。

1.2.2　国土空间规划的空间引领作用

新时代国土空间规划包含全域全要素以及规划编制、审批、实施、监督、评估的全周期治理，涉及多部门、多层级、多领域、多主体的协同共融，是可持续发展的空间蓝图，也是各类开发保护建设活动的基本依据。根据《若干意见》，国土空间规划体系在国土空间开发保护中要发挥战略引领和刚性管控的双重作用。

城市群层面的国土空间规划是国土空间规划体系中的重要环节，其核心价值在于利用空间规划推动区域协调发展，是推动区域治理现代化的重要手段。通过国土空间规划，有助于识别城市群协同发展过程中区域开发与保护存在的局部冲突、基础设施选址和重大项目布局与空间资源配置中的矛盾等，针对各类空间资源提出优化配置与管控要求，形成区域国土空间开发与保护相协调的总体格局。以空间规划信息为主线，整合城市群各类地理信息，有助于科学确定各专业领域的空间安排和设施布局，全面提升区域协调发展水平、产城融合水平和城乡融合发展水平。

1.3 场景规划与城市群协同发展

1.3.1 场景与场景规划

21 世纪以来，"场景"一词被广泛应用于各个领域，学术界也相继开展场景相关研究，围绕这一术语形成各自的定义和理论（武法提等，2018），许多城市开始着眼于通过探索城市应用场景推动城市发展（陈波，2019；吴军等，2021），以期进一步加快推动城市现代化进程，促进城市的健康可持续发展。学者从产业、经济、社会、环境、资源等角度探寻城市及城市群的协同演化问题（朱俊成，2011；方创琳，2017；杨珍丽等，2018；梁龙武等，2019），但极少从场景视角展开城市群协同发展研究，且已有的场景理论尚不能在城市发展领域得以较好应用，无法助力城市群协同发展的场景相关研究。在这一背景下，识别城市群协同发展中的重要场景、展开城市群协同发展的需求与过程分析显得尤为重要。根据城市群协同服务应用场景的需求和业务特征，以场景驱动的方法，融合物联网、大数据、区块链、人工智能等先进技术开展城市群协同发展场景规划，将有助于构建协同服务应用场景，为城市群协同建设与应用示范提供指导。

1.3.2 场景对城市群协同发展的促进作用

城市群协同发展涉及区域性产业发展布局、基础设施建设、区域性市场建设、城乡统筹与城乡建设、环境保护与生态建设、社会发展与社会保障体系建设等重大建设内容。围绕这些具体的问题和目标，场景规划首先针对城市群协同发展现状进行分析，通过总结城市群在产业、资源、环境、服务等不同领域协同发展过程中面临的问题，深度挖掘面向城市群协同服务的应用场景需求，从而快速识别城市群协同发展相关的重要场景。其次，从需求、对象、路径等角度展开城市群协同场景构建及分析，针对不同的规划单元、区域以及实际规划特点及协同水平，识别协同需求、明确协同对象并制定差异化的协同路径，明晰场景构建各阶段参与协作的对象、参与方式、任务流程以及体制机制创新，促进城市内、城市间和城市群间跨部门、跨层级、跨区域或跨制度的统筹协作，实现区域协同创新和多层次治理，为城市和城市群在产业、交通、环境、资源、生态等不同领域的协同发展过程与机制提供理论基础。最后，通过场景评价及应用在合适的区域进行应用示范，为建设宜居宜业宜游的城市群提供实践指导，助力城市群协同共建过程。

第2章 场景规划理论体系

场景是连接问题需求与技术应用的关键桥梁，从场景驱动这一角度出发，可以针对城市群协同发展进行多层次细粒度的需求分析，推进应用场景落地示范。本章开展基于场景理念的场景规划理论体系构建，用于指导场景实践工作。通过追溯"场景"概念的来龙去脉，结合多学科的场景发展理论，围绕场景及其要素特征，以系统化视角探讨场景理念的演变特征与趋势，构建形成场景规划理论体系，旨在为开展城市群协同发展场景研究提供理论基础与实践指导。

2.1 场景理论起源及实践

2.1.1 国外经典场景理论

"场景"一词最早起源于戏剧/影视剧，泛指场面或情景（George，1994），也常用于文学作品中，以人物活动为中心，以塑造人物为主题，对剧情的发展过程进行动态描写（Gardner，1983）。其中，"场"指戏剧电影中的小片段，内有时间概念，"景"是景物与环境，为空间概念。因此，场景是时间概念下的一种特定的空间环境，是由人物、事件（行为）、时间、环境（包括人物所处的物理空间、社会背景等）等要素组成的，以塑造人物为主题的具体画面。20 世纪 50 年代，美国社会学家欧文·戈夫曼（Erving Goffman）将社会映射到戏剧和影视剧中，提出拟剧论，代表作为《日常生活中的自我呈现》，认为社会犹如剧场，相应的场景是根据所处环境、特定角色、特定行为等因素构成的生活场面，人们在不同的设定下扮演不同的角色，更加注重人类行为和社会环境（Goffman，1959）。随着媒介特别是电子媒介的介入，场景不再局限于交往的物质场所。20 世纪 80 年代，美国著名传播学者约书亚·梅罗维茨（Joshua Meyrowitz）在拟剧论和马歇尔·麦克卢汉（Mashall McLuhan）媒介理论（McLuhan，1964）的基础上提出"媒介场景理论"，代表作为《消失的地域：电子媒介对社会行为的影响》，该理论突破物理空间限制，强调由媒介信息所营造的无地域限制的信息场景，场景中参与的角色和互动形式，从人与人、面对面转变成人与电子媒介的信息传递（Meyrowitz，1986）。

媒介革新的本质是技术的发展，进入互联网时代后，塑造信息场景的科技愈发多元化。21世纪初，美国知名记者罗伯特·斯考伯和谢尔·伊斯雷尔在《即将到来的场景时代》一书中指出，移动设备、社交媒体、大数据、传感器和定位系统是构成场景的五大技术力量，强调以媒介内容视角研究移动媒体时代技术、信息对人的行为的影响与决定作用，将互联网的虚拟世界与人们生活的现实世界融合，同时也将信息场景提升到智能的时空一体化场景构建与应用（Scoble et al.，2013）。同时期，以特里·克拉克和丹尼尔·西尔为代表的新芝加哥学派在城市社会学研究中对场景进行了理论延伸，两位学者在《场景：空间品质如何塑造社会生活》一书中阐述场景理论（Theory of Scenes），用于分析城市的文化风格和美学特征对城市发展的作用，该理论认为场景的构成是"都市生活娱乐设施（urban amenities）"的组合（Silver et al.，2016），这些组合不仅蕴含了功能，也传递着文化和价值观，有助于形成高级人力资本与新兴产业的聚集效应，从而推动城市更新与发展（图2-1）。

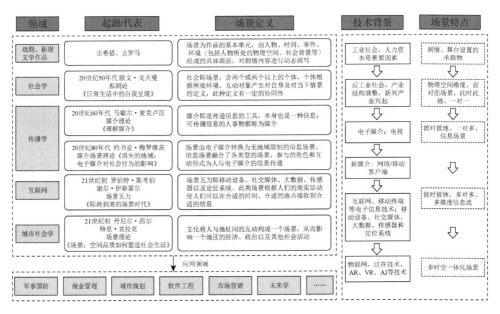

图2-1 场景概念发展脉络

2.1.2 国内场景相关研究

伴随着移动互联网的兴起，"场景"一词在国内得到广泛提及，并逐渐被应用到商业、科技、城市社会、通信、教育等不同领域，但关于场景的理论研究相对滞后，学者大多基于国外场景理论在传播学、互联网、城市社会学等领域开展场景研究工作，针对场景及其特征提出了各自的观点和理念。在传播学领域，场景被视为支撑用户活动的载体,由场所、景物等硬要素与空间、氛围等软要素构成(郜书锴,2015),强调场景的媒介属性,认为移动传播的本质是基于对场景的感知及信息适配,针对不同人群提供个性化的服务(彭兰,2015);相比之下,移动互联网领域更加关注受众需求,认为场景是一种人为构设且被建立的环境,场景的本质就是对特定场景中用户需求的洞察及满足,并尝试将新技术引入场景分析模型的构建过程(胡正荣,2015;喻国明等,2017);在城市社会学领域,以吴军等(2021)为代表的学者引入特里·克拉克的场景理论,以生活娱乐设施为载体,将城市空间看作孕育不同文化价值的特定场景,从而引导城市居民的行为,为认识城市发展和社会过程提供了新视角。随着大数据技术的蓬勃发展,场景又被赋予高度数据化的特征,相关研究从计算社会科学视角将场景要素划分为人物与角色、时间与状态、空间与环境、行为与关系、设备与数据五大要素,并提出通过数据表征和量化方法模拟还原真实场景的理论设想(郭金金等,2021)。

虽然国内场景相关研究内容的侧重点有所不同,但主要涉及场景的媒介属性以及场景的构成要素特征,较为关注场景中的受众需求及场景实现的价值,并通过引入新技术、新手段,逐渐探索场景模型的构建与模拟,旨在挖掘和验证特定场景的真实需求,为场景理论的进一步延伸提供了丰富的理论研究基础。然而,鲜有在场景构建方法、场景尺度划分、场景应用示范等方面的研究探索,且在理论构建方面尚未形成较为完整、普适的理论体系,一定程度上限制了场景理论的推广和应用。

2.1.3 基于场景理念的实践探索

纵观不同领域对场景开展的研究,更多是基于理论层面对场景进行抽象性解释,缺乏实践层面上具象化操作过程的探索,人们对于场景的认知普遍停留在概念解释层面,难以深层次挖掘场景的内涵及价值。随着对场景理论研究的不断深入,逐渐从场景理念衍生出一种用于决策改进的场景规划工具,又称情景规划(scenario planning),最初由美国著名军事战略家赫尔曼·卡恩(Herman Kahn)提出,作为军事布防的策略分析工具(Kahn et al.,1967)。20 世纪 70 年代,皮埃尔·瓦克(Pierre Wack)将这种军事规划方法提炼为一种商业预测工具运用于商业管理领域,注重在场景中对不确定性所带来的一系列可能产生的结果进行探索、识别不确定因素、生成最终结果的过程,实现为对未来情况和事件过程的描述,帮助管理者认识、考虑和反思他们和企业可能面临的不确定性,为企业制定更合适的未来发展策略。这一规划工具在国内的商业管理领域也得到了广泛应用,但由于受到专业性限制,无法在其他领域进行全面推广。

回顾国内外场景理论的发展脉络,可以看出国外研究者对场景展开了大量的理论研究与探讨，随着时代变迁，技术手段的革新使场景内涵不断丰富，经历了从简单叙事单元到社会秩序单元、广义媒介单元、战略规划工具的不断更迭，场景也由面对面的物理空间维度发展为多维度的信息空间，并且随着科技的不断进步，逐渐演变成时空一体化的场景。相比之下，国内研究相对滞后，且尚未形成较为完整的理论体系，甚至在同一领域不同的研究方向，对场景的解读也不尽相同，难以达成共识。究竟什么是场景，场景有哪些构成要素，以及如何结合具体场景在不同领域指导并开展场景规划及设计，依旧缺乏相应的理论与实践探讨。围绕这些问题，本书通过梳理国内外场景理论的发展脉络，分析场景具体内涵及其要素特征，旨在构建一套能够在不同领域进行沟通交流的场景规划体系，并以城市群协同发展中涉及的场景为例开展进一步实践探索。

2.2　场景内涵及特征

2.2.1　场景内涵

虽然有关场景的具体描述和定义在不同学科领域有所差异，但究其根本，场景是对由一定的时间、地点、人物所组成的特定事件的描述，是对场景要素关系脉络的一种呈现。结合各领域提出的场景概念及已开展的相应研究工作，场景有着更具体的内涵，即场景是在特定的时空条件下，围绕事件的关键问题和目标，以技术、资源等作为媒介，通过一系列行动形成的特定交互关系，场景的构建能够满足利益相关者的需求，创造和实现价值。

2.2.2　场景六要素

场景在社会学、传播学、城市社会学、军事和管理学等各个领域得到了广泛的应用，涉及的场景要素较为多样（表2-1），通过分析总结发现，场景中普遍存在的要素包括时间、地点、互动对象、事件、行为过程、媒介/技术以及场景可能实现的价值等。为了统一沟通语境，本书将场景要素进一步提炼归纳为时间、空间、对象、问题、路径和价值六个要素（图2-2），用以在不同领域开展场景构建与设计。

表 2-1　不同研究领域包含的场景要素

类型	领域	场景要素
经典理论	戏剧/影视剧	剧本、表演者、剧组、导演、观众、舞台（场地）、镜头等（Katz，1979）
	文学作品	时间、地点、人物、事件（起因、经过、结果）（沈贻炜等，2012）

续表

类型	领域	场景要素
经典理论	社会学	社会规范和角色期望、社会生活本身、社会个体或群体、决策者、时间、环境、特定角色、特定行为等（Treviño，2003）
	传播学	时间、对象、媒介/技术（余迎等，2010；聂晶，2019）
	互联网	时间、对象、媒体/技术（移动设备、社交媒体、大数据、传感器和定位系统）（徐步刊等，2012；夏蜀，2019；苗慧，2019）
	城市社会学	邻里、物质结构、多样性人群、前三个元素以及活动的组合、场景中所孕育的文化价值（克拉克等，2017；范为，2020）
国内研究	传播学	场所、景物、空间、氛围等（郜书锴，2015） 空间与环境、实时状态、生活惯性、社交氛围等（彭兰，2015）
	互联网	用户、位置、服务增值价值等（胡正荣，2015） 社会条件、个人条件、象征性要素、社会性要素等（喻国明等，2017）
	城市社会学	由各类舒适物系统集合而成（如餐馆、咖啡店、酒吧、画廊、书店、美发店与便利店等设施）（吴军等，2021）
	计算社会科学	人物与角色、时间与状态、空间与环境、行为与关系、设备与数据等（郭金金等，2021）
实践探索	军事	内容、军事任务、假设、限制、矛盾、环境、时间、范围、时间标尺、交战规则、场景最终状态（Neil et al.，2016）
	商业管理	时间、分析范围、利益相关者、背景趋势、不确定因素（Chakraborty et al.，2020）

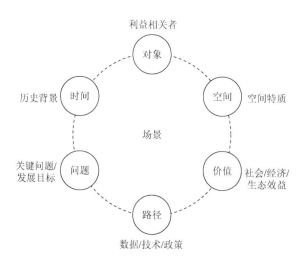

图 2-2　场景六要素示意图

　　场景六要素的细分及内涵如表 2-2 所示，时间指场景发生的时间范围，根据时间呈现的特征，可分为时间点、时间段或时间周期，分别表示对象在场景中进行互动时的时间节点、起止时间，以及场景发生的频率周期。空间是承载场景的空间范围，既包括场景发生的实际地理位置（物理空间），也包括承载场景的数字化虚拟空间。场景与空间密不可分，相辅相成，场景的构建会对空间产生影响，根据场景构建对空间产生的影响，可划分为空间开发与利用、空间规划与布局、空间分析与评估、空间管理与保护、空间优化与提升。对象是场景涉及的所有利益相关者，包括直接利益相关者、间接利益相关者、潜在利益相关者、直接资源提供者、间接资源提供者和资源管理者等。问题包括场景要解决的关键问题以及场景要实现的发展目标，表现为场景构建的主题。路径指构建场景所需要的数据资源、技术支撑与政策创新等，其中，数据资源指构建场景必要的多源（元）数据和各类资源，如遥感影像、三维数据、生态环境、社会经济、人类活动、产业等数据资源，技术、人力、运营等资本资源，以及现有平台基础和计算、存储、网络等虚拟资源；技术支撑指构建场景的必要关键技术；政策创新指构建场景必要的法律法规、激励机制、改革举措、标准规范等。场景的价值则代表场景可能实现的社会经济生态效益。

表 2-2　场景六要素细分及内涵

要素	要素细分	内涵
时间	时间点	场景发生的时间，指对象在场景中进行互动时的时间节点
	时间段	场景持续的时间，指对象在场景中进行互动时的起止时间
	时间周期	场景发生的频率周期，指场景重复出现的时间间隔
空间	空间开发与利用	通过场景构建对未使用空间进行开发建设或对已开发空间进行再利用，如空间精细化利用、虚拟空间构建等
	空间规划与布局	通过场景构建对空间形态、空间结构等进行规划与布局，如空间选址、功能区划等
	空间分析与评估	通过场景构建对既有的空间形态、空间结构和空间功能等展开分析与评估，或对未来空间的发展趋势进行预测，如空间规划评估、空间发展趋势分析等
	空间管理与保护	通过场景构建对既有空间进行系统性管理，对受损空间开展保护和修复工作，如构建空间开发保护制度、健全空间用途管制制度等
	空间优化与提升	通过场景构建对既有空间结构、空间形态和空间布局等进行优化，实现空间功能和空间品质的改善和提升，如空间结构优化、空间形态重塑和空间治理等
对象	直接利益相关者	可以直接从场景中获得社会经济生态效益的个人或群体
	间接利益相关者	不能直接从场景中获得社会经济生态效益，但由于各类效益的改变，其相关利益受到影响的个人或群体
	潜在利益相关者	无法从场景中直接或间接获得社会经济生态效益，但在未来发展中有望成为场景的直接或间接利益相关者
	直接资源提供者	在场景构建过程中，直接提供必要且可用的资源、技术、政策等方面支持的个人或群体
	间接资源提供者	在场景构建过程中，提供非必要但可用的资源、技术、政策等方面支持的个人或群体
	资源管理者	在场景构建过程中及场景构建完成后，对场景的技术、资源等进行运营、维护及管理的个人或群体

要素	要素细分	内涵
问题	关键问题	基于发展现状,场景所要解决的关键问题
	发展目标	针对关键问题,场景所要实现的目标,表现为场景主题
路径	数据资源	构建场景必要的多源(元)数据和各类资源,如遥感影像、三维数据、自然资源、社会经济、人类活动、交通路网、生态环境、产业等数据资源,以及现有平台基础、计算资源、存储资源、网络资源等
	技术支撑	构建场景的必要技术,如数据汇聚、分析集成、决策模型部署和应用服务等关键技术
	政策创新	支持构建场景的必要政策,包括法律法规、激励机制、改革举措、标准规范等
价值	社会效益	场景可以满足社会上人们日益增长的物质文化需求
	经济效益	场景在社会经济活动方面所取得的收益性成果
	生态效益	场景在维护和改善生态环境质量方面所获得的效能和利益

2.2.3　场景层级特征

随着对问题/目标、时空特征、对象、价值等场景要素的细分,场景表现出一定的尺度和层级特性,围绕场景要素的某一个或几个特征进行聚合形成不同的场景层级,能够更好地描述场景。本书尝试将场景初步划分为场景单元、场景簇、场景簇群和场景集群四个层级,旨在更好地描述多个场景单元的聚合情况(图 2-3)。其中,场景单元是场景分类的基本单位,具有完整而明确的场景六要素特征,包括清晰的问题/目标、确切的时空范围、明确的利益相关者、可实施的方法/流程和完整的价值等。场景单元可以作为直接开展一个场景规划方案的基本单位,一方面可以将具有某些相同或相似特征的场景单元聚合为场景簇、场景簇群或场景集

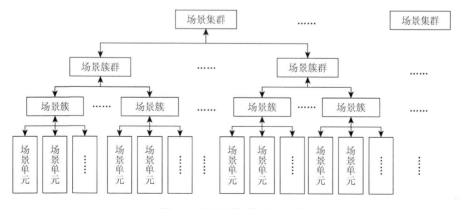

图 2-3　场景层级特征示意图

群，另一方面也可以在某个较大领域根据场景要素特征不断细化，将场景簇、场景簇群或场景集群拆解成多个场景单元，这些特征来自场景的目标/问题、时空特点、利益相关者、价值等要素特征。在特定的时空背景下，围绕具体问题/目标所搭建的场景不但可以满足人们的确实需要，还将有助于识别、创造和验证潜在的新需求，实现更全面、深入的场景构建。

2.3　场景规划

基于场景内涵及其要素特征，本书进一步探索了场景规划体系以及相关流程，认为场景规划是在社会经济发展、政府政策、技术创新等环境因素下，围绕关键问题/目标，以利益相关者为中心，通过整合现有资源与技术开展场景构建与设计，实现特定社会、经济或生态功能和价值的系统性过程。场景规划包含四个阶段：场景识别、场景构建、场景评价和场景应用（图2-4）。

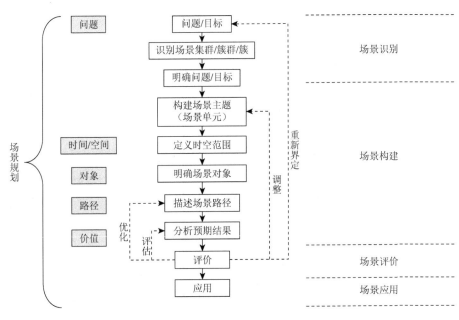

图 2-4　场景规划流程图

2.3.1　场景识别

开展场景规划首先是针对关键问题/目标进行分析，如果问题所涉及的场景已是最小场景单元，即具有完整而明确的场景六要素特征，则可直接开展场景构建。

如果涉及的场景不是最小场景单元，需根据场景要素特征对场景进行场景集群、场景簇群、场景簇等层级划分，通过场景要素特征不断细化，实现对场景的层层拆分，围绕具体场景需求界定明确的问题/目标，识别最小场景单元，再进一步开展场景构建。

2.3.2　场景构建

场景构建主要是对场景六要素进行识别和定义，包括以下几个步骤。

构建场景主题。场景主题是对场景进行简要的整体性描述，能够体现场景需要解决的问题、构建场景的目标、解决问题的技术以及场景实现的价值。

定义时空范围。为场景设置明确的时间和空间范围。根据构建的场景特征，定义相应的时间节点（时间点）、起止时间（时间段）或时间周期；定义承载场景的空间范围，划分物理空间、数字化虚拟空间或场景功能的辐射范围等（如虚拟服务平台的开放使用）。场景的时空范围能够在一定程度上体现场景的时代背景，蕴含技术发展变化、宏观经济趋势、社会关系变化等时代特征。

明确场景对象。即识别直接、间接、潜在利益相关者，直接、间接资源提供者以及资源管理者，辨明其相关责任权利以及与政治、经济、社会、技术、法律和行业趋势等因素的利害关系。

描述场景路径。场景路径指的是解决场景问题、实现场景目标的路径，解决路径包括但不限于数据资源、技术支撑和政策创新。

分析预期结果。场景构建最后一步，是对场景最终产生的预期结果进行描述，主要是评估场景实施后对社会、经济以及生态所带来的效益。场景的构建应以追求正向效益为导向，实现有限资源的高效利用。

2.3.3　场景评价

场景评价是确保场景有效性的必要步骤，是对场景中采用的理论依据、问题描述和解决方法的正确性与合理性加以验证的过程。在场景的验证过程中，除了检查现有场景的有效性，还有助于发现场景可能存在的问题，明确场景未来的发展方向，促进场景构建过程的进一步完善。场景评价可以从场景整体评价和场景效益评价两个方面展开。整体评价是场景构建时所需要遵循的基础准则，涉及合理性、一致性、相关性和创新性等；效益评价是对场景最终产出的效益进行定性或定量评价，是验证场景成果是否符合预期目标、取得预期收益的重要环节。

2.3.4 场景应用

在完成场景识别、场景构建与场景评价的基础上，各类主体根据自身需求获取场景资源或提供场景服务，结合城市生产生活等需求，将场景在合适的区域进行应用示范，实现场景的规划落地，即场景应用。以具体场景单元为基础开展的场景应用有利于统筹协调各类资源，促进跨地区、跨部门、跨产业间协同机制的形成与运行，提高政策的科学性和有效性。以城市群协同发展为例，围绕资源、产业、环境、服务等方面构建的应用场景，将有利于改变资源分配不均、同质化竞争等现象，推动城市间的共同进步和融合发展。

第3章 粤港澳大湾区城市群协同发展需求分析与场景识别

粤港澳大湾区城市群协同发展涵盖产业、交通、环境、资源、国土空间和公共服务等众多领域的协同。本章通过对大湾区城市群协同发展进行现状梳理、问题诊断，分析各大领域的重要发展路径及方向，结合《粤港澳大湾区发展规划纲要》（以下简称《规划纲要》），全面分析大湾区城市群发展机遇、挑战、目标和举措，并基于场景规划理论，开展《规划纲要》场景化转译，同时兼顾国土空间规划体系改革的重点内容，在产业协同创新、资源协同共享、环境协同治理、危机协同应对、服务协同共享、制度协同安排、公众出行协同等方面，选择典型场景单元，构建粤港澳大湾区协同发展场景库，为大湾区城市群协同发展场景设计提供基础支撑。

3.1 粤港澳大湾区城市群协同发展现状及需求

3.1.1 产业协同发展现状及需求

1. 粤港澳大湾区产业协同发展现状

经过40多年的共同发展，粤港澳大湾区三大产业结构不断升级优化，第一产业、第二产业占比不断下降，第三产业比重持续增加，基本形成具有明显特征且较为稳定的产业结构。经济发展方面，2022年粤港澳大湾区GDP总量超13万亿元（图 3-1），综合实力显著增强（新华社，2023）。城市间产业关联方面，大湾区内部发展存在不均衡现象，由于东部地区产业链分工的差异，其区域产业协作体系发育程度明显高于西部地区，其中产业关联最强的是深圳-香港，其次是广州-佛山，同时广州-东莞-深圳-香港的产业关联越来越强（涂成林等，2021）。新兴产业发展方面，大湾区在5G、6G、人工智能、医疗健康、智能制造等方面布局相关科技攻关项目，积极构建面向未来的产业发展新格局，探索前沿技术的应用落地，在生物医药、环保、海洋等领域取得较多进展。现代服务业方面，大湾区逐步完善现代服务业体系，珠三角规模以上服务业企业营业收入高，占比超过广东省 90%，服务业持续向好发展；香港服务业主要以法律、会计、咨询等生产性服务业为主，截至 2021 年，服务业经济总量占 GDP 比重达到 94%左右（左晓安等，2022）；澳门的服务业是其经济增长的主要来源，博彩业占比呈现逐步降低的趋势，而金融及商业服务、通信及仓储物流业的比重呈现缓慢增加的趋势。政策制度方面，粤港澳大湾区有两种政治制度、三个关税区，制度的差异性带来合作壁垒，制约了大湾区内生产及创新要素的自由流动，不利于大湾区内产业的融合发展。

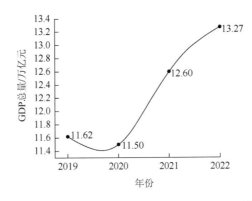

图 3-1　2019—2022 年粤港澳大湾区 GDP 总量[①]

2. 粤港澳大湾区产业协同发展面临的问题

粤港澳大湾区是我国参与全球竞争最重要的空间载体之一，在世界经济下行、政治制度差异影响的大背景下，大湾区产业协同发展仍面临较多困难和挑战。一是粤港澳大湾区内部存在同质化竞争和资源错配现象。大湾区城市间的主导产业较为相似，各城市对优势产业的投入较大，呈现制造业比重偏大的现象；大多城市处于产业转型的关键时期，而高端制造业和现代服务业的发展潜力巨大，导致城市同质化竞争激烈；各城市均以利益为导向推动区域产业结构的升级，缺少联动和共建共享的协同机制，存在资源错配，限制了区域产业协同发展。二是上下游产业链不完整。各城市的产业协同程度不足，产业的深度合作受到阻碍，不利于形成上下游合作的完整产业链条；各城市均有自身的优势产业和资源禀赋，但未能从区域协同的层面充分认识其区位、资源和产业优势，限制了产业的协同发展和深度合作。三是制度差异影响了要素流动和融合创新。粤港澳三地在政策、法律法规和制度等方面存在较大差异，导致职业资格、人才能力等不能互认，在

---

① 数据来源：中央人民政府驻澳门特别行政区联络办公室（http://www.zlb.gov.cn/2023-03/27/c_1211876573.htm）。

医疗、教育福利等方面，存在三地不能同等享受的问题，限制了人力、物质、资金和资源的跨境流动。

3. 粤港澳大湾区产业协同发展路径及方向

在未来发展中，粤港澳大湾区应以推进区域产业差异化发展、完善区域产业链、培育先进制造业群和新兴产业群、构建现代化服务业体系等为主要路径，实现大湾区产业协同发展的创新模式，打造高质量发展高地。一是推进多主体联动，实行区域产业差异化战略，共建大湾区城市群功能分工生态体系。提高中心城市间、中心城市与外围城市间的功能互补性，充分调动 9 市 2 区的独特优势，形成区域发展更加协调，分工合理、功能互补、错位发展的城市群新发展格局（张志明等，2022）。二是提升大湾区产业链供应链现代化水平。充分挖掘大湾区各城市的创新研发潜力，以服务创新推进大湾区服务现代化，以制度创新提高资源配置效率，推进大湾区资源优化配置，加快新兴制造产业创新发展，助力产业链供应链优化升级和现代服务业创新发展。三是破除要素流动障碍，推动大湾区要素市场一体化。促进各类生产要素的循环流转和"生产、分配、流通、消费"各环节的有效衔接，进一步深化要素流动型开放，稳步推进制度型开放。四是联动打造战略性新兴产业集群。重点发展 5G、人工智能等领域，培育一批高质量发展和领先全球的智能制造企业，围绕电子、家电、建材等相对优势显著的制造领域，推进"制造＋服务"的融合发展，推动粤港澳三地共建科技成果转移转化平台和科技成果孵化基地，设立粤港澳产学研协同创新联盟，聚焦智能装备、工业母机、高端医疗器械、海洋高端装备、航空航天等领域，打造以"微精尖"装备及核心零部件为特色的高端装备产业集群。五是推动现代服务业协同发展。深圳、广州、澳门、香港有着极强的文化创意产业，将四地结合，成立粤港澳大湾区文化创意产业联盟，加强彼此间的文化交流、产学研深度对接和成果转化；以深圳为重点，联合香港、澳门建设大湾区科技投融资体系，强化金融服务科技创新能力，主动对接港澳优质金融资源，推动广东与香港、澳门在保险、证券、银行市场等领域的深度对接合作，推动大湾区内人民币跨境使用，加快推进粤港澳三地金融支付服务合作共赢发展，提高跨境金融服务水平。

3.1.2 交通协同发展现状及需求

1. 粤港澳大湾区交通协同发展现状

粤港澳大湾区高速公路基本实现网络化，同时形成由高速铁路、城际铁路、普通铁路组成的多层次铁路路网系统，共同构成了以高速铁路、城际铁路和高等级铁路为主体的综合交通网络。截至 2021 年，大湾区已经建成铁路里程约 2500 千米，高铁总里程 1430 千米，铁路网密度为 4.47 千米/百千米^2，已建成通车高速公路达到 4972 千米，路网密度为 9.1 千米/百千米^2，已经在一定程度上超过东京、伦敦等国际大都市，超过国内长三角以及京津冀地区。第七次全国人口普查数据显示，粤港澳大湾区的常住人口密度为 1538 人/千米^2，交通客运需求量巨大。2009—2019 年，粤港澳大湾区机场旅客发送量为 2.10 亿人/年，铁路旅客发送量为 1.18 亿人/年，高速公路旅客发送量为 1.23 亿人/年（李泽众，2020）。同时，粤港澳大湾区充分利用网络化、信息化手段，打造"智慧交通"的城市群样板，依托城市大数据分析、交通运行管理和城市管理等智慧分析系统进行人群监测、人群预测、辅助分析，实时监测全市的综合交通、道路运输、交通路网、城市交通、交通治理和外部数据等，全面提高大湾区各城市交通治理能力和治理水平。

2. 粤港澳大湾区交通协同发展面临的问题

粤港澳大湾区集聚全球重要创新高地，作为沟通联系国内外的重要经济枢纽，必须提供更加全面、高效和便捷的对内与对外的交通服务，提高大湾区的全球竞争力。粤港澳大湾区交通协同发展仍面临以下问题：一是城市群交通顶层规划与统筹有待加强。现阶段大湾区城市群开展的跨区域交通设施建设项目有限，多数项目仅关注道路本身的规划，对运输服务、组织、运行、机制等软性规划的考虑相对欠缺，导致区域联动不足。二是交通共建共享的体制机制障碍。交通基础设施的跨制度、跨区域的共建共享，需要粤港澳大湾区各城市形成高度的共识，由于缺乏共享共建政策制度的支持，导致共享利益分配不均，限制了大湾区交通的一体化建设和发展。三是制度差异的影响。粤港澳三地交通基础设施的建设模式、监管模式等都存在较大差异，交通基础设施互联互通存在一定的障碍，大湾区三个关税区，粤港、粤澳之间人员物资通关仍然采用口岸查验放行方式，影响人员物资跨区域高效流动。

3. 粤港澳大湾区交通协同发展路径及方向

城市群交通基础设施互联互通建设不仅要打造交通规划一体化，也需要实现交通营运一体化、交通信息一体化和交通服务系统一体化。针对粤港澳大湾区交通领域现状和问题的分析，未来大湾区交通发展的路径及方向如下：一是尽早展开高层级、全面的粤港澳综合交通规划，完善交通领域的顶层设计。充分发挥大数据、云计算、5G 等先进技术的作用，打造智慧交通应用，完善交通基础设施建设相关标准，建设大湾区城市群一体化交通网络。二是健全交通基础设施共建共享体制机制，明确区域交通基础设施建设与管理制度。推进所有城市间的互联互通，统筹建设高铁网、公路网和航道网，构建多层次综合交通体系。三是建立城市群交通协同治理机制。成立科技创新、基础设施互联、生态保护、体制机制与政策创新等专项小组，以推进综合交通运输服务一体化发展，努力创新城际轨道建设、运营、开发合作机制，提升各地市建设轨道交通的积极性，构建粤港澳三地在交通基础设施合作方面常态化协调推进机制，实现统一规划、整体布局、统筹建设、高效联通、协同运营，推进大湾区土地、岸线、水源、空域、通道等资源综合统筹利用。四是推进交通领域的创新发展。在智慧城市建设、"双碳"目标要求下，城市群交通发展需要考虑信息技术和低碳交通发展的价值，着力构建"智慧＋治理"的精细化交通管治体系和 TOD 导向的城市低碳交通系统，提供更加安全高效和绿色便捷的交通服务体验。

3.1.3　资源协同发展现状及需求

1. 粤港澳大湾区资源协同发展现状

粤港澳大湾区河网丰富，但总体上属于重度缺水区域，部分城市水源单一。大湾区地处珠江流域下游，西江、北江、东江三江汇流进入河网区，珠江河口地区河网密布，各类河涌 1.2 万多条，总长 3 万多千米，河网密度约 0.72 千米/千米^2，接近全国平均水平的 5 倍，是世界上最复杂的河口之一（高真等，2020）。大湾区受亚热带海洋季风气候影响较大，多年平均年降水量 1500—2000mm，降水年内分配不均，汛期 4—9 月降水量约占全年 80%，径流年际变化大（赵钟楠等，2018）。大湾区本地水资源总量 583 亿米^3，折算为人均仅 747 米^3，不到世界人均水平的 1/4（李娟等，2022），按国际标准，属于重度缺水区域。大湾区内多个城市水源单一，香港、深圳、东莞、惠州供水主要依赖东江，澳门、中山、珠海、江门、佛山、肇庆供水主要依赖西江。

粤港澳大湾区总面积 5.6 万千米^2，土地资源以林地和耕地为主，林地面积约 2.61 万千米^2，集中分布于北部山体连绵区和肇庆、江门西部以及惠州东部；耕地面积约 1.71 万千米^2，主要分布于江门、惠州、肇庆和广州北部；水体面积约 0.45 万千米^2；草地面积较少（图3-2）。1992—2019 年，城镇建设用地呈现逐年扩张趋势，年均增长率为 25.14%（况旭等，2022）。近年来扩张速度逐渐放缓，2020 年城镇建设面积约 0.82 万千米^2，占陆地面积 14.76%，广-佛、深-莞的城镇建设面积最多，占大湾区城镇建设总面积的一半以上。

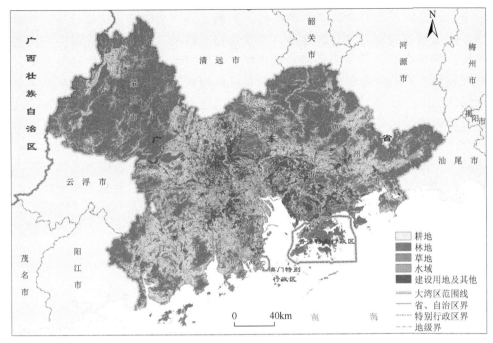

图 3-2　粤港澳大湾区土地利用类型①（后附彩图）

　　粤港澳大湾区已基本形成煤炭、石油、天然气、新能源全面发展的多元化能源供应格局，在海上风电、核电、太阳能、氢能等产业方面逐步形成骨干企业带动、上下游企业集聚发展的态势。大湾区海上风电资源尤为丰富，可开发容量大，具有电能质量好、稳定性强、受环境影响小、年发电时间长和利用率高等优点（王红野等，2020）。其中，广东省拥有 4114 千米海岸线和 41.93 万千米² 辽阔海域，近海海域风资源丰富，平均风速是陆上风电的 1.5 倍，达 7—9 米/秒（王红野等，2020），为海上风电的大规模开发利用提供了良好基础。《广东省能源发展"十四五"规划》指出要规模化开发海上风电，推动项目集中连片开发利用，打造粤东、粤西千万千瓦级海上风电基地，"十四五"时期新增海上风电装机容量约 1700 万千瓦。作为我国能源、电力消费负荷中心，在大湾区建设海上风电可就地消纳，减少远距离的外购电，有效改善大湾区的能源结构。海上风电开发和大容量风电机组高端装备制造，有助于在大湾区形成以新材料、新技术为代表的世界级新兴产业集群。

　　2. 粤港澳大湾区资源协同发展面临的问题

　　粤港澳大湾区水资源供需不平衡，供水安全保障程度较低，防洪排涝能力不

----

① 图中数据来源：2020 年全球 30 米精细地表覆盖产品 GLC_FCS30-2020（http://data.casearth.cn/）。

足，缺乏水资源协同管理机制。大湾区内部用水结构不平衡，城市供水过度依赖过境客水，珠江东岸产业发展较好，但水资源在西岸较丰富。香港和澳门地区淡水资源奇缺，主要依靠广东省供水，统计显示，香港 70%—80% 的淡水资源取自东江流域，澳门 98% 的淡水资源依靠珠海供应，而深圳人均水资源量约 213 米^3/人，属于极度缺水区域（黄锋华等，2022）。供水水源较为单一和水质性缺水形势严峻，导致大湾区供水安全保障程度较低。大湾区城市的快速扩张导致城市下垫面硬质化，城市内涝风险增加，而局部区域防洪排涝标准偏低，无法满足城市内涝防治的要求。大湾区水资源信息化管理水平不高，水资源管理基础数据、水资源数字化管理平台等数字设施建设不足，缺乏对水雨情、水环境、水生态、水利工程建设运行等的全面监测。此外，由于粤港澳三地政策与管理机制等存在差异，水域与水资源保护、分配等跨区域协作的事项受限。

粤港澳大湾区土地资源利用差异显著，土地节约集约利用水平有待提升，生态空间逐步压缩。香港、东莞和深圳的公共服务设施用地较多，比重高达大湾区公共服务设施用地的 70%；市政设施用地佛山、江门和肇庆较少，比重仅占大湾区市政设施用地的 7.4%；交通设施用地广州、深圳较多，承载大湾区 74%的对外交通；商业服务设施用地广州、深圳、珠海较多，中山、江门、佛山较少（陈章喜等，2019）。大湾区内珠海、江门、肇庆和惠州土地节约集约利用水平呈现非显著增加的趋势，对比广州、深圳、佛山、东莞、香港和澳门等，总体有待提升。随着大湾区城镇化水平不断提升，森林、农田和湿地生态系统被逐步侵占，景观破碎化程度增加，城市区域生态环境风险提升，对大湾区城市群的可持续发展造成影响。

大湾区能源总体发展呈现清洁能源比例低、能源结构不低碳的特点，石油、煤炭在能源供应结构中的占比仍远高于国际三大湾区。能源科技创新能力总体还不强，氢能、储能、碳捕捉等技术应用仍处于起步阶段，大容量、深水区海上风电开发技术水平有待提高，能源科技创新与产业发展结合不够紧密，集聚效应不明显。其中，大湾区海上风电开发利用受单位千瓦投资、设备施工技术、风电产业发展、风电工程周期和海洋环境等多种因素的影响。一是海上风电建设成本远高于陆上风电。大湾区所处的南海区域地质条件复杂，单位千瓦投资在 1.8 万元以上，远高于陆上风电的 6000—8000 元（王红野等，2020）。二是海上风电对设备和施工技术要求较高，需要专用的建设和运维船舶，广东海上风电机组一般是 5 兆瓦级以上的大型机组，还不能够全面满足大规模的海上风电开发需求。三是海上风电产业不够成熟。目前，我国海上风电产业尚处于成长期，与欧洲海上风电产业相比，要继续缩小差距，不断提升发展质量。四是海上风电工程周期长，项目选址和建设涉及海洋、海事、航运、军事等多方面，程序相对复杂，海洋环境多变导致海上风电开发风险提高。

3. 粤港澳大湾区资源协同发展路径及方向

统筹粤港澳三地水资源协同开发利用保护事项，健全协同机制，建立水资源数字化管理平台，提升城市治涝能力和水资源开发利用与保护水平。在"一国两制"背景下，粤港澳三地需要创新发展现有的体制机制，积极探索河长制与湾长制的综合管理体系，以东江、西江、北江流域管理局为基础，强化水资源统一调度和管控，推进流域管理、区域管理相互协调。以"互联网 + 水资源"为引领，构建水资源大数据基础共享平台与一体化智能应用体系，全面提升水利信息化水平，进一步弱化水资源协同管理的行政区域限制，辅助推进跨界河流与水域的综合治理。针对大湾区城市群局部内涝治理问题，推进以湿地化为基础的蓄滞洪区转型发展模式以及城市排水廊道的系统建设。同时，强化水资源总量红线约束，积极推行低影响开发建设模式，建设滞、渗、蓄、用、排相结合的雨水收集利用设施，推进重点领域节水，提高用水效率，建设节水型社会。

优化粤港澳大湾区城市土地利用格局，提高土地节约集约利用水平，严控三条控制线，推进大湾区城市群可持续发展。通过上位规划和主体功能定位，明确大湾区各城市的主导功能，依据主导功能确定城市用地规模和结构，确保土地指标配置与城市产业和人口集聚水平相匹配。大湾区各市应因地制宜，控制城市土地规模，以紧凑城市为发展方向，提高城市土地节约利用程度，结合土地利用现状、城市目标制定差异化发展政策。此外，粤港澳大湾区应将生态保护、环境优化放在与城市发展、经济开发同等重要地位，明确界定生产、生活、生态空间，划分生态保护红线、永久基本农田和城镇开发边界，实行严格的生态环境保护制度，控制城市用地规模，对土地资源实施严格保护的制度。

推进能源产业集聚发展，大力发展先进核能、海上风电、太阳能等优势产业，加快培育氢能、储能、智慧能源等新兴产业，建设差异化布局的新能源产业集聚区。其中，在海上风力资源利用方面，粤港澳大湾区海上风力资源充足，发展以海上风电为支撑的新能源既符合国家能源发展战略要求，又可以解决大湾区自身供电不足的难题，同时还可以缓解整个南方区域的供电压力。在未来海上风电开发利用过程中，粤港澳大湾区可从海上风电顶层设计、海上风电产业协同和技术发展、海上风电精准选址和优化布局等方面，实现海上风电资源的高效开发与持续利用。

3.1.4 环境协同发展现状及需求

1. 粤港澳大湾区环境协同发展现状

粤港澳大湾区生态本底丰富，生态空间类型多样（图 3-3），城市化进程加快对生态空间造成影响。大湾区位于珠江口，水系发达、物产丰富，具有优越的山水格局和"山、水、城、田、海"并存的自然禀赋。随着城镇化进程加快，大湾区整体自然空间格局受到影响，高强度的城市开发活动导致城市生态空间发生不同程度的退化，关键性生态过渡带、生态节点、生态斑块和生态廊道等未得到有效保护，区域自然生态破碎化、岛屿化现象明显，出现了植被面积减少、物种多样性降低、热岛效应增强、洪涝规模增大等一系列环境污染和生态破坏问题，如何平衡社会、经济发展和生态环境保护之间的矛盾成为实现大湾区协同发展的关键问题。

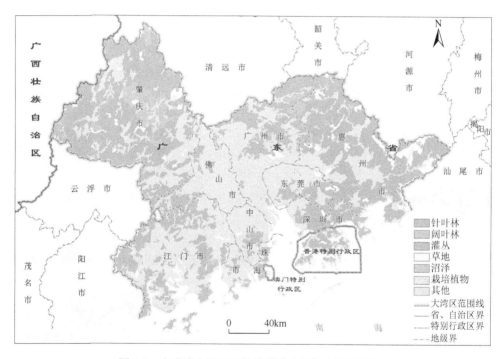

图 3-3　粤港澳大湾区植被类型分布图①（后附彩图）

粤港澳大湾区水环境治理任务艰巨，已逐步开展协同治理工作，推动治水模式创新。大湾区河道交错密布，由于城镇规模不断扩张和生产企业集聚，各类生产、生活污水多向性汇聚，造成河流水污染与水质性缺水问题，污染物来源及类型多样，增加了水污染的治理难度。针对水环境问题，粤港澳三地逐步开展协同治理工作，先后签订《粤港环保合作协议》《港澳环境保护合作协议》《2017—2020 年粤澳环保合作协议》等，设置跨境合作的环保机构，开展重点水域污染情

---

① 数据来源：资源环境科学与数据平台（https://www.resdc.cn/）。

况监测等工作。为巩固治水成果，逐渐改善水生态，广东省于 2020 年 8 月批复实施《广东万里碧道总体规划（2020—2035 年）》，以水为纽带、以江河湖库及河口岸边带为载体，打造"清水绿岸、鱼翔浅底、水草丰美、白鹭成群"的生态廊道，将治水多年的成果继续向纵深推进。

粤港澳大湾区大气环境污染具有空间关联特征，粤港澳三地通力合作为大气环境治理提供良好支撑，大气环境呈现持续改善的趋势。大湾区不同污染物指标变化趋势不尽相同，但各类大气污染物均呈现较为典型的城市空间关联网络结构特征，城际大气污染存在明显的空间关联和空间溢出，如 $PM_{2.5}$ 的高浓度区域主要分布在大湾区中部和西部的广州、佛山和惠州，呈现基于"广佛"核心区向外扩散的分布格局。针对大湾区大气环境专项治理，粤港澳三地已建立以政府间联席会议为中心的环境合作机制，为大湾区大气环境治理提供科学决策和技术指导。在粤港澳三地的通力合作下，粤港澳大湾区各类大气污染物浓度平均值整体处于下降态势，空气质量改善取得了明显的成效。

粤港澳大湾区海洋环境协同保护机制初步构建，海洋环境治理初显成效，海洋经济呈现上升趋势。大湾区海洋资源丰富，成为我国参与全球竞争的重要空间载体，针对海洋环境保护，成立粤港环境保护联络小组，针对跨境污染问题进行合作，逐步建立了粤港、粤澳联席会议制度，与粤港澳持续发展与环保合作小组、粤澳环保合作专责小组共同形成粤港澳大湾区城市群海洋环境协同联动工作的基本框架，以海洋生态红线制度体系和生态整治修复为支撑，开展海洋生态环境治理工作，取得了丰硕成果。当前，大湾区拥有海域面积超过 20 000 千米^2、海岸线长达 2000 余千米和海岛数百个。2018 年，粤港澳大湾区全域的海洋生产总值超过 2.2 万亿元，占区域 GDP 的比重约为 1/5，且年均增速超过 10%（杨黎静等，2021）。2021 年，广东省全省海洋生产总值 1.99 万亿元，同比增长 12.6%，占地区生产总值的 16.0%，占全国海洋生产总值的 22.1%，连续 27 年位居全国第一[①]。

2. 粤港澳大湾区环境协同发展面临的问题

粤港澳大湾区生态环境面临空间破碎化、生态功能减弱、生态资源利用低效、区域发展不平衡等问题。随着城镇化水平的不断提升，土地资源需求扩大，城市快速扩张将大量的森林、草地、湿地和水域等生态用地转变为城市建设用地，加剧了生态空间的破碎化程度，生态空间格局中关键生态系统及生态要素在空间上的整体性和连通性不强，生态安全屏障脆弱，导致生态资源利用低效，生态系统服务下降。大湾区在生态安全协同发展方面存在区域间发展不平衡、市际间发展

---

① 数据来源：《广东省海洋经济发展报告（2022）》（http://nr.gd.gov.cn/attachment/0/493/493677/3972658.pdf）。

不充分的问题,各区域、各层级相关部门之间统筹协调难度大,生态空间实施综合管控较为艰难。

粤港澳大湾区水环境面临河流污染普遍、水库富营养化与重金属污染、基础设施不足、水环境治理目标和制度限制等问题。大城市周边河流污染较为严重,河流有机污染呈现出明显人为污染特征,污染区域集中在工业密集城市。大湾区水库蓝藻水华事件频发,出现富营养化现象,水库周围土地利用方式使水库面临重金属污染等潜在生态风险。各类污水处理基础设施建设较为薄弱,污水管网建设缺口依然存在,建成之后的管网管理工作有待改善,造成了城市污水收集、处理占比较低等现象。大湾区内各地政府之间对于环境保护标准及目标的认识和设立存在较大差异,香港和澳门在环保标准和环保目标的设定上接轨国际标准,对污染物的排放管制强度较大。各地政府之间签订污染治理合作协议和污染治理计划,对水污染治理起到一定积极作用,但由于许多协议与计划对各地相应责任和义务划分不明确,且不具备法律意义的强制力,对协议各方的约束力有限,与满足大湾区整体的水污染治理需求之间还有很大差距。

粤港澳大湾区大气环境协同治理依旧面临复合型大气污染、挥发性有机物(VOCs)排放控制薄弱、环境标准和监测体系不同、政府间环境合作机制仍不完善等问题。通过采取系列大气环境协同治理措施,大湾区内 SO_2、NO_2、$PM_{2.5}$、PM_{10} 等主要污染物的年平均浓度持续稳步下降,但 O_3 超标问题仍十分突出。VOCs主要来源于溶剂使用和移动源,与 O_3 污染等密切相关,由于污染源数量众多且分布广,受区域传输影响较大,深度治理难度大。粤港澳三地经济发展水平、环境污染治理水平、环境保护管理机制等均处在不同发展阶段,环境保护追求目标并不一致,大湾区大气防治工作主要集中在技术层面的交流与合作,各地仍按照各自的法律法规制定环境标准和监测体系,尚不能满足区域一体化的大气环境治理需求。在“一国两制”背景下,大湾区的大气污染防治合作,既有与国内其他大气污染防治重点地区相似的区域一体化需求,又存在粤港澳之间的制度性和体制性差异,对三地深入开展区域环境保护合作产生影响。

粤港澳大湾区海洋环境面临问题如下:一是海洋资源约束趋紧,环境监测有待加强。《广东省海洋生态红线》相关数据表明,广东省仅江门、惠州、深圳三市的自然岸线保有率超过35%,珠海自然岸线保有率仅为11%,而中山、广州和东莞均不足6%,大湾区内围、填海活动导致滨海湿地生态系统受到较大影响,海洋生态安全保障工作亟待深入,海洋环境监测工作有待加强。二是海洋环境调查不足,海域生态功能弱化。大湾区海洋生态系统中红树林、滨海湿地等典型生态系统的系统调查和专项规划工作开展不足,海洋生物多样性、海洋生物体质量呈下降趋势,珊瑚礁、红树林以及海草床等典型海洋生态系统有不同程度的受损,导致粤港澳大湾区生态系统功能逐渐弱化。三是海域水体富营养化,陆地污染持续影响。船舶港口、海水养殖等造成的海上污染形势不容乐观,珠江口海域无机氮和活性磷酸盐等水质要素持续超标,近岸海域水体富营养化形势严峻,进一步影响海洋环境。四是政策机制限制显著,联合共治合作有待加强。三地融合发展的体制机制尚未完全建立,在一定程度上限制了粤港澳大湾区海洋环境的跨境协同共治和海洋基础设施共建共享,导致在海洋环境治理方面缺少联合共治合作。

3. 粤港澳大湾区环境协同发展路径及方向

粤港澳大湾区生态环境未来发展的路径方向主要包括优化生态空间格局、完善生态系统服务、维护生态安全和区域协调统筹等。一是通过区域生态空间格局分析,识别重要生态源地,针对关键性生态要素提出优化和保护措施,实现区域生态空间格局的优化。二是科学合理地估算生态系统服务,分析主要生态系统服务之间的权衡与协调关系,开展生态功能适宜性评价、生态脆弱性评价,进行生态功能区划分与优化等,为城市生态系统管理与决策的制定提供重要依据。三是从区域一体化发展和协调统筹的角度,统一数据精度、尺度、标准和规范,开展区域生态网络的空间分析和优化调整,构建大湾区生态安全格局,保障区域生态可持续发展。

粤港澳大湾区水环境协同治理的路径及方向如下:一是加强水污染防控与综合治理。以解决跨界水环境问题为重点,合力推进水环境综合治理,在河流整治过程中,以消除入河排污口为核心,制定整治清单及时序表,对排污口进行标定和统一管理,识别需要重点治理、优先保护的流域,整治、搬迁和关闭威胁水生态环境的重点污染源。二是强化污水处理基础设施建设。坚持雨污分流的治污理念,进一步加强大湾区内城市污水管网、污水处理厂、沿河截污管网、雨污分流管网等基础设施建设,建成高效的污水收集系统,提高水质标准,逐步实现雨污分流和废污水 100%收集处理。三是完善水污染协同治理机制。通过推动政府联合制定环境治理行政协议,协同各行政区政府完善立法事项、信息沟通、技术规则共享等,促进粤港澳三地健全水环境治理立法协同保障机制,建立一套适合大湾区整体水环境特点的水污染治理法律体系。四是健全大湾区水污染多元治理体系。构建"政府主导、企业实施、社会参与"的多元化水污染治理格局,将有利于加强大湾区城市之间的交流合作,强化信息互联互通,促进各个治理主体共建、共治和共享。

粤港澳大湾区大气环境协同治理的路径及方向如下:一是推动能源和产业结构优化升级。大力开展对风电、气电、核电等清洁能源的开发,在重点地区实施煤炭总量控制,逐步降低煤炭消费比重,从根本上治理大气环境污染,继续调整产业布局,促进新兴产业发展,引导在大湾区范围内形成合理的产业布局。二是VOCs 污染物排放控制。从重点排放行业入手,在源头控制、污染物处理技术升级、建立评估机制和加强监管等多个方面进行综合控制。三是实行大气环境污染的空间分类治理。通过制定并推行城市差异化的大气污染防治政策，实行粤港澳大湾区大气污染空间分类管理，因地制宜地提出城市大气污染防治措施，降低防治成本，提高防治效率。四是构建大气环境治理标准和一体化监测体系。从中央和地方两个层面，调整粤港澳三地互不兼容的环境法规，全面融入大气环境联合治理的相关法律法规，完善珠三角区域大气复合污染立体监测网络，形成一体化的环境标准体系和环境监测体系。五是建立大湾区范围大气污染联防联控机制。建立起包括污染防治的统一规划、联合监测、信息共享和公开、联合预警、联合应急响应等在内的粤港澳大湾区联防联控工作机制，构建省市两级和区域联动的大气污染防治协作体系，打破行政壁垒和条块分割的掣肘，将环保合作由粤港、粤澳、港澳双边合作推进到粤港澳三边合作，实现大气环境治理的统一规划、统一标准、统一监测、统一执法。

粤港澳大湾区海洋环境协同治理的路径及方向如下：一是严守海洋生态红线，强化海洋环境监测。加强海岸线保护与海洋环境治理，积极推进海岸线整治与修复工作，针对海洋保护区和重要滨海湿地等重要区域，建立动态变化监测机制，综合 3S、大数据和云计算等多种技术手段，实现粤港澳大湾区海洋环境的全方位、多维度、立体化的实时、动态监测。二是强化海域生态保护，恢复海域生态功能。针对红树林、滨海湿地等典型海洋生态系统，以及产卵场和洄游通道等重要渔业水域开展专项调查工作，对重要的海洋自然保护区和水产资源保护区进行专项规划，因地制宜采取红树林栽种、珊瑚海草移植、渔业增殖放流、人工渔礁建设等多种修复措施，逐步恢复粤港澳大湾区海域的生态功能。三是减少陆源污染排放，加强海洋污染治理。科学规划入海排污口布局，并进一步提高排污口的分类管理能力；强化大湾区内重要河流的系统治理，完善河流、海洋环境污染的联防、联控和联治的工作方案；对涉海项目的环境影响进行专项评价，提升项目的准入门槛，对围填海、占用自然岸线的项目进行全生命周期监控和管理。四是加强体制机制建设，推进三地协同合作。构建高层次海洋生态环境保护战略合作机构与机制，推进粤港澳三地海洋环境保护和治理的一体化发展；强化跨界重污染河流和海洋环境问题的治理，针对红树林和滨海湿地等重要生态系统区域，开展跨境联合保护的行动，进一步推进海洋环境的保护与修复合作等。

3.1.5　公共服务协同发展现状及需求

1. 粤港澳大湾区公共服务协同发展现状

粤港澳大湾区公共教育资源投入不断加大，教育提质与均衡发展的受重视程度日益提高，区域合作发展初见成效。随着大湾区建设的不断推进，大湾区各市不断吸纳外来人口，这带来了随迁子女上学等刚需，各区域政府坚持优先发展教育，加大资金投入，新建扩建学校，引进优质师资，增加学位。推动教育合作发展是中共中央、国务院对粤港澳大湾区建设的重要组成部分和战略设计，《粤港澳大湾区发展规划纲要》提出将教育合作扩展到义务教育阶段以及学前教育阶段，加强基础教育交流合作，鼓励粤港澳三地中小学校结为"姊妹学校"，研究探索三地幼儿园缔结"姊妹园"，研究开放港澳中小学教师、幼儿教师到广东考取教师资格并任教，以及研究赋予在珠三角九市工作生活并符合条件的港澳居民子女与内地居民同等接受义务教育和高中阶段教育的权利等阶段性、试探性或选择性的开放与合作，为粤港澳三地公共教育服务跨区域合作的全面推进提供创新模式和应用实践。

粤港澳三地社会背景和医疗制度差异显著，医院资源具有不同的特点和优势，大湾区内部经济发展、人口集聚和人口老龄化等问题，导致局部区域医疗资源短缺。2022 年，广州艾力彼医院管理中心发布粤港澳大湾区 100 强医院的相关信息表明，香港和广州的医疗整体水平高于大湾区内其他城市，排名前二十位的医院，香港占 11 家，广州占 9 家，大湾区的优质医疗资源集中在香港和广州[1]。广东省医疗资源相对较多，医疗技术发展较为迅速，不断引进新技术和新项目，在粤港澳三地合作方面，广东省整体保持积极和开放的态度。香港的医疗资源和服务具有较多优势，香港中文大学和香港大学附属医学院在全球排名靠前，医疗体制较为开放，医疗服务管理更为成熟，尤其在民营医疗资源和服务方面，具有较好基础和较多经验。澳门在医疗卫生方面投入较大，尤其是社区医疗的精细化管理，为内地完善基层社区医疗体系提供了较多经验。此外，大湾区经济、交通和科技创新居全国领先地位，这些优势一方面为大湾区的医疗服务发展提供支撑，另一方面也为大湾区的医疗服务市场发展挖掘了大量的潜在需求，但大湾区各市的经济发展存在不均衡现象，很大程度上导致医疗服务业发展的不平衡和医疗资源布局不均衡，部分城市人口老龄化趋势显著，各城市医疗资源存在不同程度的需求缺口。

2. 粤港澳大湾区公共服务协同发展面临的问题

粤港澳大湾区公共教育服务得到政策和资源等多方面支持，公共教育服务区域协同与合作发展正在逐步推进，但教育的跨区域合作仍然存在以下问题：一是教育合作广度深度有待拓展。目前粤港澳三地的教育合作发展在《粤港合作框架协议》《粤港澳大湾区发展规划纲要》等政策文件中多次提及，并通过政府主导、教育主体

---

① 数据来源：《医院蓝皮书：中国智慧医院发展报告（2022）》。

自发组织等方式实现了一些资源共享交流，但多数合作项目仍停留在浅层，水平不高、范围不广、深度不够，更多的合作发展还停留在书面协议上，并没有实质行动和落地措施。二是基础教育理念与培养模式存在差异。珠三角九市正处于经济快速发展、社会转型的阶段，教育理念与教育发展也随之处于动态调整阶段，而港澳处于稳态发达阶段，长期采取西方教育体制，在跨区域碰撞合作时难免会产生理念冲突。三是优质教育资源共建共享机制不畅。教育协调发展依然受制于区域内政府间组织协调机制不健全、协同联动合作和优势教育资源共享不充分、不同层面参与者积极性参差不齐、人才培养体制机制跟不上区域发展形势和需求变化等问题影响。

未来大湾区医疗服务的跨区域协同发展面临以下问题：一是优质的医疗资源共享程度有待提升。首先，内地和港澳的医师职级评定体系不同，优质人才资源衔接难度较大，一定程度上限制了港澳医师在内地的待遇和发展机会；其次，对境外药品和医疗设备配备严格管制，大型医疗设备购置需要申请国家的"配额"，审批程序复杂，尚不允许自行筹资进口；最后，尽管 CEPA 补充协议允许港澳医疗机构进入，但准入门槛较高。二是看病难、看病贵问题尚未充分解决。首先，政府投入不足，尽管广东医疗卫生支出比重呈现上升趋势，2020 年达到 10.2%，略高于全国平均水平（7.12%），但仍远低于国外发达国家（14%—20%）①；其次，医疗服务价格机制不完善，条块化管理导致医疗服务定价和监管权不统一，使得医疗服务定价水准和成本、市场情况等不相称；最后，医生的绩效工资与接诊数量、检查、药品数量及类型、手术数量等密切相关，容易出现"过度医疗"现象。三是医疗规则、法律衔接有待加强。港澳与内地医院管理体制和医疗服务规范、服务标准及药品使用范围、社会保障体制等均存在差异，双方的规则、法律衔接难度较大；粤港医疗机构跨境转诊合作试点推进效果并不理想，主要是因为香港医疗服务标准、药品使用范围有别于内地，医疗保险体系与内地社会保障体系未能实现充分对接，跨境转诊医疗费用异地结算和报销难以实施。

3. 粤港澳大湾区公共服务协同发展路径及方向

为推进大湾区教育人才交流与发展，培养和提高大湾区公共教育服务整体优势和竞争力，大湾区公共教育未来发展路径及方向如下：一是继续深化大湾区教育合作。鼓励港澳社会力量以不同形式举办教育活动，提高珠三角九市教育服务供给能力，放宽港澳社会力量兴办学校的准入门槛，以负面清单的方式提出具体措施，在分类管理的制度框架下，突破现有政策瓶颈，促进民办教育健康发展，促进三地教育基础资源共享与优势互补，引入港澳优质的基础教育，优化大湾区教育资源配置。二是扩大教育资源共建共享。积极开展新兴技术在公共教育服务

---

① 数据来源：2020 年广东省卫生健康工作会议公开数据。

领域的应用实践，在大湾区范围内探索人工智能＋公共教育等模式，更加有效地汇聚优质学科资源、高校和企业力量，鼓励各城市充分利用云计算、大数据、人工智能技术的支撑，完善数据应用于教育治理的顶层设计，全面提升人工智能对教育管理过程的整合、优化能力。三是深入开展基础教育跨学科交流。建立由政府主导的多元协同参与机制，搭建大湾区教育人才交流平台，构建丰富的访学与交换项目，鼓励跨地区、跨学科的学术交流与研发合作，使得粤港澳大湾区内原本具有较大差异的教学体系能够相互融合、相互促进。

为进一步推动粤港澳大湾区医疗的便民化、普惠化发展，需要逐步推进以下事项，为大湾区医疗资源跨区域协同发展提供支撑。一是积极推进大湾区医疗规则的衔接，包括拓展港澳医师执业范围，放宽境外药品、医疗器械的进口，减少港澳医疗机构的市场准入限制等。二是拓展大湾区医疗资源，缓解各城市医疗资源不均衡、医疗水平差异和局部医疗资源短缺等问题。包括鼓励开设民营医院，鼓励港澳或境外医疗机构在大湾区开设分支机构，支持粤港澳建立医疗人才联合培养机制，加强高校医疗专业之间的交流学习，对于在内地设立的港澳医疗机构加强人才招聘、培训和队伍建设等。三是在资源供给和需求趋向平衡的基础上，提升粤港澳大湾区医疗服务水平，降低区域居民的就医成本。四是逐步推进三地医院在体制机制上的深度合作，包括医疗保障体系衔接合作、优化三地跨境转诊合作流程、完善医院评审认证标准体系、完善港澳医疗机构医保使用的制度等。

3.2 粤港澳大湾区协同发展目标与方向

《粤港澳大湾区发展规划纲要》对粤港澳大湾区的建设与发展进行全方位、多维度、立体化、深层次的规划和布局，以推进大湾区对外开放新格局的新尝试和"一国两制"事业发展的新实践为核心，分析大湾区面临的时代机遇与严峻挑战，提出大湾区建设与发展的目标、各城市的定位、大湾区建设发展的重点任务与路径方向，旨在推进粤港澳大湾区各城市建设协同高效、科学有序、共建共享、生态宜居的世界级城市群。

3.2.1 机遇与挑战

粤港澳大湾区的发展涵盖社会、经济、文化、技术、对外开放、区域协同、基础设施等诸多方面的建设与发展，需要主动抢抓时代发展的机遇，推进大湾区对外开放格局和"一国两制"事业的发展。一是在全球化发展的浪潮中抓住科技与产业变革的机会，拓展大湾区发展空间。二是抓住我国持续推进供给侧结构性改革、推动经济高质量发展的机遇，为大湾区创新发展模式注入新活力。三是把握国家全面深化改革成果、治理体系和治理能力现代化的机遇，为推进大湾区各城市协同发展提供体制机制保障。

粤港澳大湾区作为我国参与全球竞争最重要的载体之一，是国家区域协调发展的重要组成部分，在推进高质量发展的过程中可能面临以下挑战。一是大湾区内部存在供需不平衡、产能过剩等问题，在世界经济发展趋势与保护主义倾向逐渐凸显的影响下，大湾区亟待增强经济发展的内生驱动力。二是在"一国两制"背景下，粤港澳三地社会制度、体制机制差异显著，大湾区互联互通和跨区域协作限制性较强，未能形成生产、创新等要素顺畅流动的态势。三是大湾区各城市之间发展差距显著，区域协同与合作有待增强，部分城市和产业领域存在同质化竞争与资源错配。四是大湾区各城市自身发展面临较多问题，如珠三角九市经济体制不完善，市场经济发达程度参差不齐；澳门以博彩业和旅游业为主，经济结构单一；香港缺乏经济持续增长的稳固支撑。五是大湾区面临空间、资源、环境、能源和生态等方面的制约，人口红利逐步减退。

3.2.2　发展目标与定位

《规划纲要》提出到 2022 年基本形成国际一流湾区和世界级城市群框架，基本确立大湾区城市群发展格局，推动合理分工、功能互补、竞合有序的协同发展模式，加快创新要素集聚，优化创新环境，深化供给侧结构性改革，增强基础设施支撑保障能力，创新绿色低碳发展模式，强化大湾区市场互联互通。到 2035 年全面建成宜居宜业宜游的国际一流湾区，基本实现市场高水平互联互通，资源要素高效便捷流动，综合实力与国际竞争力、影响力进一步增强，形成以创新为主要支撑的经济体系和发展模式。

《规划纲要》从发展目标、科技创新能力、"一带一路"互动、政治功能和建设优质生活圈等方面提出五大战略定位。一是基于粤港澳三地的优势，推进制度创新和先行先试，优化对外开放格局，建设先进制造业、现代服务业和新兴产业基地，建设充满活力的世界级城市群。二是以科技与产业发展为核心，破除粤港澳三地创新要素流动的制约，打造世界科技创新高地和高质量发展高地，成为具有全球影响力的国际科技创新中心。三是充分发挥港澳优势，优化对外开放格局，推进国际国内市场和资源的高效对接，为"一带一路"建设提供支撑。四是以深圳前海、广州南沙、珠海横琴等区域为基础，探索跨区域协同发展模式，建设内地与港澳深度合作示范区。五是建设生态安全、环境优美、社会安定、文化繁荣的美丽湾区，打造宜居宜业宜游的优质生活圈。

3.2.3　建设发展重点方向

1. 优化城市建设与空间布局

基于极点带动、轴带支撑、辐射周边的发展模式，促进大湾区各城市分工科学合理和功能协调互补，构建结构科学、集约高效的发展格局。《规划纲要》提出构建香港-深圳、广州-佛山、澳门-珠海强强联合的极点带动和依托快速交通网络与港口群和机场群的轴带支撑，促进珠江东西岸协同发展，引领大湾区深度参与国际合作。同时明确香港、澳门、广州、深圳四大核心城市的核心地位和珠海、佛山、惠州等重要节点城市的发展方向，共同提升大湾区城市群发展质量，进一步推进特色城镇发展、城乡融合发展，发挥大湾区的辐射引领作用，辐射带动泛珠三角区域发展。

2. 建设国际科技创新中心

科技创新能力和科技成果转化能力是粤港澳大湾区创新驱动发展的核心，《规划纲要》围绕开放型区域协同创新共同体构建、高水平科技创新载体和平台打造和优化区域创新环境等方面明确建设与发展的 40 余条措施。如推进"广州-深圳-香港-澳门"科技创新走廊建设；支持重大科技基础设施、重要科研机构和重大创新平台在大湾区布局建设；支持港深创新及科技园、中新广州知识城、南沙庆盛科技创新产业基地、横琴粤澳合作中医药科技产业园等重大创新载体建设；支持粤港澳设立联合创新专项资金，就重大科研项目开展合作，允许相关资金在大湾区跨境使用。通过实施创新驱动引导粤港澳三地合作深化，构建跨区域协同创新共同体，汇聚大湾区优质资源，健全创新体制机制和政策环境，打造全球科技创新高质量发展高地，建设具有全球影响力的科技创新中心。

3. 加快基础设施互联互通

欧盟生产、创新要素自由有序流动的经验表明，基础设施互联互通是实现要素流动的基础。粤港澳大湾区发展格局、城市群跨区域协同发展和社会经济发展等也离不开基础设施的支撑。《规划纲要》围绕综合交通、信息基础设施、能源供应和水资源安全等方面，明确 50 余条措施，提出构建互联互通的基础设施体系，支撑要素的自由有序流动。一是以珠三角港口群竞争力提升、世界级机场群建设、对外综合运输通道畅通、快速路交通网络构筑和客货运运输服务水平提升等措施为支撑，构建现代化的综合交通运输体系。二是通过新一代信息基础设施构建、智慧城市群建成和网络安全保障水平提升，实现信息基础设施的优化提升。三是大力推进能源供给侧结构性改革，优化能源供应结构，强化能源储运体系，建设能源安全保障体系，提高能源供应可靠性和稳定性。四是完善水利基础设施和水利防灾减灾体系，强化水资源安全保障能力，借助数字化手段，构建水资源统一调度管理平台，建设灾害监测预警、联防联控和应急调度系统等，保障珠三角以及港澳供水安全，提高防洪防潮减灾应急能力。

4. 发展现代产业体系

《规划纲要》提出从供给侧结构性改革出发，重点培育新产业、新业态和新模式，瞄准先进制造业和现代产业体系的国际前沿，主动采取措施，推动产业优势互补、紧密协作、联动发展。一是加快先进制造业的发展，从优化制造业布局、加快制造业结构调整和制造业核心竞争力提升等方面，推进珠江东西岸制造业均衡互补发展，着力推进制造业绿色升级改造，促进上下游产业链深度合作。二是依托大湾区四大核心城市的技术与科研基础，联合构建链条完整、辐射广泛、竞争力强的新兴产业集群，推动前沿技术成果在电子商务、智慧医疗、教育服务等重要场景的转化应用，重点培育和壮大战略性新兴产业。三是以国际金融枢纽建设、特色金融产业发展、金融市场互联互通和现代服务业体系构建为核心，提高大湾区现代服务产业的发展水平。四是通过加强粤港澳合作，优化海洋开发空间布局，共同建设现代海洋产业基地，促进海洋科技创新和成果高效转化，共同推进海洋经济发展。

5. 推进生态文明建设

《规划纲要》提出以美丽湾区建设为导向，形成节约资源和保护环境的空间格局、产业结构、生产方式、生活方式。通过打造生态防护屏障、加强环境保护和治理、创新绿色低碳发展模式等方式，推进大湾区生态文明建设。一是衔接国土空间规划体系，严格划定生态红线和生态控制区域，强化生态空间用途管制，构建以生态源地、廊道、节点和踏脚石等生态要素为核心的生态空间保护体系，强化大湾区国土空间生态修复与保护，完善粤港澳三地协同开展跨区域生态环境保护体制机制，以北部山体连绵生态空间、南部近岸海域防护带、东部和西部山地丘陵保护重点区域为核心，打造大湾区生态防护屏障。二是开展跨区域环境保护与治理，围绕西江、东江和珠江的水环境治理以及 $PM_{2.5}$ 等大气环境治理问题，健全跨区域合作机制，建立入海污染物、海洋环境监测和空气质量监测系统，强化大湾区生态环境治理与保护能力。三是采取积极措施，主动适应气候变化，围绕节能环保、低碳试点、绿色产业、公共慢行系统和绿色出行等重点领域，创新绿色低碳发展模式。

6. 建设宜居宜业宜游的优质生活圈

粤港澳大湾区建设和发展的最终目标是要满足大湾区各城市居民对美好生活

的向往。《规划纲要》提出在教育和人才高地、人文湾区、休闲旅游、就业创业、食品医疗安全、社会事业等领域强化跨区域协同合作。一是围绕教育和人才合作，充分发挥大湾区内教育资源的特色，推进港澳的优质教育资源与内地优质生源的深度融合，在合作办学、人才培训、职业教育、资格认证等方面，制定协同合作发展的具体措施。二是围绕人文湾区共建，从大湾区人文精神、文化繁荣发展、粤港澳青少年交流和中外文化交流互鉴等方面，增强大湾区各城市在人文特征、文化认同、价值认同等方面的一致程度，提高大湾区文化软实力。三是通过多元旅游产品体系构建、世界级旅游目的地建设、国际城市旅游枢纽建设、拓展旅游客源市场、国际游艇旅游自由港建设、滨海旅游业高品质发展和滨海特色风情小镇建设等，推进休闲湾区构筑。四是以公共就业服务、港澳创业就业试验区、港澳青年创新创业基地、创新产业聚集区等就业创业支撑基地建设为核心，促进港澳青年进入珠三角九市就业创业，拓展大湾区就业创业空间。五是围绕医疗卫生合作、食品安全合作，推动医疗资源的跨区域互补，充分发挥港澳的医疗资源优势，同时完善港澳与内地间的食品原产地可追溯制度，提高大湾区食品安全监管信息化水平，保障内地供港澳食品安全。六是加强跨境公共服务与社会保障的衔接以及深入推进依法行政与优质高效廉洁政府建设，促进粤港澳三地在社会保障和社会治理方面的合作。

7. 协同参与"一带一路"建设

粤港澳大湾区着力深化粤港澳三地合作，全面对接国际高标准市场规则体系，优化对外开放格局，提升大湾区市场一体化发展水平，为"一带一路"建设和发展提供强力支撑。《规划纲要》围绕打造具有全球竞争力的营商环境、提升市场一体化水平、携手扩大对外开放三大方面部署建设发展措施，基于香港、澳门参与国际经济合作、开拓国际市场的优势，打造"一带一路"建设重要支撑区，深化与相关国家和地区基础设施互联互通、经贸合作及人文交流。推动粤港澳三地企业联手走向国际，在全球化发展中发挥引领作用，承担起大国责任和义务，充分发挥港澳对外贸易的优势，探索粤港澳共同拓展国际发展空间新模式，推进粤港澳三地紧密合作，共同参与"一带一路"建设。

8. 共建粤港澳三地协同合作发展平台

《规划纲要》提出推进深圳前海、广州南沙、珠海横琴等重大平台开发建设，推动公共服务合作共享，引领带动粤港澳全面合作，针对前海、南沙、横琴和其他特色合作四大方面，部署40余条建设和发展措施。一是通过强化前海合作发展引擎作用、加强法律事务合作和建设国际化城市新中心，优化提升深圳前海深港现代服务业合作区功能。二是通过携手港澳建设高水平对外开放门户、共建创新发展示范区、建设金融服务重要平台和打造优质生活圈等方式，打造广州南沙粤港澳全面合作示范区。三是对珠海横琴粤港澳深度合作示范区进行持续推进，特别强调在珠海横琴加强与澳门在民生事业领域内的合作，同时还包括建设粤港澳深度合作示范区、依托澳门携手加强对外开放合作（彭芳梅，2019）。四是发挥大湾区各市的优势，拓展各城市在金融、旅游、文化创意、电子商务、海洋经济、职业教育、生命健康等领域合作，发展特色合作平台。

3.3　粤港澳大湾区城市群协同发展场景识别

3.3.1　《规划纲要》场景化转译

为贯彻落实《规划纲要》的战略目标和发展要求，亟待分析城市群协同发展场景的需求和落地途径，进而发挥大湾区城市的绝对优势和相对优势，推进城市群在产业、资源、环境、服务等方面的协同发展。

围绕场景及其要素特征构建的场景规划理论体系，有助于粤港澳大湾区城市群开展应用场景需求分析，通过在城市群场景中融合城市新数据、新技术、新政策，进一步开展应用场景设计，为国土空间规划"一张图"系统完善与应用提供参考。基于场景规划方法，本书梳理了《规划纲要》的战略目标和重点任务，并对其进行了场景化转译，识别出包括空间布局、建设国际科技创新中心、加快基础设施互联互通等在内的 8 个场景集群，包括完善城市群和城镇发展体系、构建开放型区域协同创新共同体、加快发展现代服务业等在内的 26 个场景簇群，包含未来城市发展模式构建、构建现代服务业体系、构筑大湾区快速交通网络等在内的 45 个场景簇，以及广深磁悬浮列车联通珠海、建立产业链资源整合公共服务平台和城市卫生应急响应等 100 个典型场景单元，形成粤港澳大湾区城市群协同发展场景库，为下一步场景选择与方案设计提供基础支撑（表 3-1）。

表 3-1　粤港澳大湾区城市群场景分析

场景集群	场景簇群	场景簇	场景单元
空间布局	构建极点带动、轴带支撑网络化空间格局	极点选址	广州-佛山产业园区选址
		轴带规划	广深磁悬浮列车联通珠海
			广深港高速自助快速通关
	完善城市群和城镇发展体系	中心城市优化提升	立体城市绿色空间调节管控平台
			立体海绵城市建设收益监测评估平台
		特色城镇建设	城市商区运营环境综合性分析平台
			深圳市垃圾填埋场智能化网络系统构建

续表

场景集群	场景簇群	场景簇	场景单元
空间布局	完善城市群和城镇发展体系	未来城市发展模式构建	面向市民的交通智能化服务信息基础设施建设
			立体城市微气候对建筑耗能的评估应用
			未来城市空间增长趋势情景模拟平台
		推进城乡融合发展	"三线"违建智能化实时监测系统
建设国际科技创新中心	构建开放型区域协同创新共同体	粤港澳大湾区协同创新服务保障	创新资源开放共享
			大科学装置共享
			高校数字资源共建共享
			全链条协同创新服务
			精准产学研定向合作
	优化区域创新环境	粤港澳大湾区协同创新体制机制保障	解决科技成果转化过程中的信任难题
			跨境知识产权案件协作
		粤港澳大湾区人才协同发展	跨境执业资质互认
			科技创新人才资源需求预测
			人才资源共享
			国际人才引入
加快基础设施互联互通	构建现代化的综合交通运输体系	深化低空空域管理改革	立体湾区低空出行服务
			立体湾区空中交通规划
		构筑大湾区快速交通网络	立体湾区轨道建设
			基础设施协同建设评价分析预测
			综合交通资源优化配置
		提升客货运输服务水平	综合交通动态监测预警
	优化提升信息基础设施	提升网络安全保障水平	网络安全态势感知
	建设能源安全保障体系	优化能源供应结构	城市能源大数据监测分析
			城市群能源高效利用与精细化管理
	强化水资源安全保障	完善水利基础设施	数字化城市水务运行管理
			数字化水资源管理
			雨洪调蓄
构建具有国际竞争力的现代产业体系	加快发展现代服务业	构建现代服务业体系	建立智能自动化立体仓库
			建立产业链资源整合公共服务平台
		粤港澳大湾区发展绿色金融	绿色项目/企业认定
			绿色金融专营机构评价与监督
			数字化技术保障绿色金融产品创新
			绿色债券评估认证互认互通

续表

场景集群	场景簇群	场景簇	场景单元
构建具有国际竞争力的现代产业体系	加快发展现代服务业	粤港澳大湾区发展绿色金融	全周期的绿色资金追溯与审计
			数字化技术助力环境风险分析
			探索绿色金融标准化体系建设
	大力发展海洋经济	强化海洋观测、监测、预报和防灾减灾能力	构建智慧海洋环境监测平台
		推进海洋经济发展	构建海洋产权交易平台
推进生态文明建设	打造生态防护屏障	实施重要生态系统保护和修复重大工程	粤港澳大湾区国土空间生态修复监管系统建设
			矿山修复生态效益评估
			粤港澳共建森林生态网络
			重金属污染土壤修复
			农业面源污染防控
			粤港澳大湾区湿地生态系统修复
			粤港澳大湾区近岸海域生态系统保护与修复
			粤港澳大湾区综合生态系统服务评估
		构建生态廊道和生物多样性保护网络	粤港澳大湾区生态廊道构建
			粤港澳大湾区生物多样性保护网络构建
	加强环境保护和治理	水环境保护与治理	城市黑臭水体环境综合整治
			粤港澳大湾区绿色生态水网构建
			水污染区域联动
			水生生物资源养护管理制度建设
			建立入海污染物排放管控机制
		区域大气污染联防联控	粤港澳大湾区温室气体和多污染物协同减排
			建立区域大气污染联防联控机制
		废物区域协同处理	垃圾源头分类减量
			危险废物区域协同处理
	创新绿色低碳发展模式	加快构建绿色产业体系	粤港澳大湾区产业转移与碳排放影响评估
			能耗精细化管理和节能减排方案优化
			企业碳排放权交易数字化
		推动大湾区开展绿色低碳发展评价	粤港澳大湾区城市群 GEP 核算
			构建城市尺度的碳排放估算方法
			绿色低碳发展的全生命周期管理与评价
		鼓励低碳出行	粤港澳大湾区城市群新能源汽车充电网络布局及优化

续表

场景集群	场景簇群	场景簇	场景单元
建设宜居宜业宜游的优质生活圈	打造教育和人才高地	推动教育合作发展	构建深圳市高等教育国际化评价指标体系
			深圳市福田区中小学安全监管网络
		建设人才高地	深圳南山区高新科技园区创新人才人口管理平台
			深圳市龙华区"人城产"融合发展解决方案
	共建人文湾区	共同推进大湾区体育事业和体育产业发展	智能化赛事全流程跟踪管理服务
	构筑休闲湾区	推进大湾区旅游发展	粤港澳大湾区特色精品旅游路线规划应用
	拓展就业创业空间	完善区域公共就业服务体系	粤港澳大湾区智慧就业创业形势分析解决方案
	塑造健康湾区	密切医疗卫生合作	城市卫生应急响应
			湾区15分钟基层医疗服务圈
		加强食品食用农产品安全合作	基于区块链的食品药品安全溯源
	促进社会保障和社会治理合作	推进社会保障合作	租购并举的多元化住宅保障
			深圳市养老服务设施资源量化评估
			基于居住证数字化的疫情防控方案
		深化社会治理合作	福田区城市高层楼宇大风风险识别系统
			重大突发工业火灾事件预防预警应对
	促进社会保障和社会治理合作	深化社会治理合作	湾区生命线全方位监测预警
			深圳市内涝快速处置调度与精准服务
			轨道交通突发大客流预警疏散及大客流预测
紧密合作共同参与"一带一路"建设	打造具有全球竞争力的营商环境	创新"互联网+政务服务"模式	自动化政务服务
		形成稳定、公平、透明、可预期的一流营商环境	营商环境国际化
			全面放开外商投资市场准入的实验区建设
	提升市场一体化水平	推动贸易自由化	粤港澳服务贸易自由化
	携手扩大对外开放	打造"一带一路"建设重要支撑区	"一带一路"共建国家一站式综合服务保障
		全面参与国际经济合作	大湾区跨境电子商务"虚拟海关"建设
共建粤港澳合作发展平台	优化提升深圳前海深港现代服务业合作区功能	强化前海合作发展引擎作用	构建深港生产性服务业一体化发展平台
	打造广州南沙粤港澳全面合作示范区	打造优质生活圈	构建10分钟生活圈服务应用
			一公里口袋公园规划
	推进珠海横琴粤港澳深度合作示范	加强对外开放合作	构建跨境电商综合试验信息平台
	发展特色合作平台	共同打造科技创新合作区	建立合作园区开展高层次人才同权平台试点

3.3.2　协同发展场景选择

　　围绕粤港澳大湾区城市群协同发展的重要领域，结合《规划纲要》场景化转译结果，根据生态环境、自然资源、交通、文旅、水利、规划、海洋、工业信息化等各部门职能现实需求，分别从产业创新、环境治理、资源配置、服务共享、危机应对、制度安排等方向选择典型场景单元作为场景应用落地示范的方向。考虑到场景的可落地性，基于国土空间规划"一张图"系统现有基础，主要选择城市群协同发展评估、基础设施与重大项目优化配置、空间资源优化利用辅助决策、空间基础信息协同共享、绿道碧道协同规划与治理、环境协同治理、规划协同监督、海岸线协同保护、海域协同管理和南粤古驿道旅游精品路线等场景展开具体方案设计（图 3-4）。

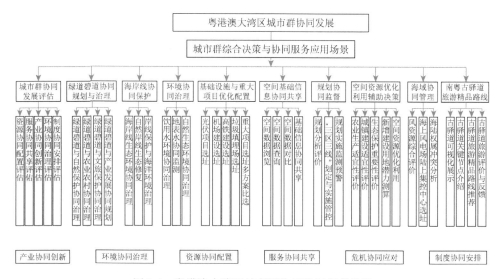

图 3-4　粤港澳大湾区城市群协同发展相关场景

第4章 规划引领的大湾区城市群协同发展应用场景设计

推进粤港澳大湾区城市群产业创新、资源配置、环境治理、服务共享、危机应对、制度安排等领域的协同,是贯彻落实《粤港澳大湾区发展规划纲要》和推进粤港澳三地城市协同发展的重要途径。本章基于场景和场景规划理论,围绕产业、交通、人口、资源、环境、基础设施和公共服务等方面的重要需求,开展城市群协同发展评估、海岸线协同保护、环境协同治理、绿道碧道协同规划与治理、基础设施与重大项目优化配置、空间基础信息协同共享、规划协同监督、空间资源优化利用辅助决策、海域协同管理、南粤古驿道旅游精品路线等重要场景设计,分析场景建设必要性,识别场景要素特征,提炼典型场景应用并开展场景路径与预期协同效果分析,形成粤港澳大湾区城市群综合决策与协同服务场景设计方案。

4.1 城市群协同发展评估

4.1.1 场景建设必要性

城市群作为我国新型城镇化的主体形态,正在深刻改变着我国区域发展的格局。当前,城市群内部普遍存在的行政分治、产业同构、竞争同质、资源错配等问题,严重制约着城市群综合效益的发挥。城市群协同发展是一个包含资源和要素优化配置、产业分工合作、公共设施共建共享、生态环境协同治理等多因素的系统性动态综合过程。当前,城市群协同发展评价主要侧重城市群各个城市的协同能力评价,对于城市群各个城市之间的协同关系评价关注不足,并且缺乏相关信息技术支撑的智能化评价手段,导致城市群协同发展评价的主要内容和评价结果存在差异。此外,一些指数的设计缺少简明的数学特性,虽能得出一定的量化评分,但难以实现进一步的深入分析;部分指标体系过于庞大复杂,不利于进行政策评价并得出清晰的政策含义。

在新时代新背景下,实现粤港澳大湾区协同发展具有紧迫性、必要性和重大的现实意义。解析国内外城市群协同发展规律与内在机理,构建大湾区城市群协同测度模型与评价指标体系，评价大湾区城市间经济、人口、社会、资源等多要素领域的协同发展水平，探讨动力机制，总结发展模式，提出政策、治理、市场、服务、规划、文化、产业、设施、生态环境等方面协同发展的实现路径与政策创新机制，能够为城市群综合决策与协同管理服务提供理论基础和数据依据。

4.1.2　场景概述

城市群协同发展评估场景在理解城市群协同发展、开展城市群协同调研、认识城市群协同现状的基础上，结合城市群自身对于本区域协同发展目标的初步构想，通过共享集成城市群资源协同配置能力、服务协同共享能力、环境协同治理、产业协同创新、制度协同安排等指标数据，依托相关数理统计方法、相关信息技术手段、评价模型建模流程等，开展大湾区城市群协同发展评估。

大湾区城市群协同发展评估从协同发展水平定量评估与协同发展水平动态比较两个方面开展。其中，协同发展水平定量评估通过大湾区城市群协同测度模型与评价指标体系，对区域协同发展水平进行综合评估。协同发展水平动态比较通过大湾区历年或区域的协同发展综合效度的对比，直观展示大湾区内各区域的梯级差异和变化特征，辅助政府部门探讨各城市发展潜力的动力机制，实现为生产要素引导、区域资源的最优配置等提供理论基础和数据依据（表 4-1）。

表 4-1　城市群协同发展评估场景要素分析

场景要素	内涵
场景主题	场景从城市群资源协同配置能力、服务协同共享能力、环境协同治理、产业协同创新、制度协同安排等维度，依托数理统计方法、信息技术手段、模型建模等，开展大湾区城市群协同发展评估
时间	开展协同发展评估的时间范围
空间	粤港澳大湾区范围内需要开展协同发展评估的区域
场景对象	需要了解城市群协同发展水平、分析各城市发展潜力、开展各类区域资源优化配置的政府部门，涉及能源、水利、自然资源、生态环境、交通、邮政、金融监督管理、市场监督管理、工商管理、发展和改革、科技等相关部门
场景路径	以当前大湾区能源、自然资源、水利、交通、生态环境、工商管理等的部门数据为基础，运用要素流强度统计模型、社会网络分析、联锁网络模型等方法，分别在资源、服务、环境、产业、制度等领域开展大湾区协同发展水平定量评估与协同发展水平动态比较
预期结果	实现对大湾区协同发展水平的综合评估，通过大湾区历年或区域的协同发展综合效度的对比，展示大湾区内各区域的梯级差异和变化特征，辅助政府部门探讨各城市发展潜力的动力机制

4.1.3　典型场景应用

1. 城市群资源协同配置评估

从资源协同配置维度出发，基于能源、水利、自然资源、统计等部门数据，分别选择电力资源、水资源、土地资源、能源资源等方面的协同配置能力指标，依据联锁网络模型，以年为时间尺度开展城市群资源协同配置水平定量评估与动态比较。

2. 城市群服务协同共享评估

从服务协同共享维度出发，基于交通、科技、邮政、金融监督管理等部门数据，选择交通流强度、信息流强度、物流联系强度、金融协同强度等指标，以月为时间尺度开展城市群服务协同共享水平定量评估与动态比较。

3. 城市群环境协同治理评估

从环境协同治理维度出发，基于生态环境、市场监督管理等部门数据，选择城市边界河流交接断面水质状况、城市碳排放协同减排能力、城市边界区域污染密集型企业密度等指标，开展城市群环境协同治理水平定量评估与动态比较。

4. 城市群产业协同创新评估

从产业协同创新维度出发，基于工商管理、发展和改革、科技等部门数据，选择城市之间互相投资企业数量、城市之间风险投资规模、城市之间风险投资事件、城市之间论文合作数量等指标，以年为时间尺度开展城市群产业协同创新水平定量评估与动态比较。

5. 城市群制度协同安排评估

从制度协同安排维度出发，基于发展和改革等部门数据，选择城市之间双边制度协同安排、城市之间多边制度协同安排等指标，以年为时间尺度开展城市群制度协同水平定量评估与动态比较。

4.1.4　场景路径

1. 数据资源

城市群协同发展评估场景所需要的数据涉及资源、服务、环境、产业、制度等领域，具体所需数据见表 4-2。

表 4-2　城市群协同发展评估场景所需数据

所需数据	涉及政务部门
城市之间风险投资规模指标	发展和改革
城市之间风险投资事件指标	发展和改革
城市之间双边制度协同安排指标	发展和改革
城市之间多边制度协同安排指标	发展和改革
城市之间互相投资企业数量指标	工商管理
交通流强度指标	交通
信息流强度指标	科技
城市之间论文合作数量指标	科技
电力资源协同配置能力指标	能源
能源资源协同配置能力指标	能源
城市边界河流交接断面水质状况指标	生态环境
城市碳排放协同减排能力指标	生态环境
金融协同强度指标	金融监督管理
城市边界区域污染密集型企业密度指标	市场监督管理
水资源协同配置能力指标	水利
物流联系强度指标	邮政
土地资源协同配置能力指标	自然资源

2. 业务流程

粤港澳大湾区城市群协同发展评估场景主要依托能源、自然资源、水利、交通等相关数据，分别从资源、服务、环境、产业、制度五大领域，选择相应的指标，进行协同水平评估，具体业务流程如图 4-1 所示。

4.1.5　预期协同效果

城市群协同发展评估场景的五个业务协同事项，共涉及能源、水利、自然资源、交通、邮政、金融监督管理、生态环境、市场监督管理、工商管理、发展和改革、科技这 11 个政务部门的跨部门、跨区域协同。各协同事项涉及的政务部门与协同类型如表 4-3。

图 4-1　城市群协同发展评估场景业务流程

表 4-3　城市群协同发展评估场景预期协同效果

业务协同事项	使用的业务数据	涉及相关部门业务	涉及政务部门	协同类型
城市群资源协同配置评估	电力资源协同配置能力指标	电能交易	能源	跨部门、跨区域
	水资源协同配置能力指标	水权交易	水利	跨部门、跨区域
	土地资源协同配置能力指标	土地指标交易	自然资源	跨部门、跨区域
	能源资源协同配置能力指标	能源交易	能源	跨部门、跨区域
城市群服务协同共享评估	交通流强度指标	交通流量监测	交通	跨部门、跨区域
	信息流强度指标	科技信息\科技成果管理	科技	跨部门、跨区域
	物流联系强度指标	行业信息统计与服务	邮政	跨部门、跨区域
	金融协同强度指标	协调服务金融业发展	金融监督管理	跨部门、跨区域
城市群环境协同治理评估	城市边界河流交接断面水质状况指标	生态环境监测	生态环境	跨部门、跨区域
	城市碳排放协同减排能力指标	生态环境监测	生态环境	跨部门、跨区域
	城市边界区域污染密集型企业密度指标	工商登记与排污许可	市场监督管理	跨部门、跨区域
城市群产业协同创新评估	城市之间互相投资企业数量指标	企业登记注册	工商管理	跨部门、跨区域
	城市之间风险投资规模指标	投资综合管理	发展和改革	跨部门、跨区域
	城市之间风险投资事件指标	投资综合管理	发展和改革	跨部门、跨区域
	城市之间论文合作数量指标	科技信息\科技成果管理	科技	跨部门、跨区域

续表

业务协同 事项	使用的业务数据	涉及相关部门业务	涉及政务部门	协同类型
城市群制 度协同安 排评估	城市之间双边制度协同安排指标	政策研究	发展和改革	跨部门、跨区域
	城市之间多边制度协同安排指标	政策研究	发展和改革	跨部门、跨区域

4.2　基础设施与重大项目优化配置

4.2.1　场景建设必要性

随着国土空间规划体系的不断完善，对合理规划布局和推动生态文明建设提出了更高的要求。为保障基础设施与重大项目选址的合理性和有效性，更好地统筹国土空间资源，需结合各专业行政主管部门的项目，在规划审批前对规划新增的电、气、油、水利等基础设施与重大项目的选址进行论证，有效协调生态保护和基础设施建设。在项目选址阶段和可研阶段提前介入，提出优化项目设计的意见建议，合理确定项目用地规模，充分避让生态保护红线和永久基本农田。

4.2.2　场景概述

依托多层次综合决策和协同服务支持系统，通过共享集成自然资源、生态环境、文旅、水利、交通、发展和改革、工业信息化、矿产、海洋等相关数据，构建影响因子分类研究及评价指标体系，对机场、高铁、垃圾填埋场等进行选址可行性验证，实现基础设施配置和重大项目建设选址智能化、科学化。在基础设施选址方面，着重基础设施布局的合规性和合理性，提高国土空间规划和治理的精细化和科学化水平。在重大项目布局方面，着重推动投资合理增长、增强城市发展活力，结合重大项目实施周期长、专业性强、涉及部门广、审批程序繁、不确定因素多、经济技术风险大、前期费用高等特点，寻求重大项目布局的最优解，为粤港澳大湾区合理规划项目建设提供科学决策支撑。

基础设施与重大项目优化配置场景涉及国土空间用地性质与布局、需求与供给、发展与保护等重点问题，场景以保障基础设施选址和重大项目布局与国土空间规划高度协调、良性互动为目标，遵循依法依规、合理布局、资源节约等原则，依照上位规划，对基础设施选址和重大项目进行解读，通过多审合一（建设用地预审、城乡规划许可、其他相关许可）和"多规合一"（国土空间总体规划、详细规划，以及交通、历史文化保护、安全防灾、市政、生态环境保护等专项规划）论证基础设施选址和重大项目布局的合理性与科学性，充分论证项目选址与城镇国土空间关系、镇村布局、生态保护红线、交通、基础设施和公共服务设施、资源环境、历史文化等方面的协调性和可行性，符合公共安全、综合防灾等要求，最后提出规划建议，为粤港澳大湾区基础设施与重大项目优化配置提供支撑（表4-4）。

表 4-4　基础设施与重大项目优化配置场景要素分析

场景要素	内涵
场景主题	以保障城市群基础设施选址和重大项目布局与国土空间规划高度协调、良性互动为目标，遵循依法依规、合理布局、资源节约等原则，对基础设施选址和重大项目进行解读，通过多审合一和"多规合一"论证基础设施选址和重大项目布局的合理性与科学性
时间	开展基础设施选址和重大项目布局的时间范围
空间	粤港澳大湾区范围内需要开展基础设施选址和重大项目布局工作的城市或区域
场景对象	基础设施选址和重大项目布局中与用地审批、项目规划建设、风险评估、生态环境保护、交通网络组织、历史文化保护等业务相关的部门和相关责任人员
场景路径	集成自然资源、生态环境、文旅、水利、交通、发展和改革、工业信息化、矿产、海洋等相关数据，构建影响因子分类研究及评价指标体系，协调衔接各级国土空间规划、详细规划和各类专项规划，论证用地性质和布局的合理性与科学性，实现基础设施选址与重大项目布局
预期结果	充分论证项目选址的可行性，提出规划建议，为粤港澳大湾区基础设施与重大项目优化配置提供科学决策支撑，提高国土空间规划和治理的精细化与科学化水平

4.2.3　典型场景应用

1. 机场建设选址

基于污染土地、危险固体废弃物、地质活动断层影响分区、地质灾害隐患点、三条控制线、自然生态保护区等数据分析，初步进行机场建设选址，再综合分析机场建设选址范围的供电、供水、供气、通信、道路、排水等公共设施筹备条件和气象条件等。此外，充分考量新建机场后的经济效益和成本，以及机场运行和发展是否与城市总体规划相协调。

2. 高铁建设选址

重点分析区域地形地貌、地质条件、"三区三线"和交通路网等因素，从新型城镇化的角度，综合考虑区域/城市产业发展趋势、空间发展重点、交通需求等因素进行高铁建设选址的技术路径与方法研究，以期为广深第二高铁选址以及建设提供一定支撑。

3. 垃圾填埋场选址

基于国土空间规划,考虑城市垃圾填埋场选址的自然环境因素和社会环境因素,充分了解城市规模发展速度、城市扩张趋势及方向等,选址合理的区域,建设规模与城市经济发展水平统一、协调的垃圾填埋场。

4. 光伏项目选址

综合太阳能资源、地形地貌、土地性质、水文地质、接入系统、交通运输和社会经济环境等因素进行比较后,确定光伏电站的选址。

5. 重大项目选址多方案比选

基于"三区三线"、国土调查、自然保护区和区位等数据和影响因素,利用仿真模拟技术,实现重大项目选址方案的可视化展示和模拟,依据不同方案设施发展情景,对比各个方案的优势和不足,最终结合区域发展需求,确定相对最优的方案。

6. 基于规划条件的选址

汇聚土地利用总体规划、城市总体规划、已批用地红线、第三次国土调查等成果,从规划条件、项目或用地的已批情况、已建设情况和剩余空间,为基础设施选址和重大项目布局提供支撑。

4.2.4 场景路径

1. 数据资源

基础设施与重大项目优化配置场景协调衔接各级国土空间规划、详细规划和各类专项规划,论证用地性质和布局的合理性与科学性。场景重点关注城市群集中建设区的可建设用地,支持可叠加或剔除建设用地审批数据、批而未用图斑、生态保护红线等空间数据,涉及数据以及来源如表4-5所示。

表 4-5 基础设施与重大项目优化配置场景所需数据

所需数据	涉及政务部门
地质活动断层影响分区	地质
地质灾害隐患点	地质
采矿权、探矿权	地质

续表

所需数据	涉及政务部门
海岸线	海洋
海洋功能区划	海洋
交通路网数据	交通
高速公路网、港口、轨道交通	交通
自然保护区	林业
行政区划	民政
自然生态保护	生态环境
饮用水水源保护区	生态环境
河湖管理范围	水利
历史文化名城、文物保护单位	文旅
污染土地、危险固体废弃物	自然资源
矿产资源	自然资源
三条控制线	自然资源
高程、坡度等基础地理信息数据	自然资源
第三次国土调查	自然资源
耕地质量等别	自然资源
征收农用地区片综合地价	自然资源
土地利用总体规划	自然资源
城市总体规划	自然资源
已批用地红线	自然资源

2. 业务流程

基础设施与重大项目优化配置场景的业务主要通过规划条件汇聚、项目用地预审、已建设用地分布和可建设用地分布情况，实现基于规划条件的初步选址。在此基础上，针对机场建设、高铁选线、垃圾填埋场建设、光伏项目建设和重大项目规划建设方案比选等具体项目，深入论证项目与各级国土空间规划、详细规划和各类专项规划的衔接和协调情况。通过影响因素分析、地块性质与面积需求、空间位置需求和配套设施选址等分析，提高基础设施选址与重大项目布局的合理性与科学性，并针对具体项目提供选址预览功能，为城市群基础设施共建和重大项目协同布局提供指引。基础设施与重大项目优化配置场景的业务流程如图4-2所示。

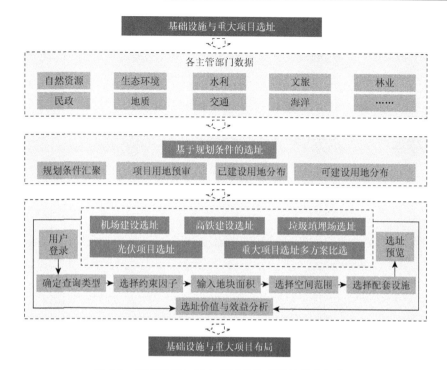

图 4-2　基础设施与重大项目优化配置场景业务流程

4.2.5　预期协同效果

基础设施与重大项目优化配置场景的六个业务协同事项，共涉及地质、自然资源、生态环境、文旅、交通、水利、林业、海洋、民政 9 个政务部门的跨部门、跨区域协同（表 4-6）。

表 4-6　基础设施与重大项目优化配置场景预期协同效果

业务协同事项	使用的业务数据	涉及相关部门业务	涉及政务部门	协同类型
机场建设选址	污染土地、危险固体废弃物	环境影响评价报告	自然资源	跨部门、跨区域
	地质活动断层影响分区	地质防灾	地质	跨部门、跨区域
	地质灾害隐患点	地质防灾	地质	跨部门、跨区域
	第三次国土调查	国土调查	自然资源	跨部门、跨区域
	三条控制线	国土空间规划	自然资源	跨部门、跨区域
	自然生态保护	生态环境	生态环境	跨部门、跨区域
	采矿权、探矿权	矿产管理	自然资源	跨部门、跨区域

续表

业务协同事项	使用的业务数据	涉及相关部门业务	涉及政务部门	协同类型
机场建设选址	自然保护区	自然保护地管理	林业	跨部门、跨区域
	高速公路网、港口、轨道交通	交通专项规划	交通	跨部门、跨区域
	历史文化名城、文物保护单位	历史文化保护	文旅	跨部门、跨区域
高铁建设选址	三条控制线	国土空间规划	自然资源	跨部门、跨区域
	地质灾害隐患点	地质防灾	地质	跨部门、跨区域
	自然保护区	自然保护地管理	林业	跨部门、跨区域
	高程、坡度等基础地理信息数据	测绘与地理信息	自然资源	跨部门、跨区域
	交通路网数据	交通专项规划	交通	跨部门、跨区域
	河湖管理范围	水利河湖管理	水利	跨部门、跨区域
	历史文化名城、文物保护单位	历史文化保护	文旅	跨部门、跨区域
垃圾填埋场选址	三条控制线	国土空间规划	自然资源	跨部门、跨区域
	饮用水水源保护区	水生态环境	生态环境	跨部门、跨区域
	自然保护区	林业专项规划	林业	跨部门、跨区域
	地质灾害隐患点	地质防灾	地质	跨部门、跨区域
	高速公路网、港口、轨道交通	交通专项规划	交通	跨部门、跨区域
光伏项目选址	三条控制线	国土空间规划	自然资源	跨部门、跨区域
	第三次国土调查	国土调查	自然资源	跨部门、跨区域
	自然保护区	自然保护地管理	林业	跨部门、跨区域
	高程、坡度等基础地理信息数据	测绘与地理信息	自然资源	跨部门、跨区域
重大项目选址多方案比选	行政区划	行政区域界线勘定和管理	民政	跨部门、跨区域
	第三次国土调查	国土调查	自然资源	跨部门、跨区域
	耕地质量等别	耕地保护	自然资源	跨部门、跨区域
	三条控制线	国土空间规划	自然资源	跨部门、跨区域
	采矿权、探矿权	矿产管理	地质	跨部门、跨区域
	海岸线	海岸线修测	海洋	跨部门、跨区域
	海洋功能区划	海洋专项规划	海洋	跨部门、跨区域
	征收农用地区片综合地价	空间用途管制	自然资源	跨部门、跨区域
基于规划条件的选址	土地利用总体规划	国土空间规划	自然资源	跨部门、跨区域
	城市总体规划	国土空间规划	自然资源	跨部门、跨区域
	已批用地红线	空间用途管制	自然资源	跨部门、跨区域
	第三次国土调查	国土调查	自然资源	跨部门、跨区域

4.3 空间资源优化利用辅助决策

4.3.1 场景建设必要性

随着经济建设进入新常态，供给侧结构性改革正不断推进，在发展的过程中导致环境污染、资源约束、生态系统退化、国土空间开发失衡等问题。为缓解当前资源环境与社会经济之间的矛盾，《中共中央关于全面深化改革若干重大问题的决定》明确提出要"建立资源环境承载能力监测预警机制，对水土资源、环境容量和海洋资源超载区域实行限制性措施"。2019 年 5 月，《中共中央 国务院关于建立国土空间规划体系并监督实施的若干意见》（简称《若干意见》）明确提出，科学有序统筹布局生态、农业、城镇等功能空间，划定生态保护红线、永久基本农田、城镇开发边界等空间管控边界以及各类海域保护线，强化底线约束，为可持续发展预留空间。《若干意见》提出要依托国土空间基础信息平台，建立健全国土空间规划动态监测评估预警和实施监管机制，建立国土空间规划定期评估制度，结合国民经济社会发展实际和规划定期评估结果，对国土空间规划进行动态调整完善。2022 年 5 月，自然资源部办公厅发布《关于进一步加强国土空间规划"一张图"系统建设的通知》，提出要依托国土空间基础信息平台，全面开展国土空间规划"一张图"建设和市县国土空间开发保护现状评估工作。围绕一系列需求背景，设计空间资源优化利用辅助决策场景。

4.3.2 场景概述

空间资源优化利用辅助决策场景依托多层次综合决策和协同服务支持系统，共享集成生态环境、自然资源、林业、地质等部门相关数据，通过跨区域、跨部门数据交互，实现大湾区资源开发适宜性分级、新增建设潜力排序，分别从土地利用自适应惯性竞争、人口-经济-国土多要素协同发展等角度，模拟大湾区未来土地利用格局，综合考虑资源开发适应性、空间资源保障潜力和农用地征收价格成本等方面，辅助各级政府部门在城市空间发展方向和空间资源利用时序安排上做出最优选择。

该场景将有助于：①开展生态、农业、城镇等功能空间的适宜性评价，作为统筹布局各类功能空间的依据；②实现用地潜力分析、未来土地利用格局模拟，为国土空间规划动态调整及完善提供参考；③形成空间资源优化利用辅助决策方案，实现空间资源利用分级和优化利用（表 4-7）。

表 4-7 空间资源优化利用辅助决策场景要素分析

场景要素	内涵
场景主题	场景依托多层次综合决策和协同服务支持系统，共享集成生态环境、自然资源、林业、地质等部门相关数据，实现大湾区资源开发适宜性分级、建设潜力分析、未来土地利用格局模拟等，辅助各级政府部门在城市空间发展方向和空间资源利用时序安排上做出最优选择
时间	开展空间资源评估和优化的时间范围
空间	粤港澳大湾区范围内需要开展空间资源利用分级和优化利用的区域
场景对象	需要对生态、农业、城镇类功能空间开展统筹规划与布局优化的相关政务部门，涉及民政、地质、交通、林业、气象、地震、生态环境、水利、统计、住建、自然资源等
场景路径	以当前大湾区基础地理信息数据、统计数据、遥感数据、调查数据、规划数据等为数据基础，运用 GIS 空间分析技术开展农业生产适宜性评价、城镇建设适宜性评价、生态保护重要性评价，结合土地利用格局模拟、地片综合地价成果，以及人口、产业结构等因素，形成空间资源优化利用辅助决策方案
预期结果	满足土地管理部门对土地开发科学管理的需要，为编制和实施土地利用总体规划提供政策依据，为各级政府部门实现空间资源利用分级和优化利用提供决策依据等

4.3.3 典型场景应用

1. 农业生产适宜性评价

基于土地利用现状、耕地质量、农业气候、农业灾害、农业水资源、农业土地资源、土壤环境容量等开展农业生产适宜性评价，并对评价成果进行归纳分类，实现单因素分级查询、统计和可视化展示。其评价结果将有助于为行政区界线勘定和管理、国土调查、土地分等定级、应急减灾、耕地保护、环境污染防治监督管理等部门业务提供支撑，可作为科学有序统筹布局农业功能空间、划定永久基本农田等空间管控边界的依据。

2. 城镇建设适宜性评价

基于区位优势度、城镇水资源、城镇土地资源、城镇灾害、大气环境容量、水环境容量等开展城镇建设适宜性评价，并对评价结果进行归纳分类，实现单因素分级查询、统计和可视化展示。其评价结果将有助于为行政区界线勘定和管理、城镇体系专项规划、水资源保护、自然资源开发利用、防灾减灾、环境污染防治监督管理等部门业务提供支撑，可作为科学有序统筹布局城镇功能空间、划定城镇开发边界等空间管控边界的依据。

3. 生态保护重要性评价

基于水土保持、水源涵养、生态敏感性、生物多样性等开展生态保护重要性评价，并对评价成果进行归纳分类，实现单因素分级查询、统计和可视化展示。其评价结果将有助于为水土保持相关专项规划、水资源保护、生态环境监测、生态保护修复等部门业务提供支撑，可作为科学有序统筹布局生态功能空间、划定生态保护红线等空间管控边界的依据。

4. 新增建设用地潜力测算

基于土地利用现状、生态保护红线、基本农田保护红线、自然保护区、用地红线、登记发证范围等基础数据资料，分析禁止开发利用土地面积、不适宜开发利用土地面积、已开发利用土地面积；结合各类修正因素，分析可用于城镇建设的潜力规模与空间布局以及现状城镇空间优化方向；为国土调查、国土空间规划、耕地保护、自然保护地管理、空间用途管制、土地确权登记等部门业务提供支撑。

5. 土地利用格局模拟

选择土地利用现状、交通路网、地质灾害、人口、社会、自然等诸多影响因子，通过 FLUS 模型模拟不同情景下的多要素协同发展的土地利用格局，反映特定时空尺度下土地利用方式、开发强度、经济投入、政策导向等诸多因素的作用强度及其合理性，并与现有的土地利用格局进行对比，将数据结果进行可视化展示，以期通过探究土地变化特征及演变规律，为未来土地规划以及国土空间资源优化利用提供合理的数据支持。

6. 空间资源优化利用

基于自然资源、生态环境、交通等部门数据资源，以及农业生产适宜性评价、城镇建设适宜性评价、生态保护重要性评价成果支撑新增建设用地潜力，结合土地利用格局模拟（FLUS 模型）、区片综合地价成果，以及人口、产业结构等因素，通过分析形成空间资源优化利用辅助决策方案，实现空间资源利用分级和优化利用。

4.3.4　场景路径

1. 数据来源

空间资源优化利用辅助决策场景所需数据、涉及相关部门如表 4-8 所示。

表 4-8 空间资源优化利用辅助决策场景所需数据

所需数据	涉及政务部门
行政区划数据	民政
地质公园	地质
地质灾害数据	地质
交通路网数据	交通
自然保护区	林业
农业气候（活动积温）分级	气象
农业（气象）灾害分级	气象
城镇灾害分级	气象、地震
土壤环境容量分级	生态环境
大气环境容量分级	生态环境
水环境容量分级	生态环境
生态敏感性	生态环境
生物多样性	生态环境
农业水资源分级	水利
城镇水资源分级	水利
水土保持	水利
水源涵养	水利
人口数据	统计
GDP 数据	统计
区位优势度分级	住建
土地利用现状	自然资源
耕地质量等别	自然资源
农业土地资源	自然资源
城镇土地资源	自然资源
生态保护红线	自然资源
基本农田保护红线	自然资源
用地红线	自然资源
登记发证范围	自然资源
高程、坡度等	自然资源
城镇建设适宜性分区	自然资源
新增建设用地潜力地块	自然资源
新增建设需求	自然资源
区片综合地价	自然资源

2. 业务流程

空间资源优化利用辅助决策场景通过开展农业生产适宜性评价、城镇建设适宜性评价与生态保护重要性评价，识别禁止开发利用土地、已开发利用土地，以及不适宜开发利用土地；结合土地总面积进行新增建设用地潜力测算，并基于FLUS 模型，实现对生态优先、安全优先、经济优先等多种发展情景下的土地利用格局进行模拟；结合区片综合地价成果，人口、产业结构等因素，形成空间资源优化利用辅助决策方案。业务流程如图 4-3 所示。

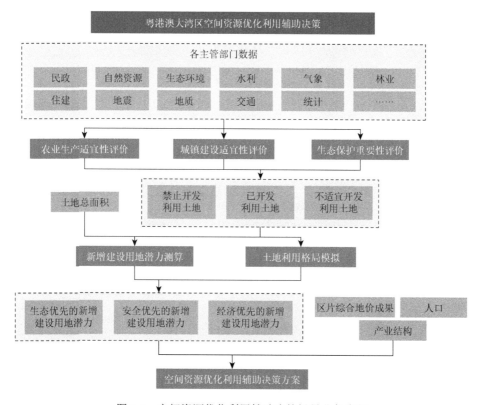

图 4-3　空间资源优化利用辅助决策场景业务流程

4.3.5　预期协同效果

空间资源优化利用辅助决策场景的六个业务协同事项，共涉及民政、自然资源、气象、水利、生态环境、住建、地震、林业、交通、地质、统计这 11 个政务部门的跨部门、跨区域协同。各协同事项涉及的政务部门与协同类型如表 4-9 所示。

表 4-9　空间资源优化利用辅助决策预期协同效果

业务协同事项	使用的业务数据	涉及相关部门业务	涉及政务部门	协同类型
农业生产适宜性评价	行政区划数据	行政区域界线勘定和管理	民政	跨部门、跨区域
	土地利用现状	国土调查	自然资源	跨部门、跨区域
	耕地质量等别	土地分等定级	自然资源	跨部门、跨区域
	农业气候（活动积温）分级	气象服务	气象	跨部门、跨区域
	农业（气象）灾害分级	应急减灾	气象	跨部门、跨区域
	农业水资源分级	水资源保护	水利	跨部门、跨区域
	农业土地资源	耕地保护	自然资源	跨部门、跨区域
	土壤环境容量分级	环境污染防治监督管理	生态环境	跨部门、跨区域
城镇建设适宜性评价	行政区划数据	行政区域界线勘定和管理	民政	跨部门、跨区域
	区位优势度分级	城镇体系专项规划	住建	跨部门、跨区域
	城镇水资源分级	水资源保护	水利	跨部门、跨区域
	城镇土地资源	自然资源开发利用	自然资源	跨部门、跨区域
	城镇灾害分级	灾害调查监测、防灾减灾	气象、地震	跨部门、跨区域
	大气环境容量分级	环境污染防治监督管理	生态环境	跨部门、跨区域
	水环境容量分级	环境污染防治监督管理	生态环境	跨部门、跨区域
生态保护重要性评价	行政区划数据	行政区域界线勘定和管理	民政	跨部门、跨区域
	水土保持	水土保持相关专项规划	水利	跨部门、跨区域
	水源涵养	水资源保护	水利	跨部门、跨区域
	生态敏感性	生态环境监测	生态环境	跨部门、跨区域
	生物多样性	生态保护修复	生态环境	跨部门、跨区域
新增建设用地潜力测算	土地利用现状	国土调查	自然资源	跨部门、跨区域
	生态保护红线	国土空间规划	自然资源	跨部门、跨区域
	基本农田保护红线	耕地保护	自然资源	跨部门、跨区域
	自然保护区	自然保护地管理	林业	跨部门、跨区域
	地质公园	地质部门专项规划	地质	跨部门、跨区域
	用地红线	空间用途管制	自然资源	跨部门、跨区域
	登记发证范围	土地确权登记	自然资源	跨部门、跨区域
土地利用格局模拟	土地利用现状	国土调查	自然资源	跨部门、跨区域
	交通路网数据	交通专项规划	交通	跨部门、跨区域
	地质灾害数据	地质灾害调查	地质	跨部门、跨区域
	人口数据	人口普查	统计	跨部门、跨区域
	GDP 数据	社会经济统计	统计	跨部门、跨区域
	高程、坡度等	测绘与地理信息	自然资源	跨部门、跨区域

续表

业务协同事项	使用的业务数据	涉及相关部门业务	涉及政务部门	协同类型
空间资源优化利用	土地利用现状	国土调查	自然资源	跨部门、跨区域
	城镇建设适宜性分区	自然资源开发利用	自然资源	跨部门、跨区域
	新增建设用地潜力地块	自然资源开发利用	自然资源	跨部门、跨区域
	新增建设需求	国土空间规划	自然资源	跨部门、跨区域
	区片综合地价	空间用途管制	自然资源	跨部门、跨区域

4.4　空间基础信息协同共享

4.4.1　场景建设必要性

随着政府部门数字化、信息化乃至智能化工作的开展，各个部门搭建服务平台，形成丰富的空间信息资源，提升了部门管理和决策水平。但独立的建设方式使得平台间相互割裂，空间信息资源存在数据孤岛，导致数据重复采集、平台重复建设，共享协同难以实现。《"十三五"国家信息化规划》提出要建立纵向联动、横向协同、互联互通的自然资源信息共享服务平台，为资源监管、国土空间优化开发提供有效支撑。国务院办公厅印发的《政务信息系统整合共享实施方案》要求建设"大平台、大数据、大系统"，建立物理分散、逻辑集中、资源共享、政企互联的政务信息资源大数据，加快推动政务信息系统整合共享。因此，构建空间基础信息协同共享场景，成为解决数据共享交换和信息协同共享的必然选择。

4.4.2　场景概述

构建空间基础信息协同共享平台（城市群综合数据一体化管理平台），统一汇聚生态环境、自然资源、林业、工业信息化、交通、水利等部门相关空间数据，通过部门数据交互、数据浏览查询和对比分析，实现空间基础信息协同共享。基于空间基础信息协同共享平台，统一数据标准，在多源数据汇聚过程中实现数据标准化转化，存储在数据资源池，在数据应用过程中，转化为业务所需的标准格式。空间基础信息协同共享场景搭建的空间基础信息协同共享平台主要汇聚粤港澳大湾区城市群综合决策和协同服务多源数据，兼具数据汇聚和分级分类管理功能，为本书研究和粤港澳大湾区自然资源开发利用与保护提供基础数据支撑（表 4-10）。

表 4-10　空间基础信息协同共享场景要素分析

场景要素	内涵
场景主题	围绕多源大数据汇聚、数据治理、数据分析和数据展示等，在多源数据汇聚过程中实现数据标准化转化，存储在数据资源池，在数据应用过程中，转化为业务所需的标准格式
时间	开展空间基础信息协同共享的时间范围
空间	粤港澳大湾区范围内需要开展空间基础信息协同共享的区域
场景对象	政务服务数据管理部门、自然资源管理部门、生态环境保护部门、发展和改革等部门涉及数据共享交换业务的人员，以及涉及国土空间规划建设、智慧城市规划建设、数字政府顶层设计等业务的咨询企业与相关工程实施企业的相关责任人员
场景路径	统一汇聚生态环境、自然资源、林业、工业信息化、交通、水利等部门相关空间数据，通过部门数据交互、数据浏览查询和对比分析，实现空间基础信息协同共享
预期结果	为跨平台、跨业务、跨层级、跨地区的数据共享与业务协同审批提供信息化支撑手段，提升自然资源部门、发展和改革部门行政管理联动决策水平；为互联网用户的公共出行、信息查询、信息公开等便民服务业务提供数据支撑

4.4.3　典型场景应用

1. 多源空间数据浏览

基于空间基础信息协同共享平台，提供自然资源、发展和改革、能源和海洋等政务部门中涉及测绘、规划、海域管理等业务相关的空间数据浏览，包括数据类别、数据属性、数据来源、数据应用、示例数据等内容。

2. 多源空间数据查询

基于空间基础信息协同共享平台，实现国土空间规划、土地调查和自然保护地规划等多种业务数据的多方式查询，即根据用户需求，提供数据关键词、数据来源单位、数据应用方向、数据热度、行政区、自定义范围等方式的数据查询。

3. 多源空间数据对比

基于空间基础信息协同共享平台，提供同类数据对比功能，结合用户的实际需求，自动分析来源不同的同类数据的优缺点，并按照用户自定义方式，分析需求涉及的初步成果和效果预览。

4.4.4　场景路径

1. 数据资源

空间基础信息协同共享平台主要承担城市群综合决策和协同服务研究与示范的数据中台功能，场景涉及的数据以及相关部门如表 4-11 所示。

表 4-11　空间基础信息协同共享场景所需数据

所需数据	涉及政务部门
"十四五"重大建设项目	发展和改革
海岸线全景三维	海洋
海岸线修测	海洋
自然保护区	林业
海上风电	能源
高标准农田	农业农村
大湾区三维建筑白模	自然资源
第二次土地调查及历年变更调查	自然资源
土地利用总体规划	自然资源
城市总体规划	自然资源
三条控制线	自然资源
第三次国土调查	自然资源
用地预审、用地报批	自然资源
三旧改造	自然资源
矿产资源	自然资源
耕地质量等别	自然资源
集体土地所有权	自然资源
界线电子地图	民政
河流分布图	水利
地表水监测断面分布图	生态环境
重点污染源监测图	生态环境
2019 年末全省高速公路分布	交通
广东学校专题查询	教育
广东药店分布	药品监督管理局
珠海市综合网格图层数据	市委政法委员会
广州市综合网格图层数据	市来穗人员服务管理局
佛山市三龙湾市政设施	中德工业服务区管委会

2. 业务流程

空间基础信息协同共享平台主要提供多源空间数据浏览、数据查询和数据对比等功能，涉及到数据清洗、数据入库、数据质检、数据集成、数据可视化等过程，作为数据中台为政务外网和互联网用户提供服务支撑，场景的业务流程如图 4-4 所示。

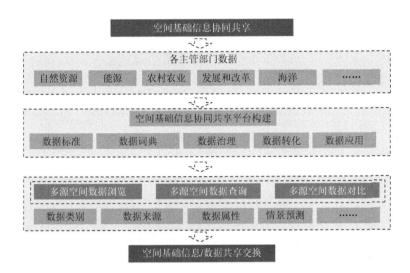

图 4-4 空间基础信息协同共享场景业务流程

4.4.5 预期协同效果

空间基础信息协同共享场景的三个业务协同事项，共涉及自然资源、农村农业、林业、海洋、能源、发展和改革等 15 个政务部门的跨部门、跨区域协同。各协同事项涉及的政务部门与协同类型如表 4-12 所示。

表 4-12 空间基础信息协同共享场景预期协同效果

业务协同事项	使用的业务数据	涉及相关部门业务	涉及政务部门	协同类型
多源空间数据浏览	大湾区三维建筑白模	测绘与地理信息	自然资源	跨部门、跨区域
	"十四五"重大建设项目	社会经济发展规划	发展和改革	跨部门、跨区域
	海上风电	风电规划	能源	跨部门、跨区域
	海岸线全景三维	海域管理	海洋	跨部门、跨区域
	界线电子地图	行政区划	民政	跨部门、跨区域

续表

业务协同事项	使用的业务数据	涉及相关部门业务	涉及政务部门	协同类型
多源空间数据浏览	河流分布图	水利灌溉	水利	跨部门、跨区域
	地表水监测断面分布图	环境监测	生态环境	跨部门、跨区域
	重点污染源监测图	环境监测	生态环境	跨部门、跨区域
	2019 年末全省高速公路分布	路网规划	交通	跨部门、跨区域
	广东学校专题查询	基础教育	教育	跨部门、跨区域
	广东药店分布	药品监督管理	药品监督管理局	跨部门、跨区域
	珠海市综合网格图层数据	社会治理	市委政法委员会	跨部门、跨区域
	广州市综合网格图层数据	社会治理	市来穗人员服务管理局	跨部门、跨区域
	佛山市三龙湾市政设施	开发建设	中德工业服务区管委会	跨部门、跨区域
多源空间数据查询	第二次土地调查及历年变更调查	土地调查	自然资源	跨部门、跨区域
	自然保护区	自然保护地管理	林业	跨部门、跨区域
	土地利用总体规划	国土空间规划	自然资源	跨部门、跨区域
	城市总体规划	国土空间规划	自然资源	跨部门、跨区域
	三条控制线	国土空间规划	自然资源	跨部门、跨区域
	广东地名地址	测绘与地理信息	自然资源	跨部门、跨区域
多源空间数据对比	第三次国土调查	国土调查	自然资源	跨部门、跨区域
	高标准农田	农田建设管理	农业农村	跨部门、跨区域
	用地预审、用地报批	空间用途管制	自然资源	跨部门、跨区域
	三旧改造	开发利用	自然资源	跨部门、跨区域
	采矿权、探矿权	矿产管理	自然资源	跨部门、跨区域
	耕地质量等别	耕地保护	自然资源	跨部门、跨区域
	海岸线修测	海域管理	海洋	跨部门、跨区域
	集体土地所有权	不动产登记	自然资源	跨部门、跨区域

4.5　绿道碧道协同规划与治理

4.5.1　场景建设必要性

作为中国改革开放的前沿阵地,粤港澳大湾区在过去 40 多年里取得了飞速发展,随着城市群建设规模急剧增长,生态类土地资源大幅缩减、退化,引发了一系列生态环境问题。为了恢复珠三角地区的生态系统，协调城市发展与环境保护之间的关系，广东省政府相继出台了《珠江三角洲绿道网总体规划纲要》《广东万里碧道总体规划（2020—2035 年）》等多部规划指引，旨在构建较完备的生态网络，实现生态环境保护和恢复，提升城市与区域的生态安全格局。2019 年 2 月，《粤港澳大湾区发展规划纲要》正式发布，提出打造生态防护屏障的一系列措施，包括实施重要生态系统保护和修复重大工程、构建生态廊道和生物多样性保护网络、建设沿海生态带、开展滨海湿地跨境联合保护等，为粤港澳大湾区的绿色可持续发展规划出新的蓝图。

近年来，绿道碧道规划建设开展得如火如荼，有效连接重要的生态节点，不仅提升了当地的生态安全格局，还为市民提供更多的休闲娱乐空间。如何从面向自然生态功能恢复的要素治理转向促进流域社会与生态系统的耦合、优化国土空间功能，使绿道碧道的生态、文化和景观价值得到更充分的发挥，是绿道碧道规划治理需要重点考虑的方向。针对这一方向，设计绿道碧道协同规划与治理场景。

4.5.2　场景概述

绿道碧道协同规划与治理场景通过集成生态环境、自然资源、文旅、市场监督管理、工业信息化、地质等部门相关数据，形成城市群绿道碧道规划与治理综合数据，支撑绿道碧道与生态环境、农业农村、文化保护、产业发展的协同规划与共同治理，探讨城市群绿道碧道规划和治理模式（表 4-13）。

表 4-13　绿道碧道协同规划与治理场景要素分析

场景要素	内涵
场景主题	场景通过集成生态环境、自然资源、文旅、市场监督管理、工业信息化、地质等部门相关数据，支撑绿道碧道与生态环境、农业农村、文化保护、产业发展的协同规划与共同治理
时间	开展绿道碧道协同规划与治理的中长期规划时期内
空间	粤港澳大湾区范围内需要开展绿道碧道协同规划与治理的区域
场景对象	需要对绿道碧道开展统筹规划与布局、开展绿道碧道及周边区域环境综合治理的相关政务部门，涉及自然资源、工业信息化、林业、市场监督管理、水利、文旅等，以及在绿道碧道沿线开发各类文旅项目的相关企业
场景路径	以当前大湾区基础地理信息数据、统计数据、遥感数据、调查数据、规划数据等为数据基础，运用评估模型与 GIS 空间分析技术，开展生态系统服务评估和自然灾害风险评估、绿道碧道沿线耕地保护，串联各地文旅资源，规划绿道碧道沿线产业等
预期结果	识别绿道碧道规划薄弱区域，精细化指导绿道碧道建设与管理；实现大湾区内具有较高自然和历史文化价值重要节点的有效串联；促进绿道碧道与沿线农业、产业文旅发展业务协同规划

该场景将有助于开展：①绿道碧道及沿线农业、产业、文旅相关数据的浏览、对比分析；②绿道碧道自然生态环境评估；③绿道碧道与沿线产业发展业务协同规划，以及与沿线农业农村、文旅保护等业务协同治理。

4.5.3　典型场景应用

1. 绿道碧道与自然保护协同治理

基于绿道碧道规划，结合生态保护红线、自然保护区与"双评价"结果，针对绿道碧道及其周围的地形地貌、土壤性质、气候条件、水文条件、生物条件、土地利用等，开展生态系统服务评估和自然灾害风险评估，为岸边带自然保护协同治理工作开展提供支撑。

2. 绿道碧道与农业农村协同治理

实现绿道碧道沿线稳定耕地、永久基本农田、高标准农田等数据浏览、对比分析；结合绿道碧道规划，省定贫困村、村庄规划，开展绿道碧道沿线耕地保护以及村庄规划。

3. 绿道碧道与文旅保护协同治理

结合历史文化名城（镇/村/街区）、南粤古驿道规划、南粤古驿道精品路线等数据（Hu et al.，2021），以绿道碧道建设为牵引，将环境治理和文旅产业发展紧密结合，依托绿道碧道把各地文旅资源串珠成链，构建主题多元的游径体系，建设大湾区生态人文长廊，为大湾区历史文化保护、古驿道专项规划与精品路线修复提供支持。

4. 绿道碧道与产业发展协同规划

实现绿道碧道沿线相关的工业企业、工矿用地、三旧改造、产业园区等数据浏览、对比分析等功能，基于绿道碧道规划，结合园区管理、拆旧复垦等规划需求，开展绿道碧道沿线产业发展的协同规划。

4.5.4　场景路径

1. 数据来源

绿道碧道协同规划与治理场景所需数据、涉及相关部门如表 4-14 所示。

表 4-14　绿道碧道协同规划与治理场景所需数据

所需数据	涉及政务部门
"双评价"重要性	自然资源
生态保护红线	自然资源

所需数据	涉及政务部门
永久基本农田	自然资源
稳定耕地	自然资源
高标准农田	自然资源
省定贫困村、村庄规划	自然资源
南粤古驿道规划	自然资源
南粤古驿道精品路线	自然资源
三旧改造	自然资源
建设用地	自然资源
城镇开发边界	自然资源
开发园区	工业信息化
自然保护区	林业
企业数据	市场监督管理
绿道碧道规划	水利
历史文化遗产、保护等	文旅

2. 业务流程

粤港澳大湾区绿道碧道协同规划与治理场景通过结合绿道碧道沿线产业发展状况、农业农村治理现状、生态保护与修复、历史文化保护等，推进绿道碧道与产业发展、农业农村、自然保护、文旅保护的协同规划与治理。业务流程如图 4-5 所示。

4.5.5 预期协同效果

绿道碧道协同规划与治理场景的四个业务协同事项，共涉及水利、林业、自然资源、文旅、市场监督管理、工业信息化 6 个政务部门的跨部门、跨区域协同，各协同事项涉及的政务部门与协同类型如表 4-15。

表 4-15 绿道碧道协同规划与治理场景预期协同效果

业务协同事项	使用的业务数据	涉及相关部门业务	涉及政务部门	协同类型
绿道碧道与自然保护协同治理	绿道碧道规划	水利专项规划	水利	跨部门、跨区域
	自然保护区	自然保护地管理	林业	跨部门、跨区域
	"双评价"重要性	自然资源评价	自然资源	跨部门、跨区域
	生态保护红线	国土空间规划	自然资源	跨部门、跨区域

续表

业务协同事项	使用的业务数据	涉及相关部门业务	涉及政务部门	协同类型
绿道碧道与农业农村协同治理	绿道碧道规划	水利专项规划	水利	跨部门、跨区域
	永久基本农田	耕地保护	自然资源	跨部门、跨区域
	稳定耕地	耕地保护	自然资源	跨部门、跨区域
	高标准农田	耕地保护	自然资源	跨部门、跨区域
	省定贫困村、村庄规划	村庄规划	自然资源	跨部门、跨区域
绿道碧道与文旅保护协同治理	绿道碧道规划	水利专项规划	水利	跨部门、跨区域
	历史文化遗产、保护等	历史文化保护	文旅	跨部门、跨区域
	南粤古驿道规划	古驿道专项规划	自然资源	跨部门、跨区域
	南粤古驿道精品路线	古驿道精品路线修复	自然资源	跨部门、跨区域
绿道碧道与产业发展协同规划	绿道碧道规划	水利专项规划	水利	跨部门、跨区域
	企业数据	工商登记	市场监督管理	跨部门、跨区域
	开发园区	园区管理	工业信息化	跨部门、跨区域
	三旧改造	拆旧复垦	自然资源	跨部门、跨区域
	建设用地	现状数据管理	自然资源	跨部门、跨区域
	城镇开发边界	国土空间规划	自然资源	跨部门、跨区域

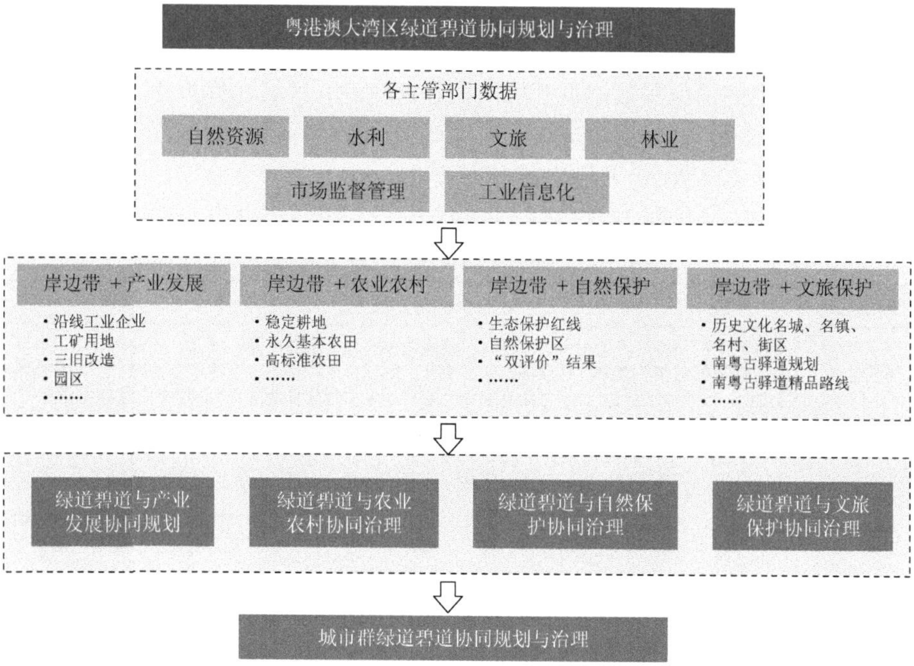

图 4-5　绿道碧道协同规划与治理业务流程

4.6　环境协同治理

4.6.1　场景建设必要性

随着我国区域一体化的不断推进，区域内经济社会联系日益紧密，包括大气污染、水污染、土壤污染、生活垃圾污染等在内的生态环境问题越来越多地表现出跨行政区域界线的趋势。面对区域环境公共事务的日益增长及其给环境治理带来的压力，必须树立区域整体意识，加强区域环境协同治理，不断提升区域环境治理绩效。《粤港澳大湾区发展规划纲要》指出应"以建设美丽湾区为引领，着力提升生态环境质量""实行最严格的生态环境保护制度""加强粤港澳生态环境保护合作，共同改善生态环境系统"。因此，推进大湾区生态环境的协同治理是提升大湾区品质、促进区域经济高质量发展、打造宜居宜业宜游的国际一流湾区的重要支撑。针对这一背景，开展环境协同治理场景设计。

4.6.2　场景概述

环境协同治理场景通过共享集成生态环境、自然资源、林业、工业信息化、市场监督管理等部门相关数据，开展部门数据交互、区域协作排序、上下级报审协同，支撑水环境、自然生态环境、海洋环境、大气环境等协同规划、治理、保护与修复业务（表 4-16），从而实现以下几点。

表 4-16　环境协同治理场景要素分析

场景要素	内涵
场景主题	在区域生态环境治理过程中，通过共享集成生态环境、自然资源、林业、工业信息化、市场监督管理等部门相关数据，开展部门数据交互、区域协作排序、上下级报审协同，支撑各类环境协同规划、治理、保护与修复业务
时间	开展环境规划、治理、保护与修复的时间范围
空间	粤港澳大湾区范围内需要开展环境规划、治理、保护与修复的区域
场景对象	参与大气、水、土壤、海洋等环境监测与治理，以及开展国土空间规划、自然生态保护规划、水利专项规划等的相关政务部门，涉及生态环境、水利、自然资源、海洋、工业信息化、市场监督管理等
场景路径	以当前大湾区基础地理信息数据、统计数据、监测数据、规划数据等为数据基础，识别饮用水、地表水、大气、永久基本农田、自然保护区、近岸海域等污染风险区域，划分污染等级，实现对突发性污染事故的快速响应与分析研判
预期结果	实现对区域环境质量的协同监测与监察，调动多元治理主体参与开放性的、动态的环境治理活动，为环境的全面监测监管、综合防治提供支持，达成综合性的环境治理目标

环境质量协同监测。对大湾区环境质量指标进行动态跟踪，通过数据分析，对环境质量状况进行预警监测，向各级部门展示空气质量、大气质量、地表水、饮用水等环境质量结果。同时，支持快速筛选问题源头、界定责任区域。

污染源管理。支持对大湾区重点排放单位名录进行监督检查，依托全面的环境数据，实现排放数据管理分析和数据核查监管，快速对重点排放单位排放违规行为进行预警监测，加强对重点排放单位的监督。

协同监察。通过环境质量监测结果，根据工作计划或方案，协同各市生态环境局、各市城市管理综合执法局分解目标任务、重点保障措施，促进各级部门环境治理能力的提升。

4.6.3　典型场景应用

1. 饮用水环境协同治理

基于市场监督管理、生态环境等部门相关数据，识别高环境风险企业、污染土地、危险固体废弃物等污染源的空间分布与区域污染物来源及特征，结合饮用水水源保护区地理位置及周边环境，识别水环境污染风险区域，积极推进生态治理工程建设，优先保护饮用水水源，严格控制工业污染、城镇生活污染，防治农业面源污染，预防、控制和减少水环境污染和生态破坏。

2. 地表水协同监测

基于生态环境部门的生态环境监测业务，获取饮用水水源保护区、河湖管理范围等区域的地表水水质监测数据，实现对饮用水水源地、河道、湖泊、水库等地表水的原位实时水质监测；以可视化方式展示跨市河流交界断面水质状况、城市边界水生态系统范围变化，并结合周边环境及边界污染型企业占比变化，综合分析水质变化影响因素；实现对突发性污染事故的快速响应与分析研判，开展区域水质变化长时间特征分析等，为地表水环境质量的全面监测监管、综合防治提供支持。

3. 永久基本农田环境协同治理

基于自然资源、市场监督管理、生态环境等部门，获取永久基本农田范围内及周边区域的高环境风险企业、污染土地、危险固体废弃物的空间分布与区域污染物来源及特征；根据耕地质量、粮食作物种植情况、土壤污染状况，识别风险区域；结合耕地保护措施，针对违法占用、严重污染等问题，开展永久基本农田的协同保护与修复。

4. 自然生态环境协同治理

基于林业、自然资源、市场监督管理、生态环境等部门管理与监测数据，识别在自然保护区、国家公益林、生态保护红线范围内及周边环境中，高环境风险企业、污染土地、危险固体废弃物的空间分布与区域污染物来源及特征；识别风险区域并划分污染等级；结合自然保护地管理、湿地管理、国土空间规划等措施，根据具体环境污染风险，开展自然生态环境的协同治理。

5. 规划管控与环境协同治理

基于生态保护红线、环境质量底线、资源利用上线和生态环境准入清单，识别碧道规划范围内及周边环境中高环境风险企业、污染土地、危险固体废弃物的空间分布与区域污染物来源及特征；识别风险区域并划分污染等级，结合自然生态保护规划、水利专项规划等，开展生态环境分区管控与协同治理。

6. 城镇开发建设环境协同治理

识别城镇开发边界集建区、国家及省级开发区范围内及周边环境中高环境风险企业、污染土地、危险固体废弃物的空间分布与污染物来源及特征；根据城镇开发建设区的环境压力，识别风险区域并划分等级，结合国土空间规划、园区管理措施等，推进环境保护与协同治理。

7. 岸线保护与海洋环境协同治理

结合海岸线生态修复与海洋环境监测，加强沿海地区、入海河流流域及近岸海域生态环境目标协同管理，推动入海污染物协同控制，促进陆海统筹的海洋生态环境协同保护。

8. 空气质量环境协同治理

识别高环境风险企业的空间分布与污染物类型，结合大气环境监测数据，分析大气环境管控分区中各类大气污染物的含量，识别风险区域，根据污染物类型及特征，开展大气环境协同治理，如推进大气污染防治和二氧化碳减排的协调统筹，以及臭氧和细颗粒物协同控制。

4.6.4 场景路径

1. 数据来源

环境协同治理场景所需数据、涉及相关部门如表4-17所示。

表 4-17　环境协同治理场景所需数据

所需数据	涉及政务部门
国家及省级开发区	工业信息化
自然生态岸线	海洋
自然保护区	林业
国家公益林	林业
污染土地、危险固体废弃物	生态环境
饮用水水源保护区	生态环境
地表水水质监测数据	生态环境
生态保护红线"三线一单"	生态环境
近岸海域水质监测	生态环境
大气环境管控分区	生态环境
大气环境监测数据	生态环境
高环境风险企业	市场监督管理
河湖管理范围	水利
万里碧道规划	水利
永久基本农田	自然资源
生态保护红线	自然资源
城镇开发边界集建区	自然资源
海岸带生态修复	自然资源

2. 业务流程

粤港澳大湾区环境协同治理场景业务流程如图 4-6 所示。

4.6.5　预期协同效果

环境协同治理场景的八个业务协同事项,共涉及生态环境、水利、自然资源、市场监督管理、林业、工业信息化、海洋 7 个政务部门的跨部门、跨区域协同,各协同事项涉及的政务部门与协同类型如表 4-18 所示。

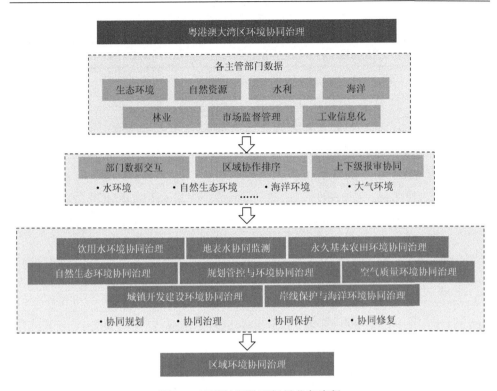

图 4-6   环境协同治理场景业务流程

表 4-18   环境协同治理场景预期协同效果

业务协同事项	使用的业务数据	涉及相关部门业务	涉及政务部门	协同类型
饮用水环境协 同治理	高环境风险企业	工商登记与排污许可	市场监督管理	跨部门、跨区域
	污染土地、危险固体废弃物	生态环境监测	生态环境	跨部门、跨区域
	饮用水水源保护区	水生态环境	生态环境	跨部门、跨区域
地表水协同 监测	饮用水水源保护区	水生态环境	生态环境	跨部门、跨区域
	地表水水质监测数据	生态环境监测	生态环境	跨部门、跨区域
	河湖管理范围	水利河湖管理	水利	跨部门、跨区域
永久基本农田 环境协同治理	永久基本农田	耕地保护	自然资源	跨部门、跨区域
	高环境风险企业	工商登记与排污许可	市场监督管理	跨部门、跨区域
	污染土地、危险固体废弃物	生态环境监测	生态环境	跨部门、跨区域
自然生态环境 协同治理	自然保护区	自然保护地管理	林业	跨部门、跨区域
	国家公益林	湿地管理	林业	跨部门、跨区域
	生态保护红线	国土空间规划	自然资源	跨部门、跨区域
	高环境风险企业	工商登记与排污许可	市场监督管理	跨部门、跨区域
	污染土地、危险固体废弃物	生态环境监测	生态环境	跨部门、跨区域

续表

业务协同事项	使用的业务数据	涉及相关部门业务	涉及政务部门	协同类型
规划管控与环境协同治理	生态保护红线"三线一单"	自然生态保护	生态环境	跨部门、跨区域
	万里碧道规划	水利专项规划	水利	跨部门、跨区域
	高环境风险企业	工商登记与排污许可	市场监督管理	跨部门、跨区域
	污染土地、危险固体废弃物	生态环境监测	生态环境	跨部门、跨区域
城镇开发建设环境协同治理	城镇开发边界集建区	国土空间规划	自然资源	跨部门、跨区域
	国家及省级开发区	园区管理	工业信息化	跨部门、跨区域
	高环境风险企业	工商登记与排污许可	市场监督管理	跨部门、跨区域
	污染土地、危险固体废弃物	生态环境监测	生态环境	跨部门、跨区域
岸线保护与海洋环境协同治理	自然生态岸线	海域管理	海洋	跨部门、跨区域
	海岸带生态修复	生态修复	自然资源	跨部门、跨区域
	近岸海域水质监测	海洋环境监测	生态环境	跨部门、跨区域
空气质量环境协同治理	高环境风险企业	工商登记与排污许可	市场监督管理	跨部门、跨区域
	大气环境管控分区	自然生态保护	生态环境	跨部门、跨区域
	大气环境监测数据	生态环境监测	生态环境	跨部门、跨区域

4.7　规划协同监督

4.7.1　场景建设必要性

随着大数据、云计算、人工智能等技术的不断发展和国土空间规划体系的不断完善，对规划信息化建设提出了新的要求。依据《中共中央　国务院关于建立国土空间规划体系并监督实施的若干意见》及《自然资源部信息化建设总体方案》建设要求，充分利用新技术、新手段，建立数字规划管理平台，完善数字化、一体化的城市规划建设管理机制，保障国土空间规划相关指标在省一市一县（区）一乡镇等不同层级的传导，提高规划信息化建设的精准化、精细化水平，需建设基于多源（元）数据融合的规划协同监督场景，以推动国土空间规划向标准化、数字化、智能化和高效化转型，明晰各部门的业务协作机制、提升国土空间精细管控能力、逐步构建"规划编制—审批—实施—监测—评估"的全链条支撑体系。

4.7.2　场景概述

场景依托多层次综合决策和协同服务支持系统，共享集成生态环境、自然资源、林业、工业信息化、交通、水利等部门相关数据，通过部门数据交互、区域协作排序、上下级报审协同，实现省市县三级的规划分析评价、成果审查管理，以及多规合一的合规性审查分析、"三区三线"划定与实施管控、规划实施管理与用途管制、规划实施监测预警等业务领域的协同管控。在辅助规划编制过程实现规划辅助编制，包括基础数据查询、对比分析、成果初步检验等内容。在辅助规划审批过程注重技术审核、业务审核、规划审批等内容，突出责任规划师、专家、公众等第三方的参与。在实施监督与预警过程强调对规划的动态管理的实时性，主要负责对空间规划精细化治理相关问题的监测预警。

场景面向多部门协同相关业务提供综合支撑，对完善国土空间规划体系以及提升城市治理体系和治理能力现代化水平具有重要意义：一是串联国务院（含各部委）、省、市县和乡镇行政部门以及相关专项部门，在国土空间总体规划、详细规划和专项规划层面，打通城乡规划主管部门与各级管理部门和相关专项部门的协同与联动，为规划目标、指标的层层传导、步步落实提供动态协同监测的模式与机制。二是打通编制—审批—监督—评估的全规划流程，实现从规划编制、审批到实施监督和体检评估的全流程，保障规划协同监督各环节协调顺畅。三是规划项目的常态化监测和持续监督评估，基于场景构建开展建设项目的常态化监测管理，包括各级国土空间规划体系中空间开发控制边界、核心约束指标、专项规划相关约束指标、违法行为实施监控机制等（表 4-19）。

表 4-19　规划协同监督场景要素分析

场景要素	内涵
场景主题	场景应用各级部门多源数据融合、数据共享交互、区域协作排序、上下级报审协同等技术和机制，实现省市县三级的规划分析评价、多规合一的合规性审查分析、"三区三线"划定与实施管控、规划实施管理与用途管制、规划实施监测预警等业务领域的规划协同监督
时间	建议与各级国土空间规划编制同步开始、同步完成、同时应用
空间	与各级国土空间规划的规划范围一致
场景对象	国土空间规划编制、审批和监测部门主管领导和相关工作人员，即各级政府、城乡规划、建设、文物保护、生态环境等主管部门的主管领导和相关工作人员，包括国土空间总体规划、详细规划和专项规划的组织编制单位、审批单位、备案单位和实施监督单位等（含规划编制相关人员）
场景路径	基于城市群综合数据一体化管理平台，汇聚"双评价"成果、第三次国土调查、三条控制线、国土空间总体规划、地质灾害点分布、遥感影像等数据，打通编制—审批—监督—评估的全规划流程，为"三区三线"划定与实施管控、规划实施管理与用途管制、规划实施监测预警等规划协同监督业务协同提供支撑
预期结果	打通城乡规划主管部门与各级管理部门和相关专项部门的协同与联动，为规划目标、指标的层层传导、步步落实提供了动态协同监测的模式与机制；贯穿编制—审批—监督—评估的全规划流程，保障规划协同监督各环节协调顺畅；规划项目的常态化监测和持续监督评估

4.7.3　典型场景应用

1. 规划分析评价

根据"双评价"成果、第三次国土调查数据、地质灾害数据和"三区三线"等基础数据，进行现状与规划比对、规划引导、方案评价、风险识别和影响评估等。

2. 规划成果协同审查与备案

基于国土空间规划五级三类规划体系和传导机制，建立规划成果审查与管理规则，实现并整合上级对下级规划成果进行接收、审查和批复的过程，对审查各阶段的规划编制成果进行有效管理和利用。

3. 多规合一的合规性审查

基于主体功能区、国土空间规划、海洋功能区划等规划的编制重点和规范，采用数字化、空间化、结构化、图形融合、属性融合的数据治理框架，构建统一基准的一张底图数据，辅助规划的合规性审查。

4. 规划体系传导与专项规划衔接

注重能源、水利、交通、产业等不同类型专项规划间的有序衔接，以空间性传导要素为主，明确总体规划向各专项规划传导的具体内容与方式，清晰界定刚性与弹性管控内容范围。

5. "三区三线"划定与实施管控

以资源环境承载能力评价和国土空间开发适宜性评价为基础，明确"三线"的规模、布局和管理，突出底线约束，划定"三区"，对耕地、饮用水水源、自然保护区等执行严格的用途管制。

6. 规划实施管理与辅助用途管制

依据规划指标传导规则，对指标进行分解，形成"约束性指标—预期性指标—特殊指标"的综合指标体系，将指标涉及各项任务明确到具体的、渐进的、可实施的粒度，进一步辅助规划的用途管制工作。

7. 规划实施监测预警

基于遥感影像、国土调查、人口普查和相关规划成果，对城市规划建设、管理进行实时的监测预警和及时的问题反馈；相应的指标体系及管控要求按照规划编制管理体系进行设置，包括空间开发控制边界、核心约束指标、专项规划相关约束指标、违法行为实施监控机制等。

4.7.4 场景路径

1. 数据资源

基于多源数据融合的规划协同监督场景通过深化规划分析评价、成果审查管理，以及多规合一的合规性审查分析、"三区三线"划定与实施管控、规划实施管理与用途管制、规划实施监测预警等场景应用的深化设计，为规划协同监督业务协同提供支撑。

规划协同监督场景涉及"双评价"成果、第三次国土调查、三条控制线、国土空间总体规划、地质灾害点分布、遥感影像等数据，数据涉及相关部门如表 4-20 所示。

表 4-20　规划协同监督场景所需数据

所需数据	涉及政务部门
地质活动断层影响分区	地质
地质灾害隐患点	地质
地面沉降	地质
主体功能区规划	发展和改革
产业集聚区、开发园区	工业信息化
海岸带保护与利用规划	海洋
海洋功能区划	海洋
高速公路网、港口、航道、轨道交通	交通
抽水蓄能电站	能源
抽水蓄能电站规划	能源
农业养殖规划	农业农村
生态保护红线"三线一单"	生态环境
饮用水水源保护区	生态环境
河湖管理范围	水利
第六次/七次人口普查	统计
社会经济统计数据	统计
历史文化名城、街区、文物保护单位	文旅

所需数据	涉及政务部门
"双评价"成果	自然资源
第三次国土调查	自然资源
三条控制线	自然资源
国土空间总体规划	自然资源
控制性详细规划	自然资源
村庄规划	自然资源
城市总体规划	自然资源
土地利用总体规划	自然资源
水利基础设施	自然资源
稳定耕地	自然资源
地形三维模型	自然资源
即可恢复与工程恢复农业地	自然资源
规划指标台账	自然资源
城乡建设用地增减挂钩	自然资源
永久基本农田占用补划	自然资源
遥感影像	自然资源

2. 业务流程

基于多源数据融合的规划协同监督场景的业务流程与规划编制、规划实施、动态监督和体检评估等工作密切相关，通过指标监测、遥感监督开展指标约束、引导和重要边界管控工作，以进度评估和专项评估为基础，对比国土空间规划成果，及时预警，贯穿规划编制—审批—实施—预警监测的全过程。规划协同监督场景的业务流程如图 4-7 所示。

4.7.5　预期协同效果

基于多源数据融合的规划协同监督场景的七个业务协同事项，共涉及地质、自然资源、发展和改革、水利、生态环境、海洋、能源、文旅、交通、统计、工业信息化、农业农村这 12 个政务部门的跨部门、跨区域协同。各协同事项涉及的政务部门与协同类型如表 4-21 所示。

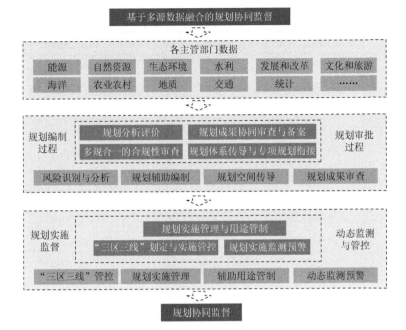

图 4-7　规划协同监督场景业务流程

表 4-21　规划协同监督场景预期协同效果

业务协同事项	使用的业务数据	涉及相关部门业务	涉及政务部门	协同类型
规划分析评价 （风险识别与 潜力分析）	"双评价"成果	国土空间规划	自然资源	跨部门、跨区域
	第三次国土调查	国土调查	自然资源	跨部门、跨区域
	地质活动断层影响分区	地质防灾	地质	跨部门、跨区域
	地质灾害隐患点	地质防灾	地质	跨部门、跨区域
	地面沉降	地质防灾	地质	跨部门、跨区域
	三条控制线	国土空间规划	自然资源	跨部门、跨区域
规划成果协同 审查与备案	国土空间总体规划	国土空间规划	自然资源	跨层级、跨区域
	控制性详细规划	国土空间规划	自然资源	跨层级、跨区域
	村庄规划	国土空间规划	自然资源	跨层级、跨区域
多规合一的合 规性审查	三条控制线	国土空间规划	自然资源	跨部门、跨区域
	主体功能区规划	国土空间规划	发展和改革	跨部门、跨区域
	城市总体规划	国土空间规划	自然资源	跨部门、跨区域
	土地利用总体规划	国土空间规划	自然资源	跨部门、跨区域
	海岸带保护与利用规划	海域海岛专项规划	海洋	跨部门、跨区域
	海洋功能区划	海域海岛专项规划	海洋	跨部门、跨区域

续表

业务协同事项	使用的业务数据	涉及相关部门业务	涉及政务部门	协同类型
规划体系传导 与专项规划 衔接	水利基础设施	水利专项规划	自然资源	跨部门、跨区域
	抽水蓄能电站	能源专项规划	能源	跨部门、跨区域
	高速公路网、港口、航道、轨 道交通	交通专项规划	交通	跨部门、跨区域
	产业集聚区、开发园区	工业信息化专项规划	工业信息化	跨部门、跨区域
	历史文化名城、街区、文物保 护单位	历史文化保护	文旅	跨部门、跨区域
	生态保护红线"三线一单"	自然生态保护	生态环境	跨部门、跨区域
	农业养殖规划	农业发展规划	农业农村	跨部门、跨区域
"三区三线" 划定与实施 管控	稳定耕地	耕地保护	自然资源	跨部门、跨区域
	河湖管理范围	水利河湖管理	水利	跨部门、跨区域
	饮用水水源保护区	水生态环境	生态环境	跨部门、跨区域
	地形三维模型	测绘与地理信息	自然资源	跨部门、跨区域
	即可恢复与工程恢复农业地	国土调查	自然资源	跨部门、跨区域
	抽水蓄能电站规划	能源专项规划	能源	跨部门、跨区域
规划实施管理 与辅助用途 管制	规划指标台账	国土空间规划	自然资源	跨部门、跨区域
	城乡建设用地增减挂钩	空间用途管制	自然资源	跨部门、跨区域
	永久基本农田占用补划	空间用途管制	自然资源	跨部门、跨区域
规划实施监测 预警	遥感影像	测绘与地理信息	自然资源	跨部门、跨区域
	第三次国土调查	国土调查	自然资源	跨部门、跨区域
	第六次/第七次人口普查	人口普查	统计	跨部门、跨区域
	社会经济统计数据	社会经济统计	统计	跨部门、跨区域

4.8　海岸线协同保护

4.8.1　场景建设必要性

海岸线作为海洋经济高质量发展的前沿阵地，具有重要的生态功能和资源价值，海洋生态安全的维护对实现大湾区城市群的可持续发展意义重大。我国近海生态环境的演变与生态系统功能退化问题已经成为制约沿海地区发展的重要因素，受到了国家和社会的高度关注。从党的十八大提出"建设海洋强国"的战略目标，到党的十九大报告进一步提出"坚持陆海统筹，加快建设海洋强国"的战略部署可见，严格管控海岸线开发利用，健全海岸带管控机制，实施海岸线和围填海分类管控，实现海岸带资源的优化配置和可持续发展，已成为国家战略规划的重要组成部分。在国家生态文明建设的总体布局中，自然岸线已经上升为与草原、湿地和森林具有同等重要地位的生态空间和自然资源，被列为国家生态文明建设的重要目标，其保有率被列入地方政府政绩考核指标。《海岸线保护与利用管理办法》中明确提出，到 2020 年，全国大陆自然岸线保有率应不低于 35%。但目前来看，各地自然岸线保有率趋近国家红线标准，自然岸线保护形势严峻，海岸带合理开发利用保护迫在眉睫。

粤港澳大湾区是我国海洋资源优势最为突出的区域之一，复杂的海岸带环境为生物生存提供了优越而丰富的生境。大湾区特有的红树林、海草床、珊瑚礁等典型滨海湿地生态系统广泛分布，河口海域极高的生产力水平孕育了种类繁多的海洋生物，形成了复杂多样的海岸带生态系统。近现代以来，珠江河口区域受围垦造田、港口建设等人类活动影响巨大，是我国海岸带高强度开发区域，面临着生态环境质量不高、生态系统受损严重的压力。海岸线管理是海洋综合管理的重要内容，科学评估海岸线空间格局及其生态系统健康状况，及时掌握海岸线保护与开发利用时空态势，对于强化海洋综合管控能力建设，保护海岸线区域生态系统稳定性，推动海洋经济持续发展具有重要的意义。针对这一需求，设计海岸线协同保护场景。

4.8.2　场景概述

海岸线协同保护场景依托多层次综合决策和协同服务支持系统，通过共享集成生态环境、自然资源、市场监督管理、海洋、林业、农业农村等部门相关数据，支撑岸线协同治理业务工作。该场景将有助于提供海岸线数据浏览、查询、对比分析、可视化等功能，实现对海岸线的实时动态监测与预警，推进自然岸线保护与修复，开展自然岸线占用补划，营造良好的岸线生态格局，促进陆海统筹的海岸线生态环境协同保护与治理（表 4-22）。

表 4-22　海岸线协同保护场景要素分析

场景要素	内涵
场景主题	场景通过集成大湾区生态环境、自然资源、市场监督管理、海洋、林业、农业农村等部门相关数据，实现对自然岸线的实时动态监测与预警，推进自然岸线保护与修复，促进海岸线生态环境协同保护与治理
时间	开展海岸线规划与保护的时间范围
空间	粤港澳大湾区范围内需要开展海岸线规划与保护的区域，尤其是临海城市
场景对象	政府部门：包括自然资源部门、生态环境部门、海洋部门，市场监督管理、林业、农业农村等涉及海洋资源开发利用、海洋生态环境治理、海洋灾害监测、海岸线生态修复相关的部门的工作人员 海岸线开发利用相关企业：包括海洋资源开发利用、工程建设规划等相关企业和水产养殖、远洋渔业等企业

场景要素	内涵
场景路径	以当前大湾区基础地理信息数据、统计数据、遥感数据、监测数据、规划数据等为数据基础，研判海岸线生态环境问题，识别生态环境保护与修复区域，形成问题预警与反馈处置台账，并发起邻域告知与协同处置
预期结果	实现对自然岸线占用的实时监督与预警，识别问题区域，为合理开发利用大湾区岸线资源、开展岸线协同整治与修复工作、恢复海岸带生态系统健康提供科学依据

4.8.3　典型场景应用

1. 海岸线生态环境协同治理

基于生态修复、海岸线修测数据、自然保护区、生态保护红线"三线一单"数据、高环境风险企业、围填海等数据，研判海岸线具体生态环境问题，形成生态环境问题清单，并识别生态环境保护与修复区域，结合具体区域推进海岸线生态环境协同治理。

2. 自然岸线生态修复

针对急需进行修复整治的岸线区域，根据分类进行统计汇总、展示明细，形成相关指标表、排名表、问题预警与反馈处置台账，按照相应的处置部门进行分类，并发起邻域告知与协同处置，提出亟待开展海岸线整治修复的典型区域和推进海岸线整治修复的对策建议，包括邻域岸线生态修复协同修复等，实现自然岸线协同监督、协同保护与修复。

3. 自然岸线占用补划

分区或综合显示各类岸线（基岩岸线、砂质岸线、淤泥质岸线、河口岸线等）的空间布局、面积及其比例，实现自然岸线长度的历年变化分析与可视化；基于遥感影像的自然岸线长度实时动态监测，实现对自然岸线违法违规建设、耕地开垦等人为开发活动的监测、预警、举证与反馈。结合海域权属数据、海岸线修测数据、大陆岸线等，根据国家海洋局印发的《海岸线保护与利用管理办法》与广东省自然资源厅印发的《海岸线占补实施办法（试行）》，经过充分论证后，开展自然岸线占用补划。

4. 海岸线与农田协同治理

实现大陆岸线范围内及周边区域稳定耕地、永久基本农田、高标准农田等数据浏览、对比分析；结合国土空间规划、耕地保护、农田建设管理等，开展海岸线生态环境、海岸线生态修复与农田协同治理。

5. 岸线保护与海洋环境治理

结合海岸线生态修复与海洋环境监测，加强沿海地区、入海河流流域及近岸海域生态环境目标协同管理，推动陆海统筹的海洋生态环境保护和入海污染物协同控制。

4.8.4 场景路径

1. 数据来源

海岸线协同保护场景所需数据、涉及相关部门如表4-23所示。

表4-23 海岸线协同保护场景所需数据

所需数据	涉及政务部门
大陆岸线	海洋
海岸线修测数据	海洋
海砂淡化场	海洋
围填海	海洋
海域权属数据	海洋
自然生态岸线	海洋
自然保护区	林业
国家公益林	林业
高标准农田	农业农村
生态保护红线"三线一单"	生态环境
近岸海域水质监测	生态环境
高环境风险企业	市场监督管理
生态修复	自然资源
永久基本农田	自然资源
稳定耕地	自然资源
海岸带生态修复	自然资源

2. 业务流程

海岸线协同保护场景主要开展自然岸线保护、海岸线及其周边生态环境治理、农业农村治理、海洋环境保护等，具体业务流程如图4-8所示。

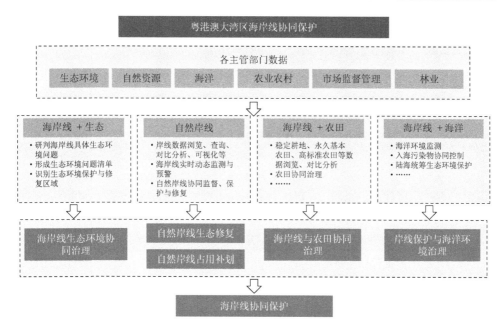

图 4-8　海岸线协同保护场景业务流程

4.8.5　预期协同效果

海岸线协同治理保护的五个业务协同事项，共涉及海洋、自然资源、林业、生态环境、市场监督管理、农业农村 6 个政务部门的跨部门、跨区域协同，各协同事项涉及的政务部门与协同类型如表 4-24 所示。

表 4-24　海岸线协同保护场景预期协同效果

业务协同事项	使用的业务数据	涉及相关部门业务	涉及政务部门	协同类型
海岸线生态环境协同治理	大陆岸线	岸线修复	海洋	跨部门、跨区域
	生态修复	生态修复	自然资源	跨部门、跨区域
	海岸线修测数据	自然资源调查监测评价	海洋	跨部门、跨区域
	自然保护区	自然保护地管理	林业	跨部门、跨区域
	国家公益林	自然保护地管理	林业	跨部门、跨区域
	生态保护红线"三线一单"	生态环境监测	生态环境	跨部门、跨区域
	高环境风险企业	工商登记与排污许可	市场监督管理	跨部门、跨区域
自然岸线生态修复	大陆岸线	岸线修复	海洋	跨部门、跨区域
	海岸带生态修复	生态修复	自然资源	跨部门、跨区域
	海岸线修测数据	自然资源调查监测评价	海洋	跨部门、跨区域

业务协同事项	使用的业务数据	涉及相关部门业务	涉及政务部门	协同类型
自然岸线生态 修复	海砂淡化场	海域管理	海洋	跨部门、跨区域
	围填海	海域管理	海洋	跨部门、跨区域
自然岸线占用 补划	海域权属数据	自然资源统一确权登记	海洋	跨部门、跨区域
	海岸线修测数据	自然资源调查监测评价	海洋	跨部门、跨区域
	大陆岸线	海域管理	海洋	跨部门、跨区域
海岸线与农田 协同治理	大陆岸线	岸线修复	自然资源	跨部门、跨区域
	永久基本农田	国土空间规划	自然资源	跨部门、跨区域
	稳定耕地	耕地保护	自然资源	跨部门、跨区域
	高标准农田	农田建设管理	农业农村	跨部门、跨区域
岸线保护与海 洋环境治理	自然生态岸线	海域管理	海洋	跨部门、跨区域
	海岸带生态修复	生态修复	自然资源	跨部门、跨区域
	近岸海域水质监测	海洋环境监测	生态环境	跨部门、跨区域

4.9　海域协同管理

4.9.1　场景建设必要性

随着经济的发展和社会生产的需要，海洋资源日益成为经济发展的热点，海洋资源的开发利用与合理配置、海洋环境的保护等问题受到各级政府和相关组织的广泛关注。由于陆地上经济可开发的风资源越来越少，海洋风力资源开发成为新方向，用以弥补陆地风力资源开发的不足。与陆地风电相比，海上风电风能资源的能量效益比陆地风电场高 20%—40%，还具有不占地、风速高、沙尘少、电量大、运行稳定以及粉尘零排放等优势，同时能够减少机组的磨损，延长风力发电机组的使用寿命，适合大规模开发。海洋资源的开发利用涉及沿海区域海域管理的诸多问题，构建粤港澳大湾区海域协同管理场景，有利于推动大湾区海域资源的开发利用，促进海洋经济的高质量发展。

4.9.2　场景概述

依托多层次综合决策和协同服务支持系统，通过共享集成自然资源、生态环境、地质等部门陆域和海域各类国土空间现状、规划、业务数据，以及环境、地质、灾害专项数据，开展海上风电场规划区及陆上集控中心选址分析评价、集体土地使用权与海域使用权冲突分析，通过部门数据交互、区域协作，支撑粤港澳大湾区海域协同开发与保护，以及海域综合治理。海洋资源开发利用与保护是海域协同管理的重点内容，涉及沿海各城市的自然资源、生态环境、交通、气象、发展和改革、能源等部门，海域协同管理场景着重海洋资源开发利用和保护机制、模式等内容，聚焦海洋风能、风电项目选址等重点项目，支撑海洋经济高质量可持续发展。

粤港澳大湾区海域协同管理涉及跨区域、跨层级、跨部门的协同业务，对城市群海洋资源的开发利用与保护具有重要意义。在国土空间规划层面，海域协同管理场景能够明确区域海陆的权属，便于制定各城市或区域行政区范围内海洋资源开发利用与保护的标准，为跨区域协同提供支撑。在经济发展层面，海域协同管理场景能够科学评价海洋风能资源的丰富程度，并集成地质、遥感和海域使用权等多源数据，支撑海上风电场、陆上集控中心和海底电缆路由等选址，推进风能的高效利用，促进海洋经济高质量发展。在生态环境层面，海洋协同管理场景能够促进区域合作，提高海洋生态环境的跨区域治理能力和水平，保障海洋生态环境可持续健康发展（表4-25）。

表4-25 海域协同管理场景要素分析

场景要素	内涵
场景主题	围绕海陆权属、风能开发利用与保护等重要内容，制定海洋资源开发利用和保护标准、机制、模式，聚焦海洋风能、风电项目选址等重点项目，促进海洋经济高质量可持续发展
时间	开展海洋资源开发利用与保护工作（风电选址、资源评价等）的时间范围
空间	覆盖粤港澳大湾区全域，尤其是深圳、广州、惠州、香港和澳门等海岸沿线城市
场景对象	各级政府海洋开发利用与保护主管部门，能源、地质部门等分管领导和相关责任人员
场景路径	集成自然资源、生态环境、地质等部门陆地和海域各类国土空间现状、规划、业务数据，以及环境、地质、灾害专项数据，通过部门数据交互、区域协作，支撑粤港澳大湾区海域协同开发与保护，以及海域综合治理
预期结果	国土空间规划层面，制定各城市或区域行政区范围内海洋资源开发利用与保护的标准，为跨区域协同提供支撑；经济发展层面，支撑海上风电场、陆上集控中心和海底电缆路由等选址，推进风能的高效利用，促进海洋经济高质量发展；生态环境层面，促进区域合作，提高海洋生态环境的跨区域治理能力和水平，保障海洋生态环境可持续健康发展

4.9.3 典型场景应用

1. 风资源综合评价

基于气象部门的有效风速频率、风功率密度、富能频率、变异系数、台风侵扰影响等数据，结合气象服务业务，综合评价海上风力资源，支撑风电项目的规划和落地实施。

2. 海上风电场规划评价

围绕海洋、气象和能源等政务部门中气象服务、能源规划和海洋资源保护等部门业务，结合规划、气象和管理数据，综合考虑海上风电场规划布局与航道、锚地安全距离、海上风电场规划对海域形势的影响等内容，对海上风电场规划进行评价。

3. 海上风电场陆上集控中心选址

基于风电规划、国土空间规划和资源清查等相关数据开展海上风电场陆上集控中心选址工作，充分考量集控中心作为海上风电场的"大脑"的功能，在符合规划要求的基础上，进一步配套基础设施，避开地质灾害点等，确保风电机组和风电场的正常运行。

4. 海上风电场海底电缆路由选址

基于航道探测、海域使用和海域权属等数据，协调海洋、交通和自然资源相关部门，开展海上风电场海底电缆路由选址，重点规划海底电缆管道数量、类型、实际埋设位置等。

5. 海缆登陆点选址

基于空间地理信息数据、海岸线修测数据、遥感影像数据等，结合海缆登陆点的标准要求，剔除不符合国土空间规划和海洋功能规划的区域，选择海缆登陆点。

6. 海陆权属冲突分析

根据陆域权属数据、海域权属数据、海域土地签订征地协议数据等基础，摸清海陆权属情况，识别海陆权属冲突。

4.9.4　场景路径

1. 数据资源

粤港澳大湾区海域协同管理场景重点关注海陆权属、海上风能资源开发、利用保护与重大项目选址等重点问题，场景所需数据、涉及相关部门如表 4-26 所示。

表 4-26　海域协同管理场景所需数据

所需数据	涉及政务部门
地质灾害隐患点	地质
海岸线修测数据	海洋
海上养殖规划	海洋
海洋规划	海洋
海域海岛业务管理数据	海洋
海域权属数据	海洋
海域使用现状	海洋
海域土地签订征地协议数据	海洋
航道测深数据	交通
风电规划	能源
变异系数	气象
风功率密度	气象
富能频率	气象
海洋风速、气压、温度等数据	气象
台风侵扰影响	气象
有效风速频率	气象
基础地理信息数据	自然资源
陆域权属数据	自然资源
土地利用规划数据	自然资源
土地利用现状数据	自然资源
遥感影像数据	自然资源
自然资源资产清查成果	自然资源

2. 业务流程

粤港澳大湾区海域协同管理场景主要依托自然资源、气象、能源、交通、海洋和地质等相关数据，明确区域海陆权属和科学评估海上风能资源，考虑气象因素、灾害因素、陆海权属因素等，开展海上风电资源的开发利用工作，从规划衔接、空间布局和安全保障等方面，进行海上风电场的规划评价，具体业务流程如图 4-9 所示。

4.9.5　预期协同效果

海域协同管理场景的六个业务协同事项，共涉及自然资源、气象、能源、地质、交通、海洋 6 个政务部门的跨部门、跨区域协同。各协同事项涉及的政务部门与协同类型如表 4-27 所示。

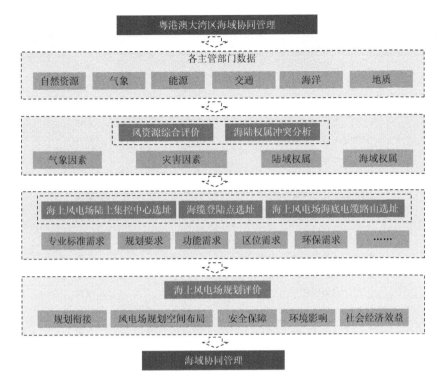

图 4-9 海域协同管理场景业务流程

表 4-27 海域协同管理场景预期协同效果

业务协同事项	使用的业务数据	涉及相关部门业务	涉及政务部门	协同类型
风资源综合评价	有效风速频率	气象服务	气象	跨部门、跨区域
	风功率密度	气象服务	气象	跨部门、跨区域
	富能频率	气象服务	气象	跨部门、跨区域
	变异系数	气象服务	气象	跨部门、跨区域
	台风侵扰影响	气象服务	气象	跨部门、跨区域
海上风电场规划评价	海洋规划	海洋专项规划	海洋	跨部门、跨区域
	风电规划	新能源专项规划	能源	跨部门、跨区域
	海洋风速、气压、温度等数据	气象服务	气象	跨部门、跨区域
	海域海岛业务管理数据	海洋空间、海洋资源开发利用保护	海洋	跨部门、跨区域
海上风电场陆上集控中心选址	风电规划	海上风电产业发展	能源	跨部门、跨区域
	土地利用规划数据	国土空间规划	自然资源	跨部门、跨区域
	自然资源资产清查成果	自然资源资产有偿使用	自然资源	跨部门、跨区域

续表

业务协同事项	使用的业务数据	涉及相关部门业务	涉及政务部门	协同类型
海上风电场陆上集控中心选址	土地利用现状数据	国土调查	自然资源	跨部门、跨区域
	地质灾害隐患点	地质防灾	地质	跨部门、跨区域
海上风电场海底电缆路由选址	航道测深数据	航道管理	交通	跨部门、跨区域
	海上养殖规划	海洋渔业专项规划	海洋	跨部门、跨区域
	海域使用现状	海域现状调查	海洋	跨部门、跨区域
	海域权属数据	海域权属确权登记	海洋	跨部门、跨区域
海缆登陆点选址	基础地理信息数据	测绘地理信息管理	自然资源	跨部门、跨区域
	海岸线修测数据	海洋调查监测评价	海洋	跨部门、跨区域
	遥感影像数据	测绘地理信息管理	自然资源	跨部门、跨区域
海陆权属冲突分析	陆域权属数据	自然资源统一确权登记	自然资源	跨部门、跨区域
	海域权属数据	自然资源统一确权登记	海洋	跨部门、跨区域
	海域土地签订征地协议数据	土地征收征用管理	海洋	跨部门、跨区域

4.10 南粤古驿道旅游精品路线

4.10.1 场景建设必要性

《关于在城乡建设中加强历史文化保护传承的意见》提出，要构建多层级多要素的城乡历史文化保护传承体系，推动城乡历史文化遗产应保尽保，形成历史文化遗产活化利用的经验。广东省历史文化遗产资源众多，省内交通通达，经济发展水平较高，在推进历史文化遗产资源保护与城乡发展深度融合、促进历史文化保护体系传承与发扬、推动历史文化资源活化利用和引导旅游业高质量发展等方面，具有良好的基础。2016 年，在国家"一带一路"和广东省"文化强省"战略的引领下，广东省积极开展了南粤古驿道的保护与利用工作；2017 年，广东省住房和城乡建设厅、广东省文化厅、广东省体育局、广东省旅游局联合发布《广东省南粤古驿道线路保护与利用总体规划》，提出到 2020 年底，初步完成"南粤古驿道重点线路及重点发展区域"建设，沿线文化、体育、服务、标识等设施逐步配套完善，在全国形成"南粤古驿道"的品牌效应；到 2025 年，基本完成全省 6 条南粤古驿道线路建设，古驿道线路、发展节点、特色镇村互联互通，成为"一带一路"的文化品牌和经济发展走廊。在多年的南粤古驿道保护与利用工作中，积极纳入古驿道路线规划、沿线乡村经济发展与振兴、区域协同发展等重要事务，取得了较多成果。

　　南粤古驿道沿线区域历史文化资源丰富，囊括了较多自然资源，古村、古镇等物质文化遗产和历史事件、名人轶事、传说、典故、民风民俗、传统技艺等非物质文化遗产，沿线文化遗产保护和活化利用的难度较大，面临着诸多问题。一是缺少系统性，文化遗产分布零散，多存在于偏远的乡村地区；二是沿线景区众多且以自然景观为主，但自然景观与历史文化遗产资源的深度融合程度有所欠缺，不利于双方的有效互动和整合。

4.10.2　场景概述

　　南粤古驿道旅游精品路线场景从古驿道可视化展示、关键节点介绍、周边设施、旅游精品路线推荐等方面的应用，推动南粤古驿道沿线区域历史文化遗产资源的系统性发展，促进物质遗产与非物质遗产的有机整合，围绕南粤古驿道历史文化资源，在一体化发展的基础上，针对不同的旅游爱好者，推荐个性化的旅游精品路线，促进古驿道沿线村镇的社会文化与经济结构的转型（表 4-28）。

表 4-28　南粤古驿道旅游精品路线场景要素分析

场景要素	内涵
场景主题	聚焦南粤古驿道的历史文化遗产资源，从古驿道的系统发展视角，推进古驿道沿线历史文化遗产资源的保护与活化利用，构建古驿道路线网络与关键节点，形成合理的历史文化遗产资源和城乡融合的空间格局，提高自然景观与历史文化遗产资源的有效互动和整合
时间	南粤古驿道旅游精品路线的所有时段
空间	覆盖南粤古驿道涉及的市县行政区
场景对象	交通、住建、林业、民政、文旅、自然资源等部门以及第三方平台等
场景路径	借助"粤政图"基础设施资源，汇聚古驿道路线，村、镇行政区域，沿线自然资源等多源数据，围绕南粤古驿道线路网络、关键节点、重点信息和与其相关联要素分析等重点功能，推动南粤古驿道与城乡发展的深度融合
预期结果	带动沿线村镇餐饮、酒店、交通等领域的转型和发展；促进历史文化遗产资源要素的保护与活化利用；推动区域文旅产业的高质量发展

4.10.3　典型场景应用

　　1. 古驿道可视化展示

　　重点围绕历史文化遗产要素，如古道与交通史迹（西京古道、长南迳古道、韩江古水道等）、古代军事史迹（平海所城、锦囊所城等）、城市与村落史迹（唐家湾镇、茶阳镇、珠玑镇等）、商品生产与贸易史迹（泥模岗遗址、白勘洗氏宗祠泥模墙等）、多元文化史迹（和平县关帝庙、罗浮山冲虚古观等）等物质文化遗产和表演艺术（乐昌花鼓戏、乐昌渔鼓等）、传统手工艺（潮州木雕、石塘堆花米酒酿造技艺等）以及社会实践、仪式、节庆活动（南雄龙船歌、韶关瑶族盘王节等）等非物质文化遗产，整合南粤古驿道沿线区域的关键文旅资源，形成古驿道线路网络，并依托"粤政图"基础设施，实现古驿道线路的可视化展示。

2. 古驿道关键节点介绍

针对南粤古驿道沿线关键节点，收集历史文化遗产（物质文化遗产与非物质文化遗产）、自然景观资源、复合型遗产（农业文化遗产、灌溉工程遗产等）的重要信息，汇聚在南粤古驿道专题数据资源库，直接为旅游爱好者提供历史文化遗产资源的解说。

3. 古驿道周边搜索

提供南粤古驿道沿线基础设施的位置数据，如酒店、餐饮、电影院、停车场和商店等公共服务设施。结合第三方平台，提供多种出行方式下的最优路径，实现南粤古驿道与沿线公共服务设施的良性互动。

4. 古驿道周边地块全生命周期查询

根据南粤古驿道沿线区域的用地性质，分析沿线区域地块的生命周期信息，结合自然保护区、生态保护红线、永久基本农田、稳定耕地等数据，有效避免古驿道沿线建设与"三区三线"的冲突，提高古驿道旅游路线规划和建设决策的科学性和有效性。

5. 古驿道旅游精品路线推荐

结合南粤古驿道历史文化遗产资源要素的特征，形成古道（古驿道遗址，包括官道和民道）、步道（位于山岳、水岸或郊野地区，穿越并连接具有代表性的人文与生态资源，具有文化体验、休闲游憩等功能的步行道路）、绿道、风景道和水道等不同类别的旅游精品路线，为旅游爱好者提供个性化的精品路线推荐。

4.10.4　场景路径

1. 数据资源

南粤古驿道旅游精品路线场景着重古驿道可视化展示、重点历史文化遗产资源介绍、精品路线推荐等内容，提升古驿道沿线区域社会经济发展水平与旅游爱好者的出行体验感。场景所需数据、涉及相关部门如表 4-29 所示。

表 4-29　南粤古驿道旅游精品路线场景所需数据

所需数据	涉及政务部门
交通运行数据	第三方平台
交通拥堵数据	第三方平台
交通流量数据	第三方平台
导航数据	第三方平台
机票数据	第三方平台
火车票数据	第三方平台
交通数据	交通
路网数据	交通
自然保护区	林业
行政边界数据	民政
生态保护红线	自然资源
永久基本农田	自然资源
稳定耕地	自然资源
建设用地	自然资源
基础设施	自然资源
南粤古驿道规划	自然资源
南粤古驿道精品路线	自然资源、文旅

2. 业务流程

南粤古驿道旅游精品路线场景主要涉及交通、住建、林业、民政、文旅、自然资源等部门以及第三方平台相关的业务，全方位整合历史文化遗产资源、自然资源、交通资源等各类信息资源，引入大数据和智慧策略，为南粤古驿道旅游提供协同服务支撑。场景的业务流程如图 4-10 所示。

4.10.5　预期协同效果

南粤古驿道旅游精品路线场景六个业务协同事项，共涉及交通、住建、林业、民政、文旅、自然资源 6 个政务部门以及第三方平台的跨部门、跨区域协同。各协同事项涉及的政务部门与协同类型如表 4-30 所示。

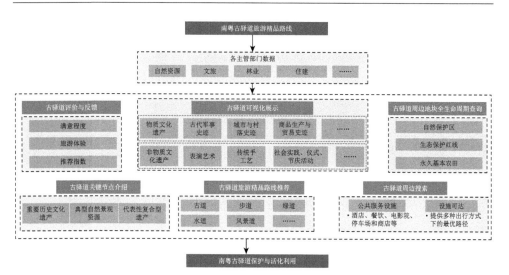

图 4-10　南粤古驿道旅游精品路线场景业务流程

表 4-30　南粤古驿道旅游精品路线场景预期协同效果

业务协同事项	使用的业务数据	涉及相关部门业务	涉及政务部门	协同类型
古驿道可视化展示	物质文化遗产数据	文旅规划	文旅	跨部门、跨区域
	非物质文化遗产数据	文旅规划	文旅	跨部门、跨区域
	自然资源数据	自然保护地管理	自然资源	跨部门、跨区域
古驿道关键节点介绍	路网数据	交通规划	交通	跨部门、跨区域
	历史文化遗产要素数据	保护与活化利用	文旅、自然资源、住建	跨部门、跨区域
古驿道周边搜索	路网数据	交通规划	交通	跨部门、跨区域
	POI 数据	基础设施配套评价	第三方平台、文旅、自然资源	跨部门、跨区域
	公共服务设施	公共服务配套	民政、自然资源	跨部门、跨区域
古驿道周边地块全生命周期查询	自然保护区	自然保护地管理	林业	跨部门、跨区域
	生态保护红线	国土空间规划	自然资源	跨部门、跨区域
	永久基本农田	耕地保护	自然资源	跨部门、跨区域
	稳定耕地	耕地保护	自然资源	跨部门、跨区域
	建设用地	现状数据管理	自然资源	跨部门、跨区域
	基础设施	国土空间规划	自然资源	跨部门、跨区域
	南粤古驿道规划	古驿道专项规划	自然资源	跨部门、跨区域
	南粤古驿道精品路线	古驿道精品路线修复	自然资源、文旅	跨部门、跨区域

业务协同事项	使用的业务数据	涉及相关部门业务	涉及政务部门	协同类型
古驿道旅游精品路线推荐	导航数据	出行服务	第三方平台	跨部门、跨区域
	古驿道分类数据	保护与活化利用	文旅、自然资源	
	路网数据	交通规划	交通	跨部门、跨区域
古驿道旅游评价与反馈	照片、文本、视频等数据	古驿道旅游服务提升	文旅、自然资源	跨部门、跨区域

第5章　空间规划数据共享网络化服务标准[①]

数据标准化是信息化与数字化的基础，是开展区域协同发展研究的前置性、必要性工作。大湾区城市群协同发展场景涉及多源、海量、多层次、异构的空间规划数据，数据的共享与利用对于促进大湾区城市群协同发展具有重要意义。然而，现阶段在国土空间规划数据共享方面存在标准缺位、共享内容不清、共享服务接口类型和方式不规范、与港澳数据衔接不足等问题，难以满足大湾区城市群协同发展数据共享需求。本章聚焦国土空间规划的数据共享网络化服务问题，根据国土空间规划数据的特点，研究数据共享形态、服务接口类型和数据共享方式，探究港澳地区与广东省的土地用途分类对接和地理坐标对接方法，创新提出统一时空基准、共享内容、服务方式，规范共享流程、明确安全保障的国土空间规划数据网络化共享服务标准，为大湾区城市群协同发展提供支撑。

5.1　标准制定必要性与原则

空间规划数据共享网络化服务标准的制定对于推动区域一体化、提升创新能力、优化城市管理、加强跨境合作、保障数据安全、支持政策决策、推动社会经济发展以及应对复杂挑战等方面都具有重要意义。通过建立和完善这一服务标准，可以更好地实现空间数据资源的高效利用和价值最大化，为大湾区的长远发展奠定坚实的基础。

5.1.1　制定必要性

粤港澳大湾区作为我国建设世界级城市群和参与全球竞争的重要空间载体，承担着区域战略发展的重大任务，《粤港澳大湾区发展规划纲要》强调要推进新型智慧城市试点示范和珠三角国家大数据综合试验区建设，加强粤港澳智慧城市合作，探索建立统一标准，开放数据端口，建设互通的公共应用平台，建设全面覆盖、泛在互联的智能感知网络以及智慧城市时空信息云平台、空间信息服务平台等信息基

[①] 本章部分内容已于 2024 年 5 月 8 日发布为广东省地方标准《国土空间规划数据共享网络化服务标准》（DB44/T 2502—2024）。

础设施,大力发展智慧交通、智慧能源、智慧市政、智慧社区。但现阶段存在的资源环境瓶颈日益突出、区域空间开发无序、城镇发展过度扩张、城市发展缺乏协同等问题,严重影响了区域可持续发展,为加快推进广东省国土空间规划体系的建设,需要立足于跨区域、跨部门规划数据共享的协同需求,解决规划数据共享标准欠缺导致的区域和部门规划难衔接的问题,急需拟定一套适用于大湾区城市群协同发展的国土空间规划数据共享服务标准,支撑形成国土空间规划全域数字化表达和信息化底板,解决粤港澳大湾区城市群的各类空间规划体系和标准不统一、城市群发展缺乏协同基础的问题,促进大湾区城市群协同发展。

5.1.2 制定原则

先进性。可以有效推进国土空间规划编制的全域、全程数字化,保证国土空间规划成果的标准化,做到自上而下一个标准、一个体系、一个接口,形成国土空间规划"一张图",全程支撑国土空间规划的编制、审查、实施、监测、评估、预警。

实用性。符合实际需求和有关政策,在规范广东省国土空间规划数据共享,促进国土空间规划数据跨区域、跨部门之间规划的协同需求上具有实用价值。

符合性。符合国家法律和行政法规的规定;遵循 GB/T 1.1—2020《标准化工作导则 第 1 部分:标准化文件的结构和起草规则》的规定;符合国家标准要求的表达方式,也适应行业内的表达方式。

5.2 数据共享网络环境与内容

按照《国土空间规划"一张图"实施监督信息系统技术规范》(GB/T 39972—2021)的规定,基于 2000 国家大地坐标系、1985 国家高程基准等统一的时空基准,将涉及生态保护、粮食安全、城镇发展、灾害风险、文物保护等的部分总体规划数据、详细规划数据通过广东省政务外网和互联网进行共享。

5.2.1 省政务外网环境

在省政务外网环境,为相关部门在线提供经脱敏处理的规划底图、生态保护红线、永久基本农田、城镇开发边界,以及县级国土空间总体规划分区、用地用海等规划成果。数据共享内容详见表 5-1。

表 5-1　广东省国土空间规划数据共享内容（省政务外网）

大类	中类	小类	一级类	二级类	三级类	备注
国土空间规划	总体规划	省级国土空间总体规划	评价分析要素	"双评价"结果要素	生态保护重要性评价结果	依申请共享
					农业生产适宜性评价结果	依申请共享
					城镇建设适宜性评价结果	依申请共享
					生态系统服务功能重要性分布	依申请共享
					生态脆弱性分布	依申请共享
			目标年规划要素	三条控制线	耕地保护红线	依申请共享
					永久基本农田保护红线	依申请共享
					生态保护红线	依申请共享
					城镇开发边界	依申请共享
				国土空间开发保护格局	国家级和省级主体功能区	依申请共享
		市级国土空间总体规划	目标年规划空间要素	控制线（城市控制线）	中心城区城市蓝线	依申请共享
					中心城区城市绿线	依申请共享
					中心城区城市紫线	依申请共享
					中心城区城市黄线	依申请共享
				保护范围边界	市域历史文化保护线	依申请共享
				用地结构与布局	市域规划分区	依申请共享
		县级国土空间总体规划	目标年规划空间要素	控制线（保护范围边界）	工业用地控制线	依申请共享
					历史文化保护线	依申请共享
				用地用海结构与分区	用地用海规划分区	依申请共享
					中心城区规划分区	依申请共享
				下位规划指引	详细规划编制单元	依申请共享
	详细规划	国土空间详细规划	详细规划信息要素	综合交通规划	道路红线	依申请共享
				底线管控	城市绿线	依申请与审批共享
					城市蓝线	依申请与审批共享
					城市黄线	依申请与审批共享
					历史文化保护线	依申请与审批共享
				公共服务设施规划	公共服务设施（点）	依申请与审批共享
		村庄规划	目标年规划空间要素	村庄规划用地布局	村庄建设边界	依申请共享

注：规划分区分类参见《市级国土空间总体规划数据库规范（2022 修订版）》。

5.2.2　互联网环境

在互联网环境，将规划三条控制线、国土空间开发保护格局、总体格局、用地结构与布局等规划成果进行脱敏处理后面向公众提供在线浏览服务，确保规划信息公开的时效性，保障公众知情权。数据共享内容详见表5-2。

表5-2　广东省国土空间规划数据共享内容（互联网）

大类	中类	小类	一级类	二级类	三级类	备注
国土空间规划	总体规划	省级国土空间规划	目标年规划要素	控制线	三条控制线栅格图	依申请共享
				国土空间开发保护格局	国土空间开发保护格局栅格图	依申请共享
		市县级国土空间规划	目标年规划空间要素	总体格局	国土空间总体格局栅格图	依申请共享
					主体功能分区栅格图	依申请共享
				用地结构与布局	规划分区栅格图	依申请共享
	详细规划	国土空间详细规划	详细规划信息要素	底线管控	城市绿线	依申请与审批共享
					城市蓝线	依申请与审批共享
					城市黄线	依申请与审批共享
					历史文化保护线	依申请与审批共享
				公共服务设施规划	公共服务设施（点）	依申请与审批共享

注：规划分区分类参见《市级国土空间总体规划数据库规范（2022修订版）》。

5.3　数据共享流程与方式

5.3.1　数据共享流程

数据的共享按照以下流程实现：数据申请方向数据提供方提出数据共享申请，数据提供方审核申请，通过则进入提供数据阶段，不通过则向数据申请方反馈意见；数据申请方获取数据提供方推送的数据后，对数据进行审核，与所需数据一致则进入应用阶段，不一致则反馈意见并重新申请（图5-1）。

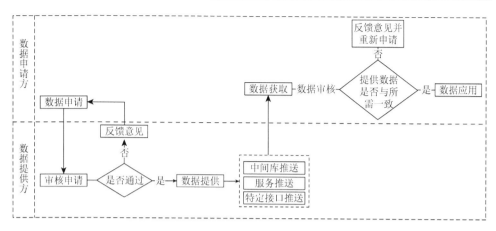

图 5-1 数据共享流程图

5.3.2 数据共享方式

数据提供方提供政务版国土空间规划数据，由自然资源一体化管理与服务平台、广东省数据资源"一网共享"平台提供服务。根据数据申请方的应用需求，可以采用中间库、服务和特定接口三种推送方式。

1. 中间库推送

空间图层数据、栅格数据可通过推送到中间库的方式完成数据共享。

2. 服务推送

空间图层数据可直接发布为瓦片地图服务或动态地图服务。数据共享服务提供数据接口方式，接口分类见表 5-3。具体的接口请求参数及响应结果等信息由平台提供。

表 5-3 国土空间规划数据服务接口类型

服务类型	接口类型
瓦片地图服务	元数据接口
	瓦片地图数据接口
网络地图服务	元数据接口
	地图数据接口
	地理要素信息接口
动态地图服务	元数据接口
	地图图像动态生成接口
	图层信息查询接口

续表

服务类型	接口类型
动态地图服务	空间查询接口
	属性查询接口
	综合查询接口
地理要素服务	元数据接口
	地理要素类型接口
	地理要素信息接口
地理编码服务	元数据接口
	地址分类接口
	地理编码接口
矢量瓦片服务	元数据接口
	样式接口
	矢量瓦片数据接口
	图例接口

3. 特定接口推送

在特定场景、政策要求条件下，定制数据共享接口，数据申请方可通过定制接口访问特定共享数据。

通过特定接口发布数据共享服务，接口需要按具体业务场景定义特定的接口参数，具体如表5-4所示。

表 5-4　特定接口参数

输入参数及参数说明	输出参数及参数说明	返回参数格式	请求方式	请求机制	请求时间和响应时间
入参形式	出参形式	XML/JSON	get/post	需不需要带签名或者代理	请求时间和响应时间

5.4　数据安全保障

5.4.1　省政务外网环境

政务外网环境下的数据安全应遵循 GB/T 22239—2019、GB/T 21063.4—2007、GB/T 39477—2020 的相关规定。

数据接口调用管理：数据提供方应提醒数据使用方严格按照使用数据申请时填报的使用范围、使用系统、调用方式、业务场景等内容调用数据，数据使用方应结合代理、随机码等方式加强数据安全管理，严禁超范围调用接口、接口二次转接、调用接口后存储数据等违规操作。

数据接口权限管理：接口 PassID、PassToken 是调用接口数据的身份凭证，各数据使用方应妥善保管并加强管理。

数据接口授权定期清查：数据提供方应提醒数据使用方每月审查接口及接口授权使用情况，对于超过半年未调用的接口或已闲置的业务系统接口，应在广东省数据资源"一网共享"等平台主动停用该接口。

前置机安全管理：各数据使用方应按照"谁申请、谁负责"的原则，每月对申请使用的前置机进行漏洞扫描，并及时修复发现的漏洞。前置机不应作为应用服务器或业务数据库使用；除库表数据共享交换作业外，不应通过前置机上传或下载数据。

历史数据清理：在广东省数据资源"一网共享"等平台申请的数据，应按照"谁接收，谁删除"的原则，由数据使用方获取数据后及时清理，确保前置机有足够存储空间实施数据共享交换作业。

5.4.2　互联网环境

1. 地图发布要求

向社会公开的地图，应当报送有审核权的测绘地理信息行政主管部门审核。涉及专业内容的地图，应当依照国家测绘地理信息行政主管部门会同有关部门制定的审核依据进行审核。

经审核批准的地图，应当在地图或者附着地图图形的产品的适当位置显著标注审图号，不得发布未取得审图号的地图。

互联网地图服务单位应当将存放地图数据的服务器设在中华人民共和国境内。

互联网环境下可共享的国土空间规划数据须叠加在取得审图号的地图上进行公开发布。

2. 安全保障要求

应针对所要开放共享的数据进行风险分析和管理，应遵循 GB/T 31722—2015 的规定。

应根据风险分析结果确定所要开放共享的数据所涉及的安全保障等级，应遵循 GB/T 22239—2019、GB/T 25058—2019 的规定。

应基于风险分析结果和所确定的安全保障等级，制定信息安全策略并实施动态管理。

应按照信息安全策略建立、运行和维护相应的信息安全体系。

适时进行安全评估并在必要时对已经建立的信息安全体系做相应调整。

5.5　与港澳特别行政区数据对接

5.5.1　土地用途分类对接

1. 与香港特别行政区对接

广东省用地用海规划用途分类与香港特别行政区土地用途分类的对接信息见表 5-5。

表 5-5　与香港特别行政区土地用途分类对接

广东省用地用海规划用途分类（18 类）		香港地区土地用途分类（18 类）	
序号	一级分类	序号	一级分类
1	耕地	1	农业用途
2	农业设施建设用地		
3	园地		
4	草地	2	休憩用地
5	绿地与开敞空间用地		
6	林地	3	保育
7	湿地		
8	居住用地	4	住宅用地
9	公共管理与公共服务用地	5	政府用途
		6	教育
		7	医疗设施
		8	社会/社区/机构用途
		9	公共设施装置
10	商业服务业用地	10	康乐及休闲
		11	商业用途
11	工矿用地	12	工业用途
12	仓储用地		
13	交通运输用地	13	与机场有关的用途
		14	公共交通设施

续表

广东省用地用海规划用途分类（18 类）		香港地区土地用途分类（18 类）	
序号	一级分类	序号	一级分类
14	公用设施用地	15	其他特定用途及装置
15	特殊用地	16	宗教用途
		17	与殡仪有关的设施
16	留白用地		
17	陆地水域	18	杂项用途
18	其他土地		

2. 与澳门特别行政区对接

广东省用地用海规划用途分类与澳门特别行政区土地用途分类的对接信息见表 5-6。

表 5-6　与澳门特别行政区土地用途分类对接

广东省用地用海规划用途分类（18 类）		澳门地区土地用途分类（8 类）	
序号	一级分类	序号	一级分类
1	耕地		
2	园地		无对应地类
3	农业设施建设用地		
4	林地		
5	草地	1	生态保护区
6	湿地		
7	陆地水域		无对应地类
8	居住用地	2	居住区
9	商业服务业用地	3	商业区
		4	旅游娱乐区
10	工矿用地	5	工业区
11	仓储用地		
12	公共管理与公共服务用地	6	公用设施区
13	特殊用地		
14	交通运输用地	7	公共基础设施区
15	公用设施用地		
16	绿地与开敞空间用地	8	绿地或公共开放空间区
17	留白用地		无对应地类
18	其他土地		

5.5.2　地理坐标对接

内地与港澳特别行政区空间数据坐标转换参考 CH/T 2014—2016《大地测量控制点坐标转换技术规范》、《澳门特别行政区大地基准说明》和《香港特别行政区大地基准说明》，采用内地与港澳特别行政区控制点坐标转换模型时，重合点不少于 6 个；内地与港澳特别行政区控制点坐标转换精度要求为 X 方向误差应小于 3cm，Y 方向误差应小于 3cm，水准高程误差应小于 3cm。

1. 坐标系对接原理

1）转换原理

现有香港特别行政区、澳门特别行政区地理坐标系中均包含有转换至 WGS84 坐标系，因此获取香港特别行政区、澳门特别行政区 CGCS2000 坐标点，首先将 HK1980 和澳门特别行政区方格网转换至 WGS84，再通过 WGS84 转换至 CGCS2000，即可得到香港特别行政区、澳门特别行政区 CGCS2000 坐标。转换原理如图 5-2 所示。

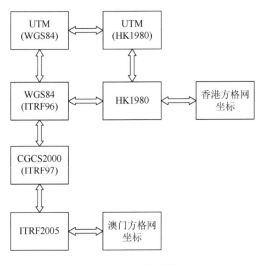

图 5-2　转换原理

2）坐标系转换

坐标系转换中应符合：测站点连续观测 3 年以上；站点坐标变化小，具有已知点位速度；点位速度值精度优于 3mm/a；站点分布均匀；坐标系转换其他内容应符合 CH/T 2014—2016。

2. 香港特别行政区地理坐标系与投影坐标系转换

表 5-7 规定了香港特别行政区地理坐标系与投影坐标系转换的基准转换参数。

表 5-7 　基准转换参数

类型	由：国际地球参考架 96（于 1998：121 历元）至：香港 1980 大地基准	由：香港 1980 大地基准至：国际地球参考架 96（于 1998：121 历元）
关键字	RequestKeyWord	客户端请求的关键字
沿 X 轴的平移距离	162.619m	−162.619m
沿 Y 轴的平移距离	276.961m	−276.959m
沿 Z 轴的平移距离	161.763m	−161.764m
沿 X 轴的旋转角度	0.067 741″	−0.067 753″
沿 Y 轴的旋转角度	−2.243 649″	2.243 648″
沿 Z 轴的旋转角度	−1.158 827″	1.158 828″
比例	1.094 239ppm	−1.094 246ppm

基准转换公式如下：

$$
\begin{bmatrix} X \\ Y \\ Z \end{bmatrix}_{\mathrm{ITRF1996}} = \begin{bmatrix} \Delta X \\ \Delta Y \\ \Delta Z \end{bmatrix} + \begin{bmatrix} (1+S) & \theta_z & -\theta_y \\ -\theta_z & (1+S) & \theta_x \\ \theta_y & -\theta_x & (1+S) \end{bmatrix} \begin{bmatrix} X \\ Y \\ Z \end{bmatrix}_{\mathrm{HK1980}} \qquad \text{式（5-1）}
$$

式中：

ΔX、ΔY、ΔZ ——分别为沿 X、Y、Z 轴平移距离；

θ_x、θ_y、θ_z ——分别为沿 X、Y、Z 轴旋转角度；

S——比例。

投影公式用于经纬度与方格网坐标相互转换。经纬度转为方格网坐标公式如下：

$$
N = N_0 + m_0 \left\{ (M - M_0) + \upsilon_s (\sin\phi) \left(\frac{\Delta\lambda^2}{2} \right) (\cos\phi) \right\} \qquad \text{式（5-2）}
$$

式中：

υ_s ——卯酉圈曲率半径；

N——P 点坐标；

N_0 ——投影原点坐标；

ϕ ——P 点经纬度；

m_0 ——中央子午线尺度系数；

$\Delta\lambda$ ——由中央子午线起记的 P 点弧度；

M——由赤道至 P 点的子午线距离；

M_0——由赤道至投影原点的子午线距离。

$$E = E_0 + m_0 \left\{ \upsilon_s \Delta\lambda \cos\phi + \upsilon_s \frac{\Delta\lambda^3}{6} (\cos^3\phi)(\psi_s - \mathrm{t}^2) \right\} \qquad 式（5-3）$$

式中：

υ_s——卯酉圈曲率半径；

ψ_s——等量纬度；

E——P 点坐标；

E_0——投影原点坐标；

ϕ——P 点经纬度；

m_0——中央子午线尺度系数；

$\Delta\lambda$——由中央子午线起记的 P 点弧度；

t——纬度正切。

子午线距离计算公式如下：

$$M = a\left[A_0' \ \phi - A_2' \ \sin(2\phi) + A_4' \ \sin(4\phi) \right] \qquad 式（5-4）$$

其中

$$A_0' = 1 - \frac{\mathrm{e}^2}{4} - \frac{3\mathrm{e}^4}{64}, \quad A_2' = \frac{3}{8}\left(\mathrm{e}^2 + \frac{\mathrm{e}^4}{4} \right), \quad A_4' = \frac{15}{256}\mathrm{e}^4 \qquad 式（5-5）$$

式中：

a——参考椭球长半径；

e^2——参考椭球第一偏心率；

M——由赤道至 P 点的子午线距离。

ϕ——P 点经纬度。

方格网坐标转为经纬度公式如下：

$$\lambda = \lambda_0 + \sec\phi_\rho \left(\frac{\Delta E}{m_0 \upsilon_\rho} \right) - \sec\phi_\rho \left(\frac{\Delta E^3}{6 m_0^3 \upsilon_\rho^3} \right)(\psi_\rho + 2\mathrm{t}_\rho^2) \qquad 式（5-6）$$

式中：

λ——P 点经纬度；

ρ_s——子午线曲率半径；

f——参考椭球扁率；

ϕ_0、λ_0——投影原点经纬度。

其中 $\Delta N = N - N_0$，$\Delta E = E - E_0$，ϕ_ρ 是 $M = (\Delta N + M_0) / m_0$ 时的纬度。

表 5-8 规定了香港特别行政区地理坐标系与投影坐标系转换的投影公式参数。

表 5-8　投影公式参数

参数	WGS84（UTM↔Φ，λ）	HK1980（UTM↔Φ，λ）	香港方格网坐标系（HK1980 Grid↔Φ，λ）
N_0	0m N	0m N	819 069.80m N
E_0	500 000m E	500 000m E	836 694.05m E
ϕ_0	Zone 49Q：0°Zone 50Q：0°	Zone 49Q：0°Zone 50Q：0°	22°18′43.68″N
λ_0	Zone 49Q：111°EZone 50Q：117°E	Zone 49Q：111°EZone 50Q：117°E	114°10′42.80″E
m_0	0.999 6	0.999 6	1
M_0	0m	0m	2 468 395.728
υ_s	6 381 215.957m	6 381 480.502m	6 381 480.502m
ρ_s	6 344 618.793m	6 344 727.809m	6 344 727.809m
ψ_s	1.005 768 221	1.005 792 635	1.005 792 635
a	6 378 137m	6 378 388m	6 378 388m
e^2	$6.694\,379\,99 \times 10^{-3}$	$6.722\,670\,022 \times 10^{-3}$	$6.722\,670\,022 \times 10^{-3}$

3. 澳门特别行政区地理坐标系与投影坐标系转换

三维十参数转换公式如下：

$$\begin{bmatrix} X_2 \\ Y_2 \\ Z_2 \end{bmatrix} = \begin{bmatrix} dX \\ dY \\ dZ \end{bmatrix} + (1+m)R \begin{bmatrix} X_1 - X_0 \\ Y_1 - Y_0 \\ Z_1 - Z_0 \end{bmatrix} + \begin{bmatrix} X_0 \\ Y_0 \\ Z_0 \end{bmatrix} \qquad 式（5-7）$$

式中：

dX、dY、dZ ——平移参数；

m——尺度参数；

X_0、Y_0、Z_0 ——旋转中心；

X_1、Y_1、Z_1 ——原坐标系下的空间直角坐标；

X_2、Y_2、Z_2 ——目标坐标系下的空间直角坐标。

$$R(\alpha,\beta,\gamma)=\begin{pmatrix} \cos\beta\cos\gamma & \cos\alpha\sin\gamma+\sin\alpha\sin\beta\cos\gamma & \sin\alpha\sin\gamma-\cos\alpha\sin\beta\cos\gamma \\ -\cos\beta\sin\gamma & \cos\alpha\cos\gamma-\sin\alpha\sin\beta\sin\gamma & \sin\alpha\cos\gamma-\cos\alpha\sin\beta\sin\gamma \\ \sin\beta & -\sin\alpha\cos\beta & \cos\alpha\cos\beta \end{pmatrix}$$

式（5-8）

式中：

　　α、β、γ —— 分别为 X、Y、Z 轴旋转角度。

表 5-9 规定了澳门特别行政区地理坐标系与投影坐标系转换的三维十参数转换参数。

表 5-9　三维十参数转换参数

类型	由：ITRF2005/WGS84 至：澳门方格网	由：澳门方格网至：ITRF2005/WGS84
参考椭球体 A	GRS1980	Hayford
参考椭球体 B	Hayford	GRS1980
转换模式	Molodensky-Badekas	Molodensky-Badekas
旋转原点	X_0: −2 361 757.652m Y_0: 5 417 232.187m Z_0: 2 391 453.053m	X_0: −2 361 554.788m Y_0: 5 417 536.177m Z_0: 2 391 608.926m
X 方向平移距离	202.865m	202.865m
Y 方向平移距离	303.990m	303.990m
Z 方向平移距离	155.873m	155.873m
X 轴旋转角度	34.067″	−34.069″
Y 轴旋转角度	−76.126″	76.126″
Z 轴旋转角度	−32.647″	32.660″
比例	−6.096ppm	6.096ppm

第6章　城市群综合数据一体化管理平台

促进大湾区城市群协同发展需要有专业化、精准化、全链条的协同服务体系平台支撑，但大湾区各城市现有平台或系统之间存在平台异构、系统多样、数据分散、模型复杂、接口不一等问题，难以支撑大湾区特殊环境下的综合决策与协同服务。本章面向城市群数据多样性和多源性、计算模型复杂性、服务对象多样性的多层次粒度综合决策和协同服务云平台需求，研究基于分布式集群计算的多层次细粒度云计算架构，构建城市群综合数据一体化管理平台（以下简称一体化管理平台），支撑城市群综合决策与协同服务的时空大数据一体化管理、模型管理、应用接入与微服务化，解决了城市群综合决策和协同服务中各类异构平台连通、复杂模型并行计算与服务管理问题，为粤港澳大湾区城市群综合决策与协同服务应用提供了数据服务、计算服务和应用服务支撑。

6.1　平台需求与设计原则

6.1.1　需求分析

1）多源异构数据一体化管理

数据是城市群综合决策与协同服务场景实现的基础，围绕涉及粤港澳大湾区城市群产业、人口、交通、环境、基础设施、公共服务等应用场景的多源异构数据，平台需提供支持空间数据、实时流数据、关系型数据、文件型数据等数据综合一体化管理功能，包括数据建库、数据存储、数据服务、编目管理等功能，实现多源异构大数据的一体化管理，为大湾区城市群综合决策与协同服务应用提供数据汇聚管理支撑。

2）计算模型管理

计算模型是城市群综合决策与协同服务场景实现的核心，管理平台需提供计算模型管理的功能，包含统计分析、空间分析等计算功能的算子库，用户可以通过可视化计算流程连接算子设计计算模型。具备计算模型分类管理、快速搜索、功能扩展和根据接口规范集成。具备计算模型发布能力，支持通过调用模型服务执行计算模型，定制计算任务。

3）空间数据分布式高性能计算

面向粤港澳大湾区综合决策和协同服务应用，管理平台需具备空间数据分布式高性能计算能力，为多源汇入的数据、模型成果提供计算管理支撑和基础性的高效计算服务。需提供基于分布式计算的空间数据计算框架，与算子库、可视化模型设计、模型服务接口、调度与运行监控等能力无缝集成，形成分布式大数据计算能力。基于分布式、高扩展的数据引擎和计算框架，实现对多源异构大数据的存储和聚合计算。大数据聚合计算能力具备支撑部分类型数据的准实时统计分析能力，以更大限度地挖掘数据隐藏的价值，提升大湾区城市群多层次、细粒度的综合决策与协同服务。

4）微服务与应用管理

针对粤港澳大湾区综合决策和协同服务应用场景，管理平台需提供相应的数据（地图）服务、计算服务和应用服务等微服务与应用管理的功能。提供发布、管理、监控各种微服务，并对微服务进行统一的权限控制功能。支持通过生成的服务代理地址实现负载均衡、权限控制，以及服务监控功能。基于微服务功能，提供电子地图、可视化大屏、数据上图、数据洞察等应用，以及应用超市、应用模板、应用管理、智能装配、应用定制等功能，支持调用各种微服务装配形成各种应用，为城市群综合决策和协同服务提供应用管理和支持。

5）二次开发接口

为满足第三方开发者对管理平台应用开发的个性化需求，需要提供丰富的二次开发 API 以及相应的二次开发文档，帮助开发者用户方便快捷地定制属于自己的大数据应用。包括计算模型设计器和算子的二次开发规范、微服务和应用的开发手册等。

6）非功能内容

云原生：一体化管理平台将全套整体部署于广东省"数字政府"的政务云平台。

安全性：提供完善的基于用户和组的访问权限控制，在此基础上提供基于行为的审核，确保城市群数据的信息安全。由广东省政务外网以及政务云的智能网关提供"点对点"的精准网络策略控制，支撑信息化资源的跨网安全接入与网络安全控制。

可靠性：利用冗余存储、负载均衡等方式，提供 7×24 的稳定运行保障和完善可靠的故障恢复功能。

易用性：一体化管理平台需具有方便操作和使用的界面，能够让用户直观地管理项目，并通过可视化设计器进行数据分析模型设计。

可复用性：一体化管理平台按模块化组件设计，组件之间通过数据接口与服务接口相互连接，并通过数据接口、模型接口实现模块间对接，在此基础上向外提供模型服务和数据服务。

6.1.2　设计原则

1）安全性与保密原则

安全性与保密是贯穿一体化管理平台的研究、实施、使用周期全过程的重中之重，既要考虑信息资源的充分共享，也要考虑信息的保护和隔离，保证系统信息的安全性。全过程中应遵循国家、省、市和部门的法律法规与规章制度，在数据安全、服务安全、网络安全等政策指引下，保障一体化管理平台安全运行。

2）扩展性原则

一体化管理平台的数据接入、计算模型接入、算子开发、服务接口手册等规范性文件在设计时应充分考虑到应用需求，为拓展城市群综合决策与协同服务应用场景的资源和应用预留发展空间。一体化管理平台采用多种机制保障可扩展性，包括通过扩展元数据信息扩展数据资源、服务资源类型，通过定制和扩展算子增加决策模型，以及通过开发特定的微服务扩展一体化管理平台应用范围等。

3）统一性原则

一体化管理平台遵循统一性原则，使用统一的数据接入规范、数据存储与管理规范、服务接口规范、应用开发规范等，对一体化管理平台的数据资源、计算模型资源进行统一管理、集中展示。

4）敏捷开发原则

一体化管理平台面向城市群综合决策和跨城市、跨领域、跨业务协同服务的多样化、差异化需求，提供细粒度的微服务和应用智能装配定制功能，提供解决城市群综合决策与协同服务实际应用场景复杂问题的工具，实现敏捷开发和部署。

5）面向服务原则

一体化管理平台不同功能模块的内部分别采用了不同技术架构和软件支撑，因此平台的研究、实施过程应采用面向服务的原则，建立统一规范和通用的服务接口，达到数据、计算模型、计算任务等通过发布服务方式对外共享和管理，支撑城市群综合决策与协同服务的场景应用。

6.2　平台总体架构与部署

6.2.1　总体架构

一体化管理平台技术架构采用流行的大数据分布式存储、高性能分布式集群计算、微服务应用设计等技术，分别集成为数据汇聚、决策模型部署、分析集成、应用服务 4 大功能模块。基于广东省政务云环境，利用集群计算和分布式服务技术搭建一体化管理平台运行环境，通过云计算、大数据管理、大数据挖掘分析、分布式计算以及微服务技术体系，满足多层次细粒度的城市群综合决策和协同服务需求。总体架构如图 6-1 所示。

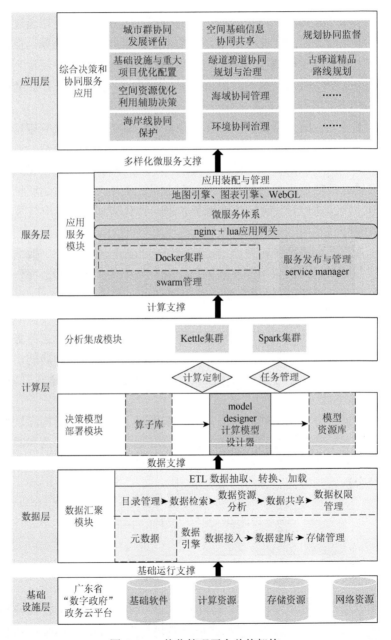

图 6-1　一体化管理平台总体架构

基础设施层依托广东省"数字政府"政务云政务外网区的计算资源、存储资源、网络资源和基础软件，为平台的高效运行和弹性伸缩提供底层支撑。

数据汇聚管理是一体化管理平台的核心功能和基础（Hu et al.，2022），数据层通过数据汇聚管理模块为平台计算层、服务层和应用层提供数据支撑。数据汇聚模块采用分布式大数据存储管理、混合式架构的分布式计算集群等技术实现，保证平台的高可靠性、高可用性和高性能。一体化数据管理在汇聚的空间数据、关系型数据、文件型数据、实时流数据等结构化、半结构化和非结构化数据基础上，通过数据抽取、转换和加载（ETL）技术进行数据清洗、融合、归一化等处理。以对象-关系数据库的二三维一体化空间数据引擎为核心，数据汇聚模块集成关系数据库、非关系数据库和多种文件数据系统组成混合存储框架，以及 GIS 内核和空间数据中间件、分布式全文检索内核，实现对多源异构的数据类型的差异化存储和一体化管理，各类数据的混合存储和基础管理功能包括通过 ETL 的数据预处理、数据质量检查、数据整合入库、数据备份与恢复等。在一系列空间数据中间件的支持下，具备管理关系型数据和地理空间数据的能力。通过一系列性能优化，搭配政务云计算集群的升级和各数据库、元信息库的扩容增量，数据汇聚模块逐步具备城市群 PB 级数据量的综合一体化管理能力。

计算层包含分析集成模块和决策模型部署模块。分析集成模块集成 Kettle、Spark 等多模计算框架，根据算子类型、计算模型特性等智能、弹性地调度计算资源和均衡算力分配，解决了多粒度、多层次、多应用的异构模型集成与扩展问题，实现了城市群复杂决策计算模型的可共享、可复用、高内聚、松耦合集成。决策模型部署模块基于成熟的 model designer 可视化计算模型设计器及其算子库，提供模型资源库管理、计算模型更新和计算任务定制与调度等功能，以及二次开发套件。不同的应用需求可以采用可视化的模型设计自定义领域应用模型，并为模型服务发布共享。计算模型资源库提供各种计算模型的注册、共享、管理和服务发布等功能，实现计算模型的管理和计算分析服务发布，特定用户可复用、编辑库内的计算模型，以及调用基于计算模型发布的计算分析服务，使得计算模型具备灵活扩展、复用管理的无限可能。以数据汇聚、决策模型部署、分析集成等模块的协同支撑为基础，逐渐形成支持粤港澳大湾区城市之间国土空间、人口、交通、环境、产业、基础设施、公共服务等方面数据的融合处理和集成分析能力。

服务层的应用服务模块在数据、计算模型支撑的基础上，采用标准的服务架构和接口为应用层提供数据服务、地图服务、数据处理服务、聚合分析服务和人工智能服务等。微服务工具将 OGC 标准的空间数据服务和空间计算分析服务解耦成为更细粒度的空间数据微服务和空间计算分析微服务，通过各种空间微服务之间的聚合与叠置，实现各种服务的互操作。Docker 容器用于发布各种微服务。

空间微服务框架整合、重组、装配数据服务、计算模型服务和各类功能服务，通过智能装配灵活拓展组件丰富平台的应用。

6.2.2　平台部署

广东省"数字政府"政务云平台采用自主安全可控的云平台技术，构建起"1+N+M"的"数字政府"全省一片云，形成安全可靠、弹性伸缩的基础设施，为资源整合、管运分离、数据融合、业务贯通提供了支撑。云平台服务广东省几乎所有省直部门和部分中央驻粤部门，一体化管理平台部署于广东省"数字政府"政务云，并依托覆盖"省-市-县-镇"四级的广东省政务外网，可支撑大湾区城市群综合决策与协同服务及其应用。

一体化管理平台在广东省"数字政府"的政务云平台的部署由若干位于政务外网区和位于互联网区的虚拟机服务器组成。位于政务外网区的虚拟机服务器与政务外网互联互通；位于互联网区的服务器作为中间机与互联网互联互通；政务外网区与互联网区由广东省"数字政府"的智能网关通过防火墙网络策略进行逻辑隔离，可以通过申请开通防火墙网络策略对指定 IP/URL:端口进行"点对点"放行，实现政务外网区服务器与互联网区服务器的点对点通信。平台部署采用 Docker 容器技术，实现服务运行的进程隔离和资源动态分配，精细化控制资源使用。依托容器技术和微服务框架，系统服务之间通过进行领域划分，并通过 RPC 或者事件驱动完成必要的 IPC，使用 API Gateway 进行所有微服务的请求转发。具体部署如图 6-2 所示。

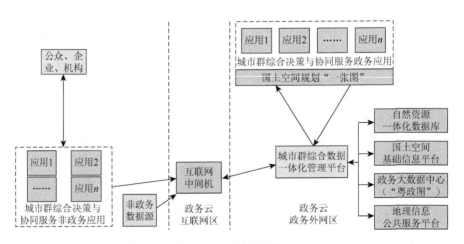

图 6-2　平台部署框架

6.3 主要功能模块设计

6.3.1 数据一体化管理模块

数据一体化管理模块的框架以数据分布式存储、统一管理为目标，集成前沿的数据引擎和分布式、并行化数据管理技术，构建与城市群综合决策与协同服务具体应用松耦合的大数据组织管理技术框架。数据一体化管理模块集成和融合多源异构数据库及其引擎，面向多源异构大数据提供数据接入、存储管理、数据建库等一体化管理功能。

1. 总体架构

为实现对城市群多源异构大数据进行统一存储和管理，数据一体化管理模块研发采用大数据分布式存储与管理技术，建立数据仓库，部署分布式数据库管理，提供数据浏览、检索、统计、组织等功能。数据资源类型应包括空间数据、实时流数据、关系型数据、文件型数据等（图 6-3）。

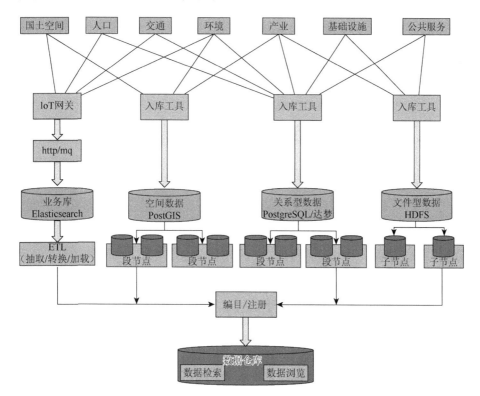

图 6-3　数据一体化管理模块框架示意图

数据库管理引擎和多源异构大数据的存储管理是实现数据一体化管理模块各功能的核心。实现数据一体化管理需要整合多种数据存储模式，为城市群综合决策与协同服务提供统一、开发的数据存取访问接口，数据管理框架具备支撑综合决策与协同服务的分布式处理和分析能力。此外，考虑与国产自主化数据库引擎的适配兼容。

2. 指标设计

1）功能指标

①管理能力：支持关系型数据、文件型数据、矢量数据、影像数据、电子地图数据、实时流数据等多种空间和非空间数据存储管理和集成服务能力。

②存储架构：兼容混合存储管理模式，支持分布式部署。

③组织管理：实现物理分布数据的统一逻辑组织，提供统一管理视图。

④安全管理：支持数据全生命周期管理，提供完善的备份恢复方案。

⑤集成展示：支持库内数据的预览以及通过微服务、应用集成展示。

⑥其他功能：提供数据整合、建模、入库、更新、统计、共享功能，实现库内数据的共享交换与按需服务。

2）性能指标

①库体容量：具备支持 PB 级的数据管理能力和存储设备的水平扩展。

②数据专题：具备支持国土空间、人口、交通、环境、产业、基础设施、公共服务等领域不少于 100 项数据的融合处理和集成分析能力。

③并发能力：平台支持用户并发数不低于 500。

④服务响应：在广东省政务云环境中，资源充足的情况下，具备支撑地图服务远程访问优于 3s、10 万级要素查询服务优于 5s 的数据管理和共享服务能力。

3. 数据一体化存储设计

数据引擎是各类型数据资源进行一体化存储和管理的核心基础。数据一体化管理模块基于大数据存储与管理技术，采用数据仓库管理方式支持分布式海量异构数据统一管理，并提供数据浏览、检索、统计等功能。主要管理的数据类型有空间数据、关系型数据、文件型数据、实时流数据、图谱型数据等。

1）空间数据存储

空间数据存储管理功能包括创建和断开空间数据库连接、修改空间数据库属性、删除空间数据库或数据集、设置空间数据库用途和权限、通过目录树视图和列表视图浏览空间数据库。具备管理矢量数据集、要素类、栅格数据集、栅格目录、镶嵌数据集、网络数据集、电子地图、影像切片、矢量瓦片等各种类型空间数据集的功能，包括创建、注册、注销、修改、删除和浏览空间数据集，维护索引，构建影像金字塔等。

（1）空间数据引擎

空间数据引擎采用分布式关系数据库集群技术和 GeoGlobe 跨平台 GIS 内核技术，并结合以 Greenplum 和 PostGIS 为主的开源组件，实现空间数据分布式存储与管理。

GeoGlobe 跨平台 GIS 内核提供了地图、图层、要素、空间对象等 GIS 基础模型，以及基于该对象模型进行空间索引、坐标转换、空间分析、地图绘制、拓扑检查的功能，同时还实现了常见空间数据格式的导入导出与转换功能，其结构如图 6-4 所示。

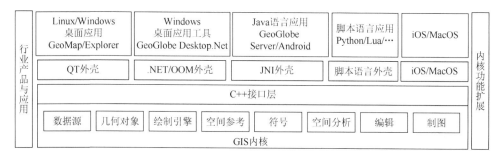

图 6-4　GeoGlobe 跨平台 GIS 内核架构图

GeoGlobe 跨平台 GIS 内核采用并行化的设计模式构建和开发，并可工作于分布式集群环境中，为空间数据的存储与管理提供基础支撑。

Greenplum 是基于 PostgreSQL 和大规模并行处理（massively parallel processing，MPP）架构的分布式关系数据库服务器，由一个主节点和若干个段节点组成，其结构如图 6-5 所示。

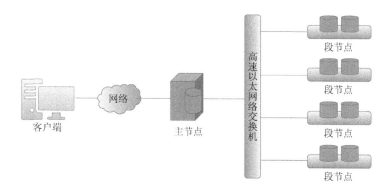

图 6-5　Greenplum 分布式关系数据库架构图

主节点是整个空间数据库集群的入口，接收客户端连接和 SQL 请求，并把工作分发到各个段节点；段节点上运行若干个段，每个段是相互独立的 PostgreSQL 数据库，每个段存储一部分数据，并负责实际执行对应的查询任务。主节点存储了全局系统列表，该列表包含了整个数据库系统的元数据。基于上述结构，Greenplum 为客户端提供了一个单一的 PostgreSQL 服务入口，提供关系数据库服务能力。

PostgreSQL 是一种对象-关系数据库管理系统（ORDBMS），也是目前功能最强大、特性最丰富和最复杂的自由软件数据库系统。PostGIS 在基于 PostgreSQL 和 Greenplum 的分布式关系数据库集群环境下实现了符合 OpenGIS 标准的空间数据引擎，提供了空间对象、空间索引、空间操作函数和空间操作符。

在空间数据引擎的支持下，数据一体化管理模块在分布式环境中可以提供高响应度、高可靠性、高可缩放性的一系列空间数据存储与管理服务。

（2）矢量空间数据存储模型

数据一体化管理模块引入通过标准关系数据库技术来表现地理信息的矢量空间数据存储模型（VDB 模型），支持在标准的数据库管理系统表中存储管理矢量空间数据，以及多种 DBMS 结构和多用户访问。

数据一体化管理模块通过 VDB 模型采用层次结构组织管理矢量空间数据，这些数据对象存储在要素类（feature class）、对象类（object class）和要素数据集（feature dataset）中，其中对象类是在 VDB 模型中存储非空间数据的表，要素类是具有相同几何类型和属性结构的要素集合，而要素数据集是共用同一空间参考要素类的集合。

数据一体化管理模块采用要素集合和要素类的方式组织矢量空间数据。要素类存储可以在要素数据集内部组织简单要素，也可以独立于要素数据集形成独立要素类，但是存储拓扑要素的要素类必须在要素数据集内，以确保要素类和要素数据集位于同一个空间参考内。矢量空间数据的存储思路如图 6-6 所示。

（3）影像数据存储模型

数据一体化管理模块采用基于文件系统与数据库混合存储模式和分布式集群存储模式实现影像数据的存储与管理，具备支持影像数据和影像切片数据的存储管理能力。

基于文件系统与数据库混合存储模式将影像的形状位置和属性信息存储于关系数据库中，原始影像数据以文件方式进行存储，形成影像文件库。

分布式集群存储模式主要用于影像切片数据的管理。将影像按照多层级的分辨率进行切片，然后存储于分布式集群中。分布式数据库部署方式具备高并发、高 I/O 的特性，保证其高并发条件下影像数据的浏览效率，降低数据库事务处理带来的计算资源消耗。

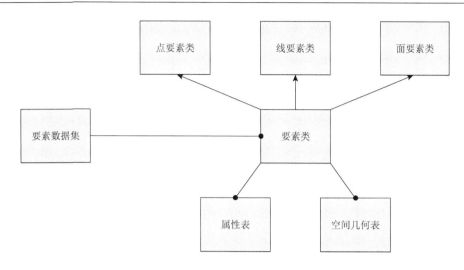

图 6-6　矢量空间数据的存储思路

2）关系型数据存储

关系型数据存储管理功能包括创建和断开关系数据库连接、修改关系数据库属性、删除关系数据库或数据集、设置和查看关系数据库用途和权限、通过目录树视图和列表视图浏览关系数据库、浏览系统元数据、自定义元数据项、编辑和浏览自定义元数据。具备管理各种关系数据集的功能，包括创建、注册、同步、复制、粘贴、加载、注销、删除、导入和导出表，查看和修改表基本信息和字段信息，查看和编辑表记录，浏览系统元数据，自定义元数据项，编辑和浏览自定义元数据，创建、删除和修改表索引等。

（1）关系型数据引擎

数据一体化管理模块的关系型数据引擎采用 MPP 架构，基于 PostgreSQL 和 Greenplum Database 实现关系数据库的分布式存储与检索。在数据库集群组织的支撑基础上，数据一体化管理模块不仅具备大幅提升的查询速度和数据载入速度，还极大改善了关系数据库的可扩展性。与传统的关系数据库集群相比，由于主节点仅负责元数据的存储而不承担任何计算量，不再是整个集群的瓶颈，因此可以实现数据处理速度跟随从节点数量线性增长，从而使整个数据库集群具备灵活的可缩放性。MPP 架构将数据一体化管理模块关系型数据的查询操作分为并行化查询和特定目标查询两类，如图 6-7 所示。

大部分关系数据库操作（例如搜索、排序、联结、聚合等）都属于并行化查询，可高度并行化执行，如图 6-7（a）所示；一部分针对特定数据的关系数据库操作（例如插入、删除、更新等）属于特定目标查询，仅在特定目标所在的节点和段上执行，如图 6-7（b）所示。

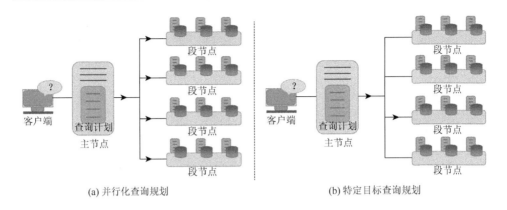

(a) 并行化查询规划　　　　　　　　　　　　　(b) 特定目标查询规划

图 6-7　基于 MPP 架构的数据库查询操作

在关系数据库集群基础上，可以设计基于元数据的数据定义、存储和组织形式，通过针对特定的数据来源和数据类型定义对应的元数据，从而实现数据的统一化存储和管理。

（2）表格数据存储管理模型

表格数据包括但不限于各种应用分析产生的中间统计表以及成果数据的业务统计报表，支撑着城市群综合决策与协同服务的各种应用分析和数据服务。

表格数据存储管理通过关系数据库引擎扩展的单表模型和主从表模型，存储表格结构化和非结构化的二维属性关系字段，实现统计报表的物理存储。

3）文件型数据存储

文件型数据存储管理功能包括创建、加载和删除文件型数据库，修改文件型数据库属性，浏览系统元数据，自定义元数据项，编辑和浏览自定义元数据等。具备管理各种类型文件型数据集的功能，包括创建、删除、导入、导出、注册、迁移和回调文件型数据集，修改文件型数据集基本信息，浏览元数据和空间信息，浏览系统元数据，自定义元数据项，编辑和浏览自定义元数据等。

（1）文件型数据引擎

文件型数据引擎基于云文件数据存储系统 ownCloud 和分布式文件系统 HDFS（Hadoop 文件系统）设计，分别提供对海量文件型碎片数据和文件型大数据的存储功能。

ownCloud 是一种网盘/云存储解决方案，提供对海量文件的存储和共享功能。ownCloud 以 Web 客户端、App 客户端和 WebDAV 协议的形式提供文件存储、访问与同步功能，并为每个文件生成唯一的 FileID，用来进行文件的索引。同一文件的不同版本通过时间戳和上传/修改时创建的 Etag 来定义和描述，并利用 NTP 实现服务时间的同步。对于较大的文件，ownCloud 会将其划分为若干个 chunk，并为每个 chunk 单独建立校验。大文件访问和同步过程中，如果出现传输错误，则只需要定位出错的 chunk 并进行重传，无需重传整个文件，从而降低了服务压力，同时提升了文件完整性和可靠性。此外，ownCloud 提供了基于用户和文件的权限控制，使文件存储的安全能够得到有效的保障。

　　HDFS 是一种分布式文件型大数据存储框架，如图 6-8 所示，该框架基于 Master-Slave 的集群结构和大文件分块＋索引的原理，实现了针对 PB 级数据量文件的分布式存储和并行化访问，同时通过块冗余存储、Master 节点冗余等方式提供一定的错误恢复能力。HDFS 以流模式访问应用程序的数据，在分布式环境中可同时提供极高的数据吞吐量、高度的容错性和优良的数据恢复能力，具有"一次写，多次读"的特征，并能够保证一个文件在一个时刻只被一个调用者执行写入操作，但可以被多个调用者同时读取。

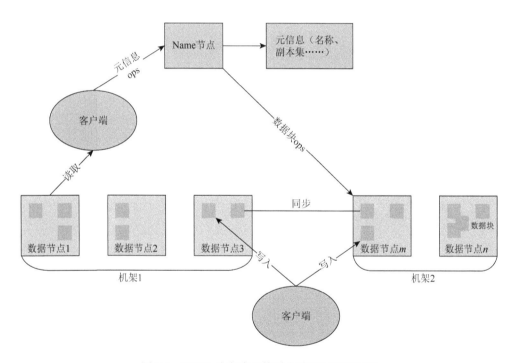

图 6-8　HDFS 分布式文件型大数据存储框架图

　　基于 HDFS 提供面向分布式计算和大数据分析的大数据文件分布式存储能力，数据一体化管理模块针对空间型大数据文件，将文件型数据的空间参考、属性字段及坐标范围等相关信息分解为元数据和包含空间信息的自定义格式两部分。空间型大数据文件实行统一索引与管理，对外提供统一访问接口，以便空间分析计算或其他外部组件调用。

（2）文件编目存储管理

数据一体化管理模块的资料文件来源多、格式多样化，需建立文件编目数据模型，采用编目方式存储形成资料文件库。资料数据通常由数据实体和相应的描述信息构成，数据实体包含介质类和电子类的资料，描述信息包括资料的元数据和空间信息。

文件编目首先对资料数据的元数据项进行元资料建模，然后扩展元数据项和空间化信息进行资料类型建模，最后进行数据实体类型建模，完成资料元数据、空间化信息、数据类型、存储位置的实例化。文件编目存储模型如图 6-9 所示。

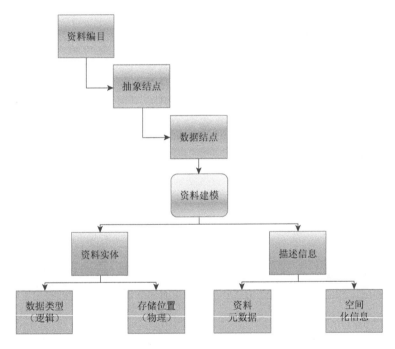

图 6-9　文件编目存储模型

4）实时流数据引擎

数据一体化管理模块的实时流数据引擎引入多源实时流数据接入与管理技术和基于 Elasticsearch 的空间数据实时化存储与精准检索技术，实现流式实时数据一体化管理和应用，如图 6-10 所示。

面向时空地理对象的空间关系、时态关系和业务关系，从语义要素、时间要素和空间要素这三个方面定义实时流数据，并对实时流数据的创建、变更、消亡进行静态描述和动态趋势描述。

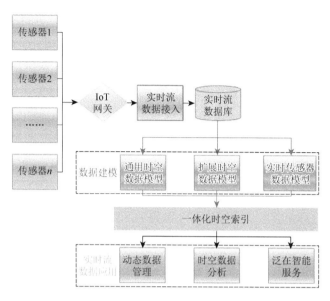

图 6-10　多源实时流数据接入与管理

针对通用时空数据模型、扩展时空数据模型和实时传感器数据模型，多源实时流数据接入与管理技术支持接入、存储、检索、分析基于这些模型的实时流数据，为各种实时化或时间关键型应用场景提供应用服务。实时流数据接入主要参照 OGC SOS 标准开发传感器观测服务和传感器数据接入服务，并在此基础上设计实时化时空数据存储和索引方案，实现时空数据统一设计、历史与现状统一管理、索引与查询松耦合、索引与存储松耦合的一体化时空索引模式。

空间数据实时化存储与精准检索采用 Elasticsearch 检索技术（图 6-11）实现对各行业应用中的实时流数据、动态数据和历史数据的高效存储和快速检索，可面向 TB 级数据提供 ms 级高速响应检索、动态负载均衡和错误恢复。

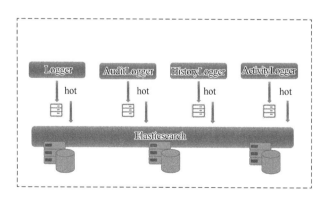

图 6-11　Elasticsearch 架构图

Elasticsearch 是一个开源分布式数据库框架，它基于 Lucene 提供了分布式多用户全文搜索引擎，可满足对实时搜索稳定可靠快速的性能需求。Elasticsearch 自身具有良好的可伸缩性，可以通过将 Elasticsearch 部署到数百台服务器组成的集群环境中实现对 TB 级以上的结构化或非结构化数据的处理能力。运用 Elasticsearch 的横向扩展机制、数据分片和多副本机制，可实现高度可缩放的集群环境中的高容错性、高效率且提供负载均衡的全文检索功能。

5）图谱型数据

数据一体化管理模块引入了 W3C 标准的 RDF 格式进行图谱型数据存储管理，并采用 Schema 方式描述图谱型数据。基于 Dgraph 开源组件，利用 GraphQL 语法的图谱型数据查询语言，实现对图谱型数据的 ACID 事务操作。在此基础上，面向城市群综合决策与协同服务的需求，将图谱型数据访问接口再次封装，形成关系网络服务。关系网络服务提供搜索和分析关系网络信息的能力，可以方便地实现空间实体位置关联关系和所属关系以及事件关系的查询等功能。

图谱型数据使用"图"数据结构存储和查询数据，通过节点和关系（边）表达数据模型，可以快速解决复杂的关系问题，如图 6-12 所示。图谱型数据库是一种非关系数据库，支持对图结构进行查询、增加、删除、更新等操作。相对传统的关系数据库，图谱型数据库查询速度快、操作简单、能提供更为丰富的关系展现方式。

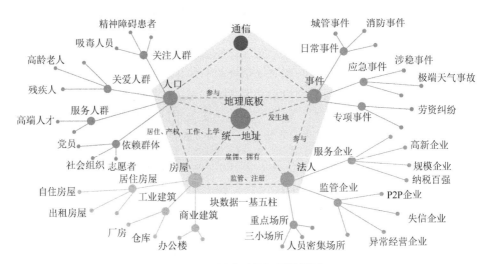

图 6-12　图谱型数据逻辑样例

4. 数据一体化接入设计

数据一体化接入包括通过 ETL 组件实现数据库接入、实时流数据接入、数据导入工具接入。

1）ETL 组件

数据一体化管理模块引入了跨平台 GIS 内核配套的 ETL 组件包，包括一套数据抽取、转换、加载工具，是构建数据仓库的重要工具。ETL 组件包是一体化管理平台联机分析处理、数据挖掘的基础，提供将分布的、异构数据源中的数据抽取到临时中间层后进行清洗、转换、集成，实现多源异构数据的兼容、适配和整合，最后加载到数据一体化管理模块的功能，并提供转换方案配置等功能，是数据一体化管理最重要的功能组成。此外，ETL 组件还提供二次开发的插件进行功能扩展。数据的抽取、转换、清洗和加载的整体流程如图 6-13 所示。

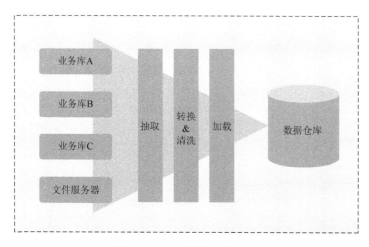

图 6-13　ETL 整体工作流程

数据抽取：将城市群来源于物联网、互联网、各类行业业务系统的多源异构数据，根据一体化管理平台需求进行全量或增量抽取到位于数据一体化管理模块的数据库或目的数据源。

数据转换：针对源数据可能存在的诸如数据格式不一致、数据输入错误、数据不完整等问题，通过对数据进行清洗、过滤、汇总、统一格式化等一系列加工或处理，将数据转换成符合业务要求的形式。基于一系列的规则和函数，典型的数据转换功能包括统一数据类型、处理拼写错误、消除数据歧义、解析为标准格式等。

数据加载：将转换后的数据装载到目的数据源。

数据测试：提供黑盒测试（功能测试）和白盒测试（结构测试）功能。黑盒测试不考虑黑盒子内的功能，只分析评估输入和期望的输出；白盒测试须结合转换内部的工作机制，并依此设计测试用例校验转换成果是否符合特定的要求。白盒测试有利于一体化管理平台的用户逐步测试、执行转换流程，找出具体问题所在。

ETL 流程中的一个转换可以包含多个步骤,每个步骤对应一个数据处理方式,如表输入、文件输入、排序、分组、过滤等。用户可以通过模型设计器自定义 ETL 步骤,并将设计好的模型保存在本地文件或资源库(数据库)中。

ETL 组件提供源库到目标库的"库对库"的一键式转换功能,包括数据模型转换、属性转换和代码转换。转换方案提供数据转换规则的灵活配置,一体化管理平台用户指定转换前后的数据库连接参数,以及转换前后的图层、属性和代码的对照关系,建立现有数据和目标数据之间的转换方案,图层、属性和代码的对照关系通过建立转换整合项,确定转换前后的映射关系,实现"库对库"的一键式转换。

2)实时流数据接入

数据一体化管理模块通过实时流数据引擎,采用实时流数据接入服务 RTDS 实现对各类实时流数据接入和处理的过程,如图 6-14 所示。

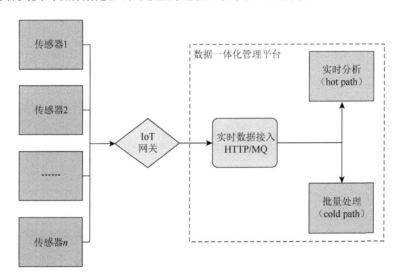

图 6-14　实时流数据接入服务 RTDS

各种传感器设备,比如温度、压力、位移等各种传感器,可发送感知信息到 IoT 网关。IoT 网关可以实现感知网络与通信网络,以及不同类型感知网络之间的协议转换,既可以实现广域互联,也可以实现局域互联。此外 IoT 网关还需要具备设备管理功能,运营商通过 IoT 网关设备可以管理底层的各感知节点,了解各节点的相关信息,并实现远程控制。经过网关的消息通过 HTTP 经过消息中间件接入,充分发挥了消息中间件在系统解耦、提高系统响应时间和为大数据处理架构提供服务上的优势。最后实现消息的实时分析和批量处理。

RTDS 具有实时流数据的接入、存储、查询、预警等功能,由数据接入、数据存储与查询、预警分析和动态监测四部分组成。

数据接入：支持快速接入包括各类移动终端、监控传感器、GPS 设备等在内的常见实时流数据类型，也支持自定义类型扩展。

数据存储与查询：支持对实时流数据和历史数据进行高效存储和查询。

预警分析：使用空间和属性条件对实时流数据进行过滤、预警，将预警信息及时地进行展示和提醒。

动态监测：使用现有要素进行地理围栏事件监测，支持动态创建地理围栏而不干扰任何实时流数据。

3）数据导入工具

数据一体化管理模块针对各种数据类型和数据引擎，开发和引入多种数据导入工具。例如针对关系型数据和空间数据，开发数据入库、更新、管理工具，实现数据库导入和更新，支持数据注册到数据仓库中，进行统一集成和管理。

5. 数据一体化组织管理设计

数据组织管理是通过元数据管理，数据资源编目、注册、发布和维护资源目录内容，实现城市群数据的一体化管理。对于物理上分布在广东省政务云环境中的多源异构数据和位于互联网的数据服务接口，根据元数据信息，通过数据资源注册功能编目挂接到数据一体化管理模块的数据资源目录中，实现城市群多源异构数据的快速检索和定位，支持基于元数据的数据检索、查询、维护等功能，实现城市群多源异构数据的一体化组织管理。

1）元数据管理

编辑数据资源的元数据可以对数据资源的基本信息、详细信息、标签信息、数据字典、关联目录进行修改。

数据资源的详细信息，包括覆盖范围（矢量格式，配缩略图）、标识、数据供应单位、数据公开性（政务版、公众版）、编目挂接状况等。元信息兼容时空标识。

元数据管理功能能够批量导入、注销元数据，注销操作只删除数据资源的元数据，不删除、改动原始数据。

基于元数据，从元数据、统计、采样、过滤和语义五个层次采集数据资源的摘要，作为数据资源目录的基础内容。其中元数据摘要包括数据资源的名称、内容、用途、覆盖范围等基本属性；统计摘要描述数据的集中趋势、离散程度以及数据分布等统计特征；采样摘要描述数据的采样类型、方法及其他采样信息；过滤摘要描述数据过滤方法及结果描述；语义摘要描述数据所对应的现实世界中的事物所代表的概念的含义。

2）数据资源目录管理

数据资源目录是数据一体化管理模块以树形目录表现的可视化数据管理操作

页面。数据资源目录以树形结构展示数据一体化管理模块的各种类型数据资源，用户对数据资源目录进行新增（注册/上传）、编辑、删除、目录上移和目录下移操作，达到数据资源的结构树管理。

目录配置是数据资源目录管理的基础，包括目录的创建、修改和删除。通过目录结构树的维护、目录条目信息的维护及目录配置功能，实现对数据资源目录的管理，包括数据目录和区域目录。

数据资源目录的顶级目录支持刷新操作，可用于刷新目录与关联资源，并导入及导出数据资源目录。

数据资源目录可以分为公共目录和私有目录，公共目录对所有用户可见，由管理员管理，私有目录仅当前用户可见，由当前用户管理。私有目录可以共享给其他用户。

3）数据资源注册

通过输入数据源的实体数据文件、数据服务接口等信息，将各种来源的数据资源以及外部数据服务注册到数据资源目录中，在注册过程中提供数据资源的属性信息、空间特征信息等元数据。

数据资源注册功能支持分布式海量异构数据统一注册和统一管理，注册后的数据可以在数据资源目录的可视化界面中进行浏览、修改等操作。

支持注册的数据类型包括数据表/视图、MongoDB 数据表、逻辑数据集、实时数据集、多维数据集 cube、关键指标 KPI、矢量数据、服务地址 URL、矢量瓦片、栅格数据、栅格瓦片、GeoGlobe 数据、ArcGIS 数据、文本文件、图片文件、Office 文件、SpatialJSON 文件和共享文件夹等。

数据资源注册流程主要包括：①选择数据源；②选择注册的数据类型；③选择注册数据集；④设置注册数据的元数据信息及关联目录。

4）数据资源目录发布

数据资源目录发布功能提供资源从数据库到服务、应用的发布控制，包含目录树的发布和数据资源记录的发布以及元数据的发布控制等。

5）数据搜索

数据搜索功能包括搜索、浏览数据，编辑元信息、内容索引，下载和注销数据等。对数据的搜索支持六种过滤：①关键字搜索；②注册时间搜索；③资源类型搜索；④数据源搜索；⑤目录搜索；⑥标签搜索。

6.3.2　计算模型汇集管理模块

为实现城市群多源异构大数据的分析挖掘和计算模型的汇集管理，计算模型汇集管理模块引进了成熟的 model designer 计算模型体系，建设计算模型资源库，设计和部署基于混合架构的分布式计算框架，算子、计算模型（图 6-15）及插件的标准化接口和二次开发手册，提供计算模型管理与更新，计算任务管理、调度与运行监控，计算模型服务管理等功能。

图 6-15　算子、计算模型的逻辑示意

1. 总体架构

通过引进成熟的 model designer 计算模型体系，集成前沿的计算引擎和分布式、并行化计算管理技术，采用 C/S、B/S 混合模式和面向对象的思维，构建与城市群综合决策与协同服务具体应用松耦合的细粒度分布式计算框架和计算模型资源管理框架。

2. 指标设计

1）功能指标

提供算子、计算模型及插件的标准化接口和二次开发手册。

提供基于 model designer 计算模型体系的分布式地理空间计算分析、机器学习/深度学习计算分析、Spark 集群计算分析能力。

2）性能指标

计算模型管理：具备支持国土空间、人口、交通、环境、产业、基础设施、公共服务等领域累计不少于 200 个计算模型的汇集管理能力。

3. 算子与计算模型

在计算模型汇集管理模块中，计算模型由具备各种计算功能的计算算子组合而成，通过可视化计算模型设计器提供的图形化设计功能，对数据计算的流程进行定制，形成完整的数据处理流程，即计算模型（图 6-16）。

在计算模型中，算子、工作流是计算模型的实例。算子封装了基本的功能算法或业务逻辑，工作流是算子组合形成的复合型细粒度计算模型。因此，算子作为一种结构化组件，能够与宿主应用程序之间交互并提供特定的功能。算子可以通过实现应用程序已经定义好的接口，部署到计算模型汇集管理模块中，从而扩展一体化管理平台的功能和城市群综合决策与协同服务的应用。算子本质在于在不修改应用程序主体的情况下扩展和加强一体化管理平台的功能。

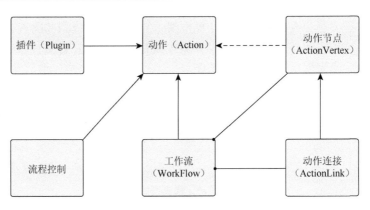

图 6-16　计算模型的逻辑定义

　　计算模型是功能节点按一定顺序连接的功能集合体，它把细粒度算子等按规则连接形成大粒度的计算模型来完成特定业务逻辑下运算，计算模型是更复杂的模型实例。

　　1）算子定义

　　算子由参数描述文件和功能算法构成，是城市群多源异构大数据挖掘分析的基础算法模型的载体，分为自动运行算子与交互运行算子。参数描述文件是算子与平台交互的接口文件；功能算子是指实现某一独立功能的最小可执行单元。自动运行算子只有输入和输出，执行过程不需要人工干预；交互运行算子需要通过人机交互进行选择或浏览，然后再通过运算输出相应结果（图 6-17）。

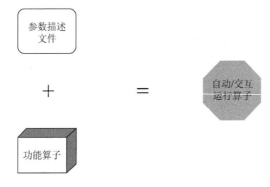

图 6-17　算子构成定义

　　自动运行算子是指实现某一独立功能的最小可执行单元，该单元只有计算功能，没有任何交互，功能算子是自动运行算子的功能执行部分。从代码层意义上讲，将原始的模型实现的功能从现有的系统或带界面的组件中分离提取出来，实现功能的独立执行，不再依赖于相关的界面交互。

交互运行算子是指实现某一独立功能的最小可执行单元，该单元有人机交互界面和过程，可以通过人机交互设置或得到一些信息，并执行功能计算，得到相应结果。功能组件是交互运行算子的执行部分。

2）算子接口规范

定义算子接口规范包括算子组成、基本信息（名称/类型/功能说明等）、参数列表、输入输出、版本信息等。在定义好算子接口标准后，用户可以根据自己的业务需求开发功能算子，方便灵活地集成到算子库之中，丰富扩展模型库，使一体化管理平台具有最大程度的灵活性和可扩展性。算子库框架与功能算子能够相互通信，并且在算子库框架不变的情况下，可以通过增减算子或修改算子动态调整应用程序的功能。算子是一种基于组件技术的软件体系结构，在保证实现单一业务功能的前提下，遵照特定的标准进行封装。

基本信息：包括算子名称、算子类型、提交单位、算子交互方式（交互/非交互）、功能说明、算子描述、版本信息、运行环境等信息；

算子参数：包含输入参数、输出参数、运行参数等，参数详细信息包含参数名称、参数别名、参数类型（输入/输出/运行……）、参数值类型、默认值、参数阈值、备注等内容；

版本信息：算子的版本号、版本更新时间、版本更新说明等，以及算子加载、参数设置等过程说明。

3）计算模型定义

计算模型是功能节点按一定顺序连接的功能集合体，它把细粒度插件等按规则连接形成大粒度的计算模型来完成特定业务逻辑下运算（图6-18）。

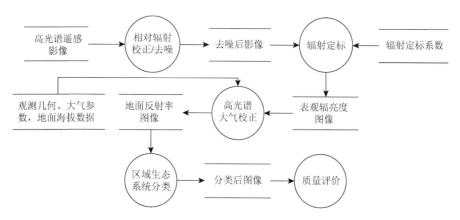

图 6-18　计算模型定义示例（以高光谱遥感影像处理过程为例）

计算模型是对工作流程及其各操作步骤之间业务规则的抽象、概括、描述。

计算模型要解决的主要问题是：为实现某个业务目标，在多个参与者之间，利用计算机，按某种预定规则自动传递、计算、处理文档、信息或者任务。

计算模型可以规范业务参与者的信息交互行为，通过引入计算模型技术比直接采用数据模型开发更便于城市群综合决策与协同服务的跨业务的逻辑整合，使数据模型之外的规则包含于业务逻辑，功能的设计可以更加松散，降低其耦合性，便于调整。

图 6-19 展示了两个算子和另一个计算模型之间的工作流程图，工作流程如下：
①启动"算子 1"，输入参数，计算后输出结果；
②启动"计算模型 2"，通过其中的人机交互功能得到相关运行数据（如配准的点），计算后输出结果；
③"算子 2"以前面两个输出结果作为输入参数，计算后输出最终结果。

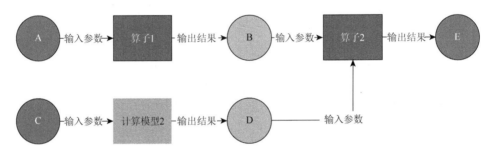

图 6-19　计算模型调用示意图

4. 计算模型资源库及管理功能设计

从城市群数据一体化管理模块调取各类数据，通过数据处理、地理空间分析、汇总统计等一系列的流程，到最后生成分析挖掘结果，中间会经历多个计算分析过程，并且随着输入数据、参数、调用模型与计算分析模式等变化，以及最终要求的分析挖掘结果的差异性需求，执行的流程和过程都会有很大不同。

为实现城市群多源异构大数据的分析挖掘和计算模型的汇集管理，针对城市群综合决策与协同服务对挖掘分析的需求技术特点，以计算模型的管理和部署为核心，以混合计算框架为依托，建设覆盖广泛、层次丰富、灵活构建的计算模型资源库，帮助一体化管理平台用户直观、快速、便捷地实时部署计算模型，覆盖计算模型的注册、发布、管理配置、运行、监控整个流程，通过灵活的开发及配置工具，可快速地调整现有的计算模型，大幅度提高各业务挖掘分析的可复用性和可扩展性。

从概念上分析,计算模型管理的主要功能是通过计算机技术的支持实现定义、执行和管理计算模型，协调计算模型执行过程中工作之间以及群体成员之间的信息交互。计算模型资源库面向城市群综合决策与协同服务多种不同层次的应用，对各种计算模型提供分配及管理功能，实现计算模型的注册（导入）、删除、修改、更新、导出、配置、维护。

当设计完成的计算模型注册进入计算模型资源库后，计算模型资源库将读取该计算模型的元信息并自动生成管理编号、数据接口、计算接口、服务接口和输出接口。数据接口和输出接口自动适配数据库一体化管理平台，分别用于读取相应类型的输入数据和输出相应类型的结果数据；计算接口自动适配计算框架，用于对接相应的计算分析类型；服务接口自动适配服务应用管理模块，用于对接和发布相应的计算模型微服务。

1）计算模型新增

提供新增计算模型的上传、注册和默认参数配置。

计算模型上传：将完成设计的计算模型上传到模型资源库的存储空间。

计算模型注册：填写新增计算模型的元信息和管理信息，成为模型资源库的管理对象。元信息包括计算模型的名称、别名、功能说明、类别分组等。计算模型注册功能支持将计算模型的功能或流程的特征图标上传至计算模型资源库中，用户在计算定制页面可以预览上传的模型图片，方便创建任务的用户更好理解计算模型的作用或功能。

默认参数配置：组成计算模型的算子的输入输出参数类型的自动或手动配对，并与数据一体化管理模块和服务应用管理模块适配对接。

2）计算模型审核

为计算模型汇集管理模块的管理员提供对计算模型的审核、发布功能。

计算模型审核：管理员审核用户注册的各计算模型，支持单个或批量计算模型的筛选和审核。

计算模型发布：管理员可对通过审核的计算模型进行单个或批量发布，发布后的计算模型对指定用户可见可用。

3）计算模型运维

提供计算模型的验证（调试）、查询、浏览、统计、分发、增加、删除、修改、注销、分类、用户权限控制等。

计算模型分类：构建计算模型树状分类清单，分类节点的增删改查支持计算模型的拖拽到不同的分类节点下，以及计算模型显示顺序的拖拽。并可根据计算模型的分类修改设置通过计算模型服务执行计算模型时的节点组。

计算模型修改：修改计算模型基本信息、流程图、参数。

计算模型注销：计算模型逻辑删除到回收站，删除后的计算模型用户不可见，其中正在应用的计算模型不可逻辑删除。

计算模型恢复：回收站中，管理员可对注销计算模型进行恢复操作。

计算模型删除：回收站中，管理员可对注销计算模型进行物理删除操作，包括计算模型元数据信息。

计算模型验证：提供对计算模型设置的正确性、合法性和可执行性进行验证，只有验证通过的计算模型才能在数据库中保存。

版本管理：提供对计算模型中算子的版本的管理功能。

计算模型参数设置：提供对计算模型中各功能算子的参数设置功能。设置各算子的输入输出、名称、分组信息等，对计算模型进行有效的管理。

计算模型查询：对计算模型名称的模糊匹配查询，以及分类查询、属性查询等高级查询，以列表形式展现计算模型，支持计算模型详情展示（图形化只读展示），包括计算模型和算子参数查看。

计算模型详情查看：显示计算模型基础信息、参数信息以及查看转换步骤和正在执行此计算模型的任务等功能。

4）计算模型接口服务

一体化管理平台以计算框架为中心，提供标准化的计算模型接口规范，包含过程定义输入输出接口、用户函数接口、激活应用程序接口、计算模型执行服务之间的互操作接口和计算资源管理与监控接口（图 6-20）。

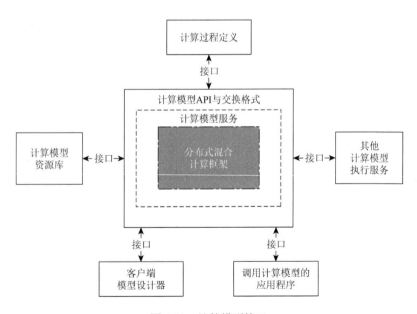

图 6-20　计算模型接口

过程定义输入输出接口：计算模型服务与计算模型建模之间的接口，该接口提供的功能包括通信建立、计算模型操作和对象操作。

用户函数接口：计算模型服务与一体化管理平台用户客户端模型设计器之间的接口，约定一体化管理平台所有用户应用与计算模型服务之间的功能操作方式，是最主要的接口规范。包括通信建立、计算模型定义操作（对计算过程定义操作）、过程实例管理功能、过程状态管理功能、任务项列表任务项处理功能、数据处理过程、过程监控功能、其他的管理功能、应用程序激活。

激活应用程序接口：计算模型汇集管理模块的混合计算框架和服务应用管理模块中调用计算模型的应用程序之间的接口，包括通信建立、活动管理和数据处理功能。

计算模型执行服务之间的互操作接口：计算模型资源库与任务调度管理功能之间的互操作接口，包括建立连接、对计算模型和对象的操作、对过程实例的控制和状态描述、对活动的管理等。

计算资源管理与监控接口：计算模型服务和计算模型资源库之间的接口，包括计算资源控制、角色管理、用户管理、过程实例的管理、状态管理、审核管理。

5）产品配置

定义分析挖掘成果产品基本信息，配置计算模型成果数据的文件类型及资料类型，配置成果产品关联的工作流，设置计算模型的默认参数。

成果基础配置：定义成果产品基本信息，包括成果产品的名称、别名、用途说明等信息。

成果产品配置：配置成果产品的数据文件类型及资料类型。

关联计算模型配置：配置成果产品关联的计算模型，一个成果产品可以配置多个计算模型，以及计算模型的默认参数设置和输出成果的配置。

5. 算子库设计

计算模型由计算算子组合而成。针对城市群综合决策与协同服务的不同的业务需求和应用场景，可以将具有各种不同计算功能的计算算子进行组合，设计出符合需求的计算模型。

计算模型汇集管理模块预留了标准化接口和二次开发规范用于扩展算子功能。根据已有算子的功能进行分类，算子可以分为基础处理算子、通用数据处理算子、空间数据处理算子和数据挖掘算子。

1）算子库管理

算子是遵循计算模型算法接口规范开发的具有相对独立分析挖掘功能的实体，是计算模型的具体实例，具体可以表现为动态库 API、Web Service 等，通过建立算子库，可以为一体化管理平台提供强大的多源异构大数据分析挖掘能力和计算方式、功能的灵活扩展。

算子管理是多源异构大数据分析挖掘处理服务运行的能力基础，承担分析处理计算模型算子的分配及管理，实现算子注册审核、更新部署、运行维护、浏览统计等。

（1）算子注册审核

算子组件统一接口设计技术实现了各类分析挖掘应用业务算法在计算模型汇集管理模块的统一接口设计。要实现计算模型的动态加载，首先要进行算子的注册和审核，审核通过的算子才能进入模型库，被模型设计器识别调用。算子注册审核包含以下功能。

①算子注册（单个）：选中单个算子进行注册，包括算子元数据信息注册、缺省参数设置、算子安装包上传到模型库。

②算子注册（批量）：选中多个算子进行批量注册，包括算子元数据信息注册、缺省参数修改、算子安装包上传到算子库。

③算子审核：由管理员对用户注册的算子进行审核，支持单个或批量算子的审核。

④算子发布：管理员可对审核通过的算子进行单个或批量发布，发布后的算子所有用户可见可用。

（2）算子更新部署

当用户更新某个已有算子时，通过算子更新部署功能即可将一体化管理平台计算模型汇集管理模块的算子库中对应的算子更新到最新版本，并供各用户和模型设计器下载和调用，用户可根据自己的需要决定相关计算模型是否将旧版本算子更新到最新版本（图 6-21）。

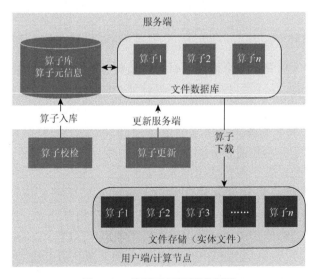

图 6-21　算子更新部署流程图

（3）算子运行维护

算子运行维护为已注册审核的算子提供分类、修改、注销、恢复、删除等功能。

①算子分类：构建算子树状分类，分类节点的增删改查支持算子的拖拽到不同的分类节点下，以及算子显示顺序的拖拽。

②算子修改：包含算子基本信息修改，修改算子的元数据信息，修改算子缺省参数值。

③算子注销：算子逻辑删除到回收站，删除后的算子对用户不可见，其中正在运行或被计算模型调用的算子不可逻辑删除。

④算子恢复：回收站中，管理员可对注销算子进行恢复操作。

⑤算子删除：回收站中，管理员可对注销算子进行物理删除操作，包括算子元数据信息和模型库中算子安装包的删除，已删除算子从一体化管理平台所有计算模型或计算节点上进行自动卸载。

（4）算子浏览统计

已注册管理的算子可以进行名称模糊匹配检索，浏览算子的输入、输出参数列表，统计算子的使用情况，包括统计算子调用次数、平均运行时间等，在不同业务逻辑中可以调用不同版本的算子。

①算子查询：缺省进行算子名称的模糊匹配查询，也支持分类查询、属性查询等高级查询。

②算子浏览：以列表形式列出算子查询的结果，支持算子详情、算子使用情况的展示。

③算子统计：统计算子调用次数、平均运行时间等。

④算子分发：支持已注册算子导出算子程序包，便于一体化管理平台的其他用户快速导入算子程序包。

版本管理：支持同一个算子的不同版本的管理，在计算模型中选取指定版本的算子。

2）通用数据处理算子

通用数据处理算子主要用于完成数据的抽取、转换和加载。

（1）数据抽取算子

数据抽取是指从外部数据源抽取数据，然后将抽取的数据输入数据流中。数据抽取算子的数据源主要包括：

①文本文件、CSV 文件、JSON 文件、XML 文件等多种类型文件的数据抽取；

②Oracle、PostgreSQL、达梦、MySQL 等常用数据库数据的数据抽取；

③Web 数据的数据抽取；

④通过 Hive、HBase、HDFS、MapReduce、MongoDB 等大数据组件进行数据抽取。

（2）数据转换算子

数据转换是将数据从一种表示形式转变为另一种表示形式的过程，主要目的是用于提高数据的质量。根据功能的不同，数据转换算子的功能有：

①数据流中某个字段的值根据映射关系映射成新的字段或替换原有字段的值；

②从数据流中获取某个字段，并对该字段的值进行剪切和替换字符串；

③生成指定类型的随机数字段，或将随机数字段追加在指定字段的末尾；

④对数据流中的数据进行去重和排序；

⑤对于一些需求不能用常规的算子来完成，可以引入脚本相关的算子来进行数据转换；

⑥对于存在处理错误的数据，可以根据错误类型对错误的记录进行特定处理。

（3）数据加载算子

数据加载是指把模型设计器的数据流中的数据加载到外部数据源中。数据加载算子可以将数据加载到不同的外部数据源。数据加载算子的功能包括：

①数据能够以文本文件、CSV 文件、JSON 文件、XML 文件等格式加载；

②数据能够加载到如 Oracle、PostgreSQL、达梦、MySQL 等常用数据库中；

③数据能够通过 Hive、HBase、HDFS、MapReduce、MongoDB 等大数据组件加载到目标数据源中。

3）空间数据处理算子

（1）传统空间处理算子

传统空间处理算子的主要功能是对空间数据进行处理运算。通过使用 GeoGlobe 跨平台内核，可以实现跨平台空间分析。

空间数据处理算子提供了多种专业的空间数据处理功能，主要包括：

①多种数据源文件的矢量、瓦片数据的输入与输出；

②空间数据的格式转化；

③空间数据的叠加分析；

④空间数据的周长与面积计算；

⑤空间数据的属性统计。

（2）大数据空间处理算子

大数据空间处理算子将 Spark 技术与传统 GIS 空间处理技术相融合，扩展了空间处理算子对大数据的支持。相较于传统的空间处理算子，使用大数据空间处理算子可以显著提高海量数据的空间处理效率，解决了海量空间数据的应用难题。集群规模越大、数据量越大，空间处理的效率提升越显著。

以测试环境中百万级图斑数目的两个数据集相交运算为例，与传统地理空间分析工具的运算相比，使用大数据空间处理算子可以提高近 8 倍的运算效率。运算效率还会随着 Hadoop- Spark 集群规模的提升而继续提升，节点数目越多，计算耗时越少。

计算模型汇集管理模块即将引入大数据空间处理算子功能，主要包括：

①海量空间数据的分布式存储；

②海量空间数据的叠加分析；

③海量空间数据的周长与面积计算；

④海量空间数据的属性统计。

4）数据分析算子

数据分析算子的功能是对经过预处理后的数据进行分析挖掘并发现数据背后隐藏的规律。数据分析算子以动态调度和按需服务的方式提供模型训练与评估，实现了面向时空大数据的数据分析和知识发现。计算模型汇集管理模块整合常用计算模型与挖掘分析工具包，并按照其原理与功能构建为以下算子集：

①数据挖掘算子集；

②空间分析算子集；

③时序预测算子集；

④深度学习算子集。

基于以上一系列算子集提供的分析计算能力，数据分析算子可面向不同数据类型、应用场景与需求，构建有针对性的专用深度学习模型，实现面向特定应用需求的快速建模与分析流程。数据分析组件包如图 6-22 所示。

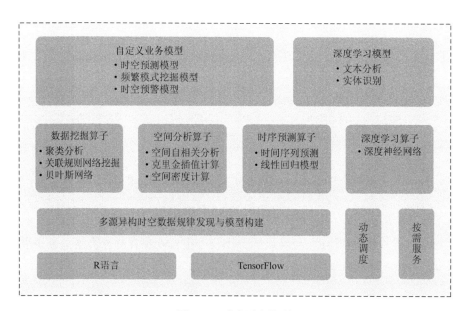

图 6-22　数据分析组件

5）基础处理算子

算子库除了包含混合计算框架中 Kettle 集群自带的算子外，还提供一些针对特定数据格式和业务流程的基础处理算子，如表 6-1 所示。

表 6-1　基础处理算子

类型	算子		
	相交	联合	擦除
地理空间分析	矢量输入	矢量输出	GeoHash 地址编码
	Shape 文件输出	单要素周长计算	单要素面积计算
	单要素缓冲分析	单要素简化	内部点计算
	外接矩形	凸包计算	创建地物类
	删除要素类	要素类面积计算	要素类周长计算
	要素类属性统计	要素类简化	点要素高程提取
	矢量切片	空间查询	GeoJSON 转要素
	要素转 GeoJSON	GML 转要素	WKT 转 Geometry
	Geometry 转 XY 坐标	XY 坐标转 Geometry	创建数据集（瓦片数据集）
	瓦片更新	瓦片输出	瓦片输入
	高德坐标转 WGS84 坐标	百度坐标转 WGS84 坐标	Elasticsearch 实时数据集更新
	Elasticsearch 批处理	Shape 文件空间属性提取	
语义分析	信息分类	热门新闻提取	地名地址提取
	地名地址查询	兴趣点查询	语义指纹
数据挖掘	克里金插值	关联规则分析	聚类分析
	线性回归	时间序列	相关性分析
	贝叶斯网络		
并行计算	创建并行计算会话	结束并行计算会话	RDD 转 JSON
	本地文件上传到 HDFS	HDFS 文件下载到本地	要素类导出到 HDFS 文件
	RDD 转 Database	RDD 转 Shape	

对于步骤复杂的计算流程，如需要定义循环类型操作的流程，可以将计算模型设计为作业形式。作业中还可以嵌套已有的计算模型，形成复杂的计算模型。计算模型设计器中内含计算模型的执行功能，设计完成的计算模型可以直接在计算模型设计器中运行和调试。设计好的计算模型也可以保存到计算模型资源库中，可供后续创建计算任务使用。

6. 计算模型设计器

可视化建模是指通过界面提供的图形化设计功能，定制对数据的计算流程，形成完整的数据计算与处理流程，即计算模型。可视化的计算模型设计可以使用户对建模的设计思路更加清晰，对计算流程的理解更加深刻，从而提高流程设计的准确性，提升工作效率（图6-23）。

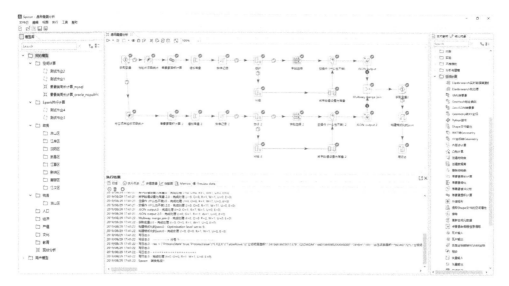

图 6-23　可视化建模设计

计算模型设计器支持将多个算子用单向箭头进行连接，将前一算子的计算结果作为下一算子的输入，完成从数据抽取到计算处理，最终得到计算结果或将计算结果加载到数据库中的过程。计算流程开始后，所有的算子同时运行，记录会从最前端的算子向后传递，传递到相应算子则该记录被该算子做相应处理，处理完成再把记录往后传递，记录传递分为复制和分发两种模式。

在计算模型设计器中，所有的计算模型都能够以图形化的方式操作和展示，用户也可以将模型保存为文件或上传到计算模型资源库中。已经保存的计算模型也可以再次被编辑，以及在一体化管理平台中修改参数和输入数据重复执行和被调用，使同一计算模型适用于业务相似的某一类应用或场景，极大地减少了重复性工作（图6-24）。

7. 基于混合架构的分布式计算框架

计算模型汇集管理模块的计算框架采用基于混合架构的分布式设计，为一体化管理平台提供计算能力支撑。

基于混合架构的分布式计算框架提供了基于 Kettle 集群的普通分布式计算能力、基于 Spark 集群的分布式大数据计算分析能力，以及基于 Python 和 GPU

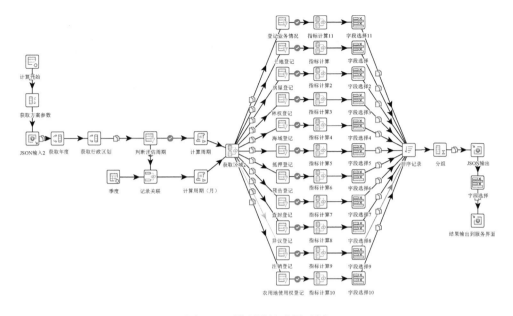

图 6-24　模型设计成果示例

加速 TensorFlow 框架的机器学习/深度学习能力,并可接受通过服务应用管理模块的 WebAPI 计算模型服务和计算模型汇集管理模块的计算任务定制两种调用方式。

在引入的 model designer 计算模型体系中,各类基本运算被封装成算子,包括普通算子、Spark 算子和深度学习算子,在此基础上以算子组合的方式构建计算模型。用户可通过计算模型设计器以插件的形式调用不同的算子,构造所需计算任务的计算模型。计算模型设计完毕后存储于计算模型资源库中,供计算集群调用。

计算集群基于容器化方式和 Docker Swarm 技术构建,其核心是集群管理与任务分配组件。该组件将来自计算模型资源库中的计算模型按照其包含的算子类型进行分配,划分为普通计算任务、大数据任务和机器学习任务,并将每种任务分配到混合计算架构中对应类型的计算节点和集群中运算,从而实现了多类型计算任务的异构并行化(图 6-25)。

1)基于 Spark 的大数据分析计算

Spark 是一种基于分布式内存存储的通用并行计算框架,如图 6-26 所示,也是一种新兴的大数据处理引擎。Spark 利用分布式内存存储方式提供了超高的数据吞吐量,且任务创建和分发流程更高效,数据和任务管理开销更低,因此更适合于迭代型算法。

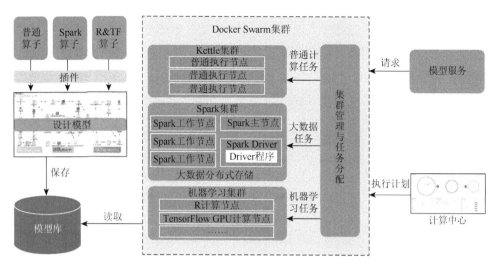

图 6-25　基于混合架构的分布式计算集群

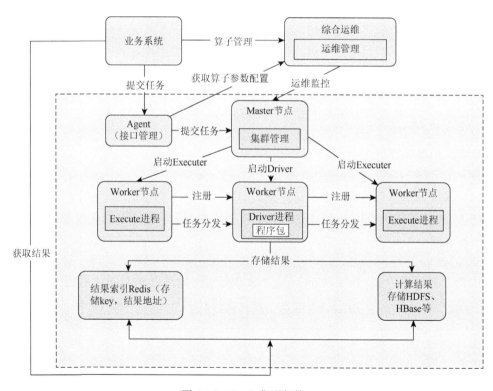

图 6-26　Spark 集群架构

Spark 提供了面向内存存储的数据抽象结构 RDD（resilient distributed dataset，

弹性分布式数据集），以此作为描述分布式数据的基本单位，并通过对 RDD 的序列化/反序列化机制实现分布式数据的分发和同步。Spark 计算任务在执行时通过引入检查点机制和单个节点的撤回/重算功能来提供容错性，并将错误撤回尽可能限制在最小颗粒度上，最大限度降低了单一任务阶段、单一节点的失败带来的额外开销。

为了支持 Spark 的分布式内存存储体系，一体化管理平台建立 Spark 集群与数据一体化管理模块的联系，引入 Kettle 配套的 ETL 工具。Kettle 可支持多种关系/非关系数据库和分布式大数据库框架，且提供图形化的操作界面和拖拽式操作。Kettle 具有流程化的建模能力，基于 Kettle 框架封装各种 Spark 的算法插件来实现大数据并行计算，可构建完整的可视化分布式大数据导入、分析处理与存储体系。

2）基于 Python 的机器学习能力

Python 是一种面向对象编程的高级语言，具备高效的高级数据结构、动态类型和数学计算环境。它提供了有弹性的、互动的环境来分析并展示数据。各开发者提供了大量的程序、工具包，以及一些集成的统计工具和各种数学计算、统计计算的函数，用户只需根据统计模型，指定相应的数据库及相关的参数，便可灵活进行数据分析等工作，甚至创造出符合需要的新的统计计算方法。

根据城市群多源异构大数据的特点，利用 Python 的高效科学计算能力，model designer 计算模型体系提供了数据挖掘算子库、空间分析算子库、时序预测算子库，用户可以通过调用不同的算子进行组合，形成解决城市群综合决策与协同服务实际问题的计算模型。

3）基于 TensorFlow 的深度学习能力

深度学习是目前机器学习研究领域中的一个热门的分支，其本质在于建立类似人脑的人工神经网络，以模仿人脑的机制实现对文本、声音、图像等数据的解析和认知。

TensorFlow 框架是一个采用数据流进行数值计算的开源软件库。计算模型汇集管理模块引入了 TensorFlow 深度学习框架提供深度学习的计算能力。基于 TensorFlow 框架，并利用常见的一系列深度神经网络模型，以过往的工程应用中处理的一系列文本、音频、图像、视频等数据作为训练集，综合运用监督学习和半监督学习的方式进行训练，构造完善的模型训练过程。在此基础上整合完成训练的模型，构建一系列深度学习推理算子库，在应用环境下通过神经网络模型推理实现文本分析、语义解析、物体对象识别等功能。

4）Kettle 集群的并行计算分析策略

为满足城市群多源异构大数据的常规性高性能计算分析需求和更高的运算效率，计算模型汇集管理模块结合 GeoGlobe 跨平台 GIS 内核技术，横向扩展 Kettle

集群的分布式计算资源，研发 Kettle 集群的并行计算分析策略，实现海量地理空间数据、关系型数据的大规模分析处理。

以地理空间数据的分析计算为例，由多台配有多处理器（并行处理）的计算节点同时进行流水线式的空间分析，空间上多台机器的多个处理器同时并发执行空间分析，以快速解决海量地理空间数据的空间分析。具体流程如下：

①Kettle 计算集群中的管理节点接收到地理空间分析任务后，结合计算任务调度功能，自动寻找最优任务拆分策略；

②以珠三角 9 市的地理空间分析为例（可拆分为 9 个市级子任务或 47 个县区级子任务），按照空间分布特性拆分成多个子任务，将子任务分派到各计算节点的空闲处理器；

③各计算节点在接收到计算指令后，立即校验并更新对应地理空间分析的（更新版）算子，执行地理空间分析计算任务；

④各计算节点的成果汇总到 Kettle 计算集群的管理节点，管理节点校验计算任务成果无误后，结束计算任务。

8. 计算任务管理、调度与运行监控功能

1）计算任务管理

任务管理功能接收用户通过计算模型资源库定制和发送的计算任务，进行语义解析和转换处理，统一管理创建的计划任务和计算任务，同时也支持计算模型汇集管理模块直接创建计算任务的能力。通过任务分析，根据计算资源配置情况判断任务运行基础，自动选取或手工辅助选取业务流程，生成分析处理计划单。将分析处理计划单下达给分布式任务调度器，并进行任务汇总分析和任务跟踪闭环，与计算模型汇集管理模块和服务应用管理模块进行业务协调。

①根据计算模型规范的"任务接口"定义，读取包括任务发送方信息、任务类型、处理分析内容、时间要求等在内的任务内容定义信息。

②接收处理分析任务，进行语义解析，转换为标准任务单，支持自动选取或手工辅助选取业务流程。通过任务分析，判断任务有效性，预估任务执行时间，确定优先级，并通过接口反馈给外部系统。

③支持通过混合技术框架直接创建任务，通过任务分析，预估任务执行时间，确定优先级。

④任务分析是负责任务的合法性、有效性的判定，如通过数据一体化管理模块的数据查询接口查询任务运行所需的基础数据是否存在，所需存储节点和存储空间是否够用，可分配有效计算资源是否满足时间要求等。

⑤将合法有效任务生成分析处理计划单，并下达给分析处理调度功能。

⑥通过任务调度功能实时反馈的分析处理计划执行情况，进行任务汇总分析和

任务跟踪闭环。对于计算模型汇集管理模块的任务接口，能实时反馈任务运行状态。

⑦负责实现任务信息按照任务来源、任务状态的分类展示，展示任务状态信息、进度信息、执行情况、运行日志等，支持任务运行状态的图形化界面展示，支持基于来源、类型、时间的任务检索，支持用户的任务控制（任务暂停/恢复/修改/重新执行/停止/定时执行/条件执行/刷新/删除等）。

⑧支持基于任务的原始数据、过程数据、结果数据的快速检索和浏览查看，支持矢量、影像、表格、多媒体、文档、图片的展示，支持空间数据的地图比对浏览，也支持调用入库接口对过程数据和结果数据的归档入库操作。支持对计算任务的操作，包括任务查询、任务列表刷新、任务详情查看、任务执行结果查看、任务删除等。

2）计算任务调度

为实现城市群多源异构大数据分析处理的并行化计算，计算模型汇集管理模块根据综合决策与协同服务的业务需求，参照并行调度管理规范，基于并行调度框架的开发接口，构建分布式计算任务调度功能。分布式计算任务调度框架如图 6-27 所示。

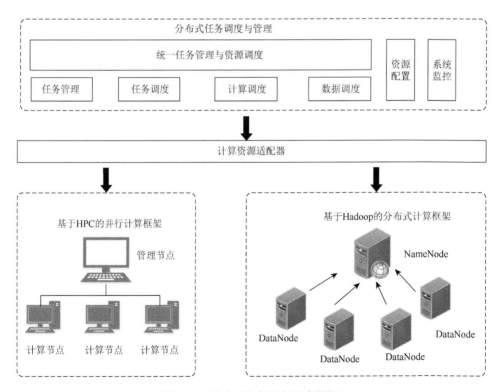

图 6-27　分布式计算任务调度框架

在部署并行调度环境的基础上，完成计算节点注册和计算模型注册发布，然后创建并启动任务，可实时查询任务进度，任务执行完成后即可获取处理结果。分布式任务调度的运行流程如图 6-28 和图 6-29 所示。

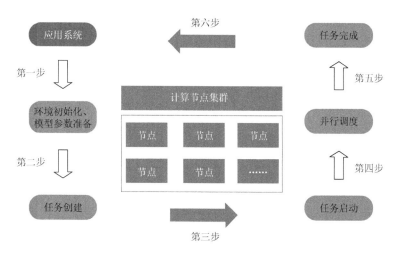

图 6-28　并行调度的运行流程图一

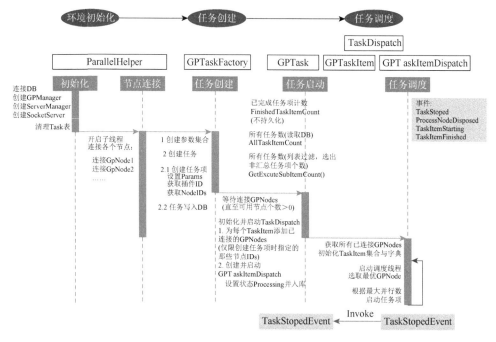

图 6-29　并行调度的运行流程图二

　　上层的城市群综合决策与协同服务无需关心如何实现复杂任务的并行调度，只需分析如何将业务需求进行分解，设计计算模型，然后进行调度处理。并行调度框架负责封装底层通信、调度算法、资源管理的复杂性，一方面可缩短应用的开发周期，另一方面可提高计算模型的复用性。

　　任务调度主要是基于并行框架实现分析处理计划分析、分析处理任务调度、分析处理任务监控、分析处理任务统计等能力。

　　分析处理计划分析负责实现分析处理计划的接受、分析，转换为内部分析处理任务，并基于规则的资源分配，进行任务的拆分；分析处理任务调度负责实现将拆分的任务分配到并行计算节点，在处理节点接受任务并调用模型执行，并负责运行过程中的日志实时记录；分析处理监控；分析处理任务统计负责资源利用率、计算模型使用频度、计算模型运行时间等统计。

　　（1）任务接受

　　校验计算模型汇集管理模块下达的分析处理计划的语法语义，判读分析处理计划单的合法性并解读计划单的格式，根据计划单的内容进行合理性判断，对于可执行的计划单反馈确认信息，不合法的计划单反馈不合法确认信息。

　　（2）任务拆分

　　分析和分解可执行的计划单，转换为内部任务，并基于计算资源分配规则，进行任务拆分，并将拆分的子任务移入等待队列，进行等待队列更新、调度队列更新、处理队列更新、完成队列管理、取消队列管理和异常队列管理 6 个阶段调度流程。

　　（3）任务分配

　　在计算集群中，根据流程顺序、优先级算法、资源使用状况等，以及任务运行情况，将等待队列中的待运行的子任务实时动态分配到并行计算处理节点上。

　　（4）任务执行

　　并行计算处理节点能及时接收分派的子任务，任务执行过程中保持与计算集群管理节点的通信，实时发送当前运行状态和运行日志。

　　（5）任务查看

　　以图形化界面展示任务运行状态，支持流程图和列表形式展现当前任务运行状态，还支持任务日志的查看，支持任务数据的实时查看。

　　（6）任务控制

　　支持任务暂停/恢复/重新执行/停止等任务控制操作。

　　（7）任务统计

　　支持计算资源利用率、模型使用频度、运行时间等统计分析。

　　3）任务运行监控

　　任务运行监控是城市群多源异构大数据计算分析的正常运行的保障。任务运行监控功能提供计算模型和相关构件和设备的工作状态、执行状态的监控，同时实现计算流程运行状态、计划执行状况等综合信息的显示（图 6-30）。

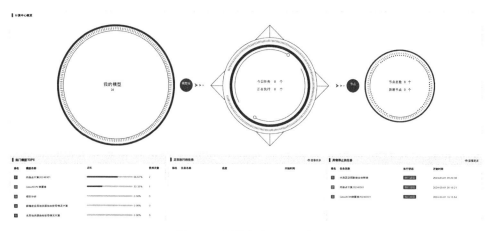

图 6-30　计算任务运行监控

具体包括以下功能：

①监控计算任务以及与计算相关的服务、应用和计算节点、设备的工作状态，并结合图形、列表等多种手段，翔实、形象地显示各计算任务及相关计算节点、设备的工作状态；

②实时采集存储节点、计算节点的运行状态信息，包括存储节点的有效存储空间、计算节点使用情况等；

③监视整个计算模型汇集管理模块的全计算流程的运行状况，以图形方式显示相应业务的执行过程和当前状态；

④异常情况的报警，包括计算集群中各计算节点、各微服务容器等运行异常情况的报警，及时发现捕获工作异常状态，排除故障，保障系统任务的顺利执行；

⑤以计算任务为中心的全业务流程的操作、任务流转、子系统运行等日志的综合管理和展现，便于管理员及时发现问题和分析问题。

6.3.3　服务应用管理模块

服务应用管理模块基于微服务应用架构技术，集成和融合 Docker 容器和 ServiceMgr 服务发布与管理能力，面向城市群多源异构大数据和综合决策与协同服务提供微服务发布与管理、应用管理、智能组装等功能，利用细粒度的微服务支撑各类服务及其应用的快速灵活搭建和稳定高效运行，全面提升一体化管理平台的开发、运维敏捷性。

1. 总体架构

服务应用管理模块由微服务中心、应用中心组成。

微服务中心提供将各类数据资源发布成服务，从而实现数据共享的功能，通过一系列标准规范描述要执行的操作和交互的数据，利用微服务进行交互的应用只需遵从相应的服务接口，而不需考虑各自的内部实现，从而极大地降低了交互应用之间的耦合度，增加了城市群综合决策与协同服务与应用的灵活性和拓展性。

基于数据一体化管理模块、计算模型汇集管理模块和微服务中心提供的数据和服务接口，应用中心利用数据可视化技术提供城市群综合决策与协同服务的应用智能装配和统一管理，发布、管理、监控各种基于 Web 服务的应用。

服务应用管理模块引入全微服务的建设思维和微服务应用架构技术，提供服务注册、服务发布、服务管理等功能，对各类基于数据的应用、服务提供微服务化，通过服务解耦和智能装配等功能实现应用定制和传统服务的微服务化。

1）微服务总体框架

服务应用管理模块的微服务总体框架如图 6-31 所示，包括服务注册、服务调用和服务管理等。服务注册和权限信息保存到元数据文件中。服务调用通过 Nginx 实现反向代理和负载均衡，由 Lua 读取元数据的配置并进行权限控制实现服务对外访问，以便在有限的服务资源条件下尽可能提供高可靠性、高响应度的网络服务。Lua 是一种简洁、轻量、可扩展的脚本语言，用于实现 Nginx 权限控制。

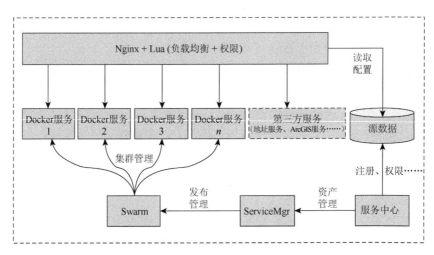

图 6-31　微服务总体框架

服务应用管理模块的微服务框架集成了 Docker 集群管理工具 Swarm 和服务发布管理工具 ServiceMgr。Swarm 一体化管理若干台 Docker 主机，并通过统一入口 Docker 主机管理各种 Docker 资源 Swarm 提供了一套高可用 Docker 集群管理的解决方案，完全支持标准的 Docker API，方便管理调度集群 Docker 容器，充分利用服务集群的主机资源。

服务应用管理模块的微服务框架支持以 Docker 容器的方式部署一系列在线共享服务，同时也支持 ArcGIS、地址服务以及其他第三方符合 OGC 规范的 Web Service 服务的注册。微服务中心的各类服务基于 Docker 实现自动化部署，以保障服务的高可用性，优化服务应用管理模块的安装部署和升级维护。

2）微服务的功能组件

微服务中心功能组件由微服务集群、服务网关、服务监控等组成，如图 6-32 所示。

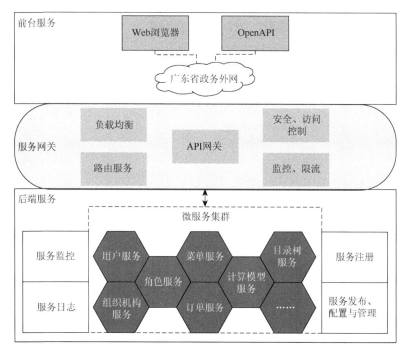

图 6-32　微服务中心功能组件

在微服务框架中，前端与后台通过广东省政务外网的统一服务网关进行交互，后端以微服务集群为核心，以服务发现与注册、配置与管理组件为支撑，以监控系统日志为辅助。微服务集群由各种类型的服务功能组件组成，包括订单服务、用户角色服务、目录树服务等。

服务网关是服务调用的唯一入口，可以在这个组件实现用户鉴权、动态路由、灰度发布、A/B 测试、负载限流等功能。

3）微服务的应用技术架构

服务应用管理模块的数据库缓存采用 Redis、Ecache；后端服务开发采用 Spring boot + Mybatis；前端采用 Vue.js、百度 echart、jquery、HTML5、BootStrap 实现。通过一系列配套组件提供底层容器管理、负载均衡、反向代理、应用管理、统计监控、日志管理等功能（图 6-33）。

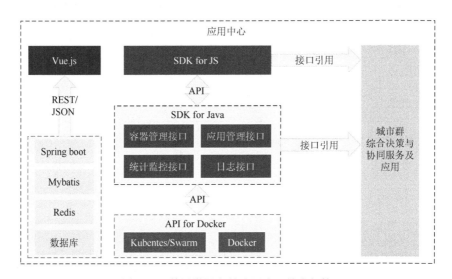

图 6-33　基于微服务的应用中心技术架构

在微服务的应用技术架构中，主框架采用 Spring boot + Mybatis，数据库连接池采用 Druid，缓存机制采用 Redis + Ecache，前端采用 Vue.js + 百度 echart + jquery + HTML5 + BootStrap。

在实施技术方面，采用 Tomcat 部署，Nginx 作为反向代理、负载均衡的集群管理，采用 Kubentes 容器编排 + Docker + Swarm 集群的方案承担应用的虚拟容器化和负载分发，实现微服务的松耦合以及各服务、应用的松耦合和独立部署。

2. 微服务中心设计

1）服务统一管理与注册

服务统一管理与注册主要通过服务目录实现。服务提供者提供服务接口或者服务地址注册到服务目录，对服务进行统一管理，服务注册内容包括基本信息和规则配置。服务目录以树结构进行展示，支持对服务目录进行新增、编辑、删除、目录上移和下移操作，并且顶级目录支持刷新操作，支持导入及导出服务目录。

对于已经注册的服务，其基本信息不允许修改，但是流量控制、跨域控制、公开控制、黑白名单是否启用配置等规则信息允许修改，修改后，代理访问即时生效。

服务目录具备统一的权限分配，可以分配用户对某个服务目录的特定访问权限。服务应用管理模块提供了组织机构管理、权限管理、授权管理、其他管理等管理功能，使得平台拥有完善的权限控制功能，从登录到操作各个环节均在平台管理人员掌控之中。在服务目录中，可以查看每个服务详情。

服务注册提供了第三方服务导入新增到服务目录的功能，把第三方服务在一体化管理平台的发布和管理纳入服务应用管理模块中。在服务注册过程中，通过服务元数据记录配置服务，包括服务细节，技术接口，拥有实体、相关政策和 XML 模式等信息，服务注册功能支持元数据的服务快速导入。

服务目录管理功能与数据目录管理功能类似。服务目录也可以分为公共目录和私有目录，公共目录对所有用户可见，由管理员管理，私有目录仅当前用户可见，由当前用户管理。私有目录可以共享给其他用户。

2）服务查询

服务应用管理模块支持通过筛选条件针对性地查询指定服务，快速精准定位。支持的查询方式包括关键字查询、代理地址起止时间查询、服务来源查询、服务类型和监控状态等多种方式。

3）服务部署

服务部署功能包括服务发布、注册、检索、编辑、更新、删除、启动、暂停、公开、共享以及查看服务详情等。服务部署支持接入各种类型的服务到服务应用管理模块，包括 GeoGlobe 服务、ArcGIS 服务、FME 服务、天地图、NewMap 以及其他符合标准 Web Service 接口的服务。

4）服务申请与授权

服务申请为在线订购要使用的服务，支持用户以网络购物的形式实现对服务的申请和订阅。服务加入购物车后，选择需要申请的服务（支持全选进行服务申请），即可提交服务申请。服务发布时可以由服务提供者提供代理服务地址，并且经过服务提供者授权才能被正常访问。服务授权功能可以对已发布成功的服务进行访问权限控制，可以批量授权并自动规避发布失败的服务。

服务授权提供对服务的权限控制和授权对象的管理，授权方式有用户授权、组织机构授权、应用授权和自定义授权，满足各种授权场景的需求。

用户授权：基于用户认证进行授权，主要针对服务的权限操作，包括添加、编辑、删除授权等能力。

组织机构授权：基于用户认证的组织机构模块，并对组织机构添加对应的 IP 信息，各个组织机构的 IP 信息不能重合。组织机构的核心是 IP 的集合，组织机构的添加是由用户认证控制，此处只针对组织机构和 IP 的关联配置。

应用授权：应用授权对象主要是 Web 应用，在授权过程中为应用授权提供对象支持。把应用相关信息添加的服务网关作为授权对象，为该应用对象授权后，服务应用管理模块可以直接调用对应授权的服务。

自定义授权：第三方授权对象主要是基于当用户注册的服务是通过其他平台授权而来，同时其他授权平台也会提供授权的 token，用户在不想维护多个授权 token 的情况下，可以把其他平台的授权 token 注册到服务网关中，进行统一的管理和使用。第三方授权对象录入服务网关，服务网关可以为第三方授权对象进行对应的授权操作。

系统还可以通过配置 IP 黑名单和白名单来实现对访客身份的识别和过滤，从而限制访问服务网关的用户，提升服务网关的安全性。

IP 黑名单：黑名单内的 IP 均无法访问当前资源。如果 IP 被加入黑名单，该 IP 的请求仍可以访问服务网关节点，但是会被服务网关拒绝访问返回 403，服务网关日志中仍会记录这些黑名单中的 IP 请求记录。

IP 白名单：只有白名单内的 IP 能访问当前资源，白名单以外的 IP 只有通过授权才能访问资源。

5）服务监控

服务监控通过监控图表（列表）方式展示所有已发布的服务，以及其访问量、访问总次数及访问总流量等监控数据，实现对已发布服务进行监控。

服务监控包括对访问的监控分析和预警管理，访问分析分为服务监控分析、用户监控分析、访问 IP 监控分析。

服务监控分析包括今日服务被访问次数和今日访问的流程，今日访问次数包括每小时的总次数、成功次数和失败次数；今日访问流量包括每小时的入流程和出流量。

在监控的过程中，服务发生异常后，进行预警信息发送是一种重要保障手段。而各种信息繁多，我们需要针对性的定义规则，才能抓住用户最紧要的需求，更贴合用户的应用实际。

服务监控规则提供了灵活的规则管理，可支持添加、编辑和删除规则的操作。系统可配置的规则包括通知对象、预警项目、监控频率和频率单位。通知对象是当满足预警规则时，需要为那个对象发送预警信息。预警项目是来源于预警项中的信息。监控频率和频率单位是当服务异常信息满足勾选的预警项时设置消息发送的频次。编制好规则之后，产生的预警信息，准确地通知到所需对象是下一步重要环节。

服务监控提供了预警对象管理功能，主要是配置预警信息需要发送的对象，并对通知对象进行操作。另外在对象发生一定变化时，还能编辑和删除指定对象。预警类型包括服务状态码和授权状态码。服务状态码采用 HTTP 的状态码，授权状态码参考服务网关 API 文档，各种类型的授权状态码对应不同的异常信息。

6）服务代理-负载均衡

服务应用管理模块采用 Nginx 提供多种负载均衡策略。

①轮询策略：将每个请求按时间顺序逐一分配到不同的后端服务器，如果后端服务器意外停止响应则将其自动剔除；

②权重分配策略：在后端服务器性能不对等的情况下，根据访问比率指定轮询概率；

③IP 散列策略：根据每个请求对应的客户端 IP 的散列值分配对应的后端服务器，使来自特定客户端的请求尽可能由同一个后端服务器提供；

④响应度策略：按后端服务器的响应时间来分配请求，响应时间短的优先分配。基于上述策略，微服务功能组提供了不同层次上的负载均衡能力，并最大限度保证了对用户请求的高效、稳定响应。

7）服务代理-安全控制

采用反向代理机制提供服务，通过服务代理地址与用户信息相关 IP 来实现服务授权管理控制。服务支持 IP、访问用户、应用系统、组织机构、访问次数、访问时间、属性、地理范围等多种授权方式。

服务器根据客户端的请求，从其关联的一组或多组后端服务器上获取资源，然后再将这些资源返回给客户端，客户端只会得知反向代理的 IP 地址，而不知道在代理服务器后面的服务器簇的存在。

该机制能够让互联网上的主机通过不同的域名访问不同的内部网主机资源，使内部网主机免受外部网主机攻击。一体化管理平台通过生成的代理地址来实现权限控制，从而极大地保障了数据访问的安全性。

8）服务代理-流量控制

借助 Nginx 的流量控制能力可保证服务的高可用性。Nginx 的流量控制是通过漏桶算法实现的。

参考漏桶算法的原理，水（请求 Request）先进入漏桶里，漏桶以一定的速度出水，当水流入速度过大时会直接溢出，漏桶算法通过强行限制数据的传输速率处理带宽有限时的突发情况，分配各服务器的处理压力。

借助流量控制可以限制用户在给定时间内发出 HTTP 请求的数量，也可以用作安全的目的，如减慢暴力密码破解的速率等。通过将传入请求的速率限制为真实用户的典型值，并标识目标 URL 地址，还可以用来抵御 DDoS 攻击。最常见的情况是该功能被用来保护上游应用服务器不会被太多用户的同时请求所压垮。

3. 服务内容设计

服务应用管理模块提供数据服务、GIS 服务、计算模型服务、图谱分析服务、聚合分析服务和实时数据服务、统一管理服务的发布、注册、监控等，同时支持第三方服务的注册，并通过服务代理统一对外提供服务，实现综合决策与协同服务的集成管理。

此外，服务应用管理模块将一体化管理平台中具有基础性支撑的功能打包形成服务。

1）数据服务

数据服务包括数据透视服务、数据查询服务、数据搜索服务 3 种（表 6-2）。

表 6-2　数据服务类型

服务类型	概述
数据透视服务	提供对数据一体化管理模块目录信息查询以及对目录下的数据集中数据进行查询和分析的功能，获取查询集中的数据支持行过滤和列过滤。 分析接口根据数据集名来创建 cube，通过多维分析表达式 MDX 执行查询，以多维的方式对数据的结果进行展示。支持对二维表数据的查询。
数据查询服务（DQS）	以 Web Service 形式提供查询已注册数据源中数据表或视图的元信息以及数据的功能。支持对二维表数据和视图的查询。 注：DQS 同时在服务应用管理模块和运维管理模块发布。
数据搜索服务	提供搜索和分析统计数据的接口。通过数据搜索服务从多源异构大数据中快速查询和统计要素。克服了传统数据服务体系对于普通关系数据库进行查询和统计时，随数据量增长而处理速度缓慢甚至无法得到结果的"瓶颈效应"。支持属性过滤和空间过滤，支持扁平、嵌套结构及混合结构的数据，还可自定义查询语句，具有良好的扩展性和适应性。

2）GIS 服务

GIS 服务包括地图服务、要素编辑服务、空间处理服务、矢量瓦片服务、字体库服务、专题图服务、路径分析服务、空间分析服务、地理统计服务等，如表 6-3 所示。

表 6-3　GIS 服务类型

服务类型	概述
地图服务	遵循 OGC Map Service 规范，通过读取数据和地图定义文件方式，展示地理空间信息数据。地图服务通过 REST 接口协议实现。
Web 要素服务（WFS）	遵循 OGC 的 WFS1.0.0、1.1.0 规范，该服务返回要素级的 GML 编码。 允许用户终端从多个 Web 要素服务中取得使用地理标记语言（GML）编码的地理空间数据。
Web 切片地图服务（WMTS）	遵循 OGC WMTS1.0.0 规范，提供一种采用预定义图块方法发布数字地图服务的标准化解决方案。 可根据具有地理空间位置信息的数据制作地图，向终端用户提供分级的电子地图数据。通过该服务可以返回指定图层在金字塔某层、某行、某列的一个瓦片影像，可以返回请求图层对应的层级和矩形范围内的时相版本信息，可以返回请求图层对应的版本名称的时相版本信息，可针对热区瓦片数据获取图标数据和图例。
Web 覆盖服务（WCS）	遵循 OGC 的 WCS1.0.0、1.1.0、1.1.2 规范。 该服务面向空间影像数据，将包含地理位置值的地理空间数据作为"覆盖"（coverage）通过网络相互交换。 通过 WCS 可以获取覆盖层的完全描述和覆盖层。

服务类型	概述
瓦片数据服务（TDS）	通过应用终端的请求，把地形的瓦片数据按照应用终端的需要返回给应用终端。当应用终端提交请求时，会带有缓存时间戳信息，瓦片数据服务会根据时间信息验证缓存的有效性，当缓存有效时，不传递数据；当缓存无效时，会传递最新数据下载地址给用户终端，通知其下载最新数据。 TDS 能够提供所发布数据集的相关信息，如数据集地理范围、瓦片分块规则信息等。
Web 要素编辑服务（WFS-T）	遵循 OGC 的 WFS1.0.0 规范，该服务返回要素级的 GML 编码，并提供对要素数据的新增、修改、删除等操作。Web 要素编辑服务实现了 Web 要素服务的扩展接口。客户端可执行查询操作以获取要素，并执行相应的编辑操作。
空间处理服务（WPS）	面向空间数据，遵循 OGC 的 WPS1.0.0 规范，WPS 将包含地理位置值的地理空间数据作为处理对象，进行一系列的空间几何关系分析操作。
矢量瓦片服务	通过 Protocol Buffers 二进制格式的矢量瓦片数据，Geo 矢量瓦片服务支持客户端绘制渲染，也支持服务端渲染，兼容 OGC 的 WMTS 服务。
字体库服务（Font Library Service）	支持 Web 端使用矢量瓦片服务绘制自定义的字体格式，为地图、影像等提供文字标注。
专题图服务	用于发布预配置的统计专题图，提供返回图片和制图信息的接口，支持服务端绘制和客户端绘制两种模式。
空间分析服务	支持数据的叠置、缓冲区等空间分析操作，在服务端分析之后把结果信息返回给客户端。空间分析执行期间可以取消分析任务，也可以获取任务执行的状态。分析任务执行完后数据入库保存，可以过滤得到查询结果集，最后可以清理分析的结果集。
地理统计服务	以区域化变量为基础，借助变异函数，研究既具有随机性又具有结构性，或空间相关性和依赖性的自然现象。可用于对具有空间相关性和依赖性的数据进行分析研究，对这些数据进行最优无偏内插估计，或模拟这些数据的离散性、波动性。地理统计分析可通过克隆、极点、格网和采样等简化方法以及反距离加权、线性等插值方法实现，分析结果可以以文本或图的形式返回。

3）计算模型服务

计算模型服务提供快速执行模型的接口，如图 6-34 所示。模型服务以 HTTP 为基础，根据具体业务设置参数并传入模型，然后通过调用服务即可执行模型（无需创建任务），最终得到模型的计算结果。

根据模型计算花费时间的长短可以按异步和同步两种方式执行。执行期间可以随时中止，也可以获取模型执行的状态，包括执行的起止时间、执行状态、执行结果和执行日志。当模型计算需要很长时间完成时，建议采用异步执行方式。当模型计算可以在短时间内完成时，建议采用同步执行方式。

4）聚合分析服务

传统数据服务体系对于普通关系数据库进行查询和统计时，随数据量增长而处理速度缓慢，甚至无法得到结果。

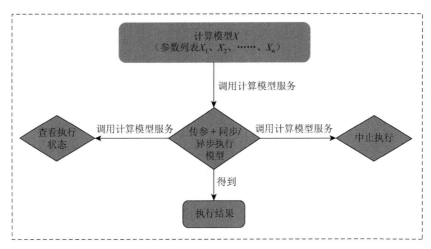

图6-34 计算模型服务的调用原理

聚合分析服务提供了属性和空间聚合分析的接口，从多源异构大数据中分组统计个数、属性的最大值、最小值、平均值和总和，还可以进行网格聚合，实现高效地统计分析数据，及时地获取数据在空间上的分布情况（图6-35）。

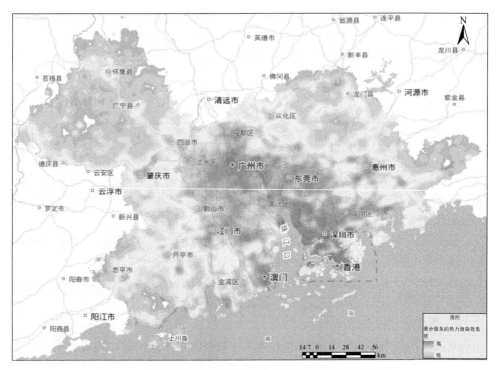

图6-35 聚合分析服务的热力渲染效果示意图（后附彩图）

本图的背景底图和注记来自天地图的矢量电子地图和注记服务

5）实时流数据服务

实时流数据服务包括实时流数据接入服务和实时流数据应用服务。

实时流数据接入服务提供了单条和批量接入实时流数据的能力。单条接入保障了数据的实时性，而批量接入适用于离线数据或对实时性要求不高的场景，用户可根据业务场景灵活选择。

实时流数据应用服务提供了快速精准检索观测对象、实时观测数据、历史观测数据、传感器、预警规则和预警信息，以及聚合统计观测数据的能力（图6-36）。

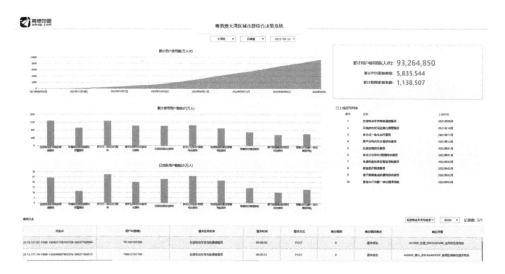

图 6-36 实时流数据服务样例（后附彩图）

图片来源：高德云图

6）图谱分析服务

城市群的国土空间、人口、交通、环境、产业、基础设施、公共服务等领域跨业务的综合决策与协同分析形成了一系列庞大而错综复杂的关系网。处理数据之间的关系随着数据量的急剧增加而快速增长。一体化管理平台关联数据中的联系本来就很复杂，若要在关系数据库中使用结构化形式来表现这种联系，则一般不能直接表示，处理起来既烦琐又费事，并且随着数据的不断增长，其访问性能将日趋下降。

传统数据库很难处理关系运算，图数据库应运而生。图谱分析服务（LNS）基于图数据库提供了对关系网络的一系列操作，包括增加、删除、更新节点、节点属性、关系、关系属性和关系网络的元信息，可以方便地查询和分析实体的关系，从而发挥图数据库在描述、存储和查询关系时的天生优势（图6-37）。

图 6-37　通过图谱网络表达关系的示意图

7）统一用户认证

统一用户认证与权限管理，确保用户只需要注册登录一次就可以使用一体化管理平台中权限允许的各平台和功能模块，使用权限允许范围内的资源。

对用户的统一管理，一方面用户在访问各个应用时无需多次注册登录，既给用户的使用带来方便，也为各应用节约资源，避免各个应用分散管理造成的数据冗余，另一方面也为城市群综合决策与协同服务的应用开发提供方便。

8）统一消息管理

统一消息管理提供消息推送机制，为一体化管理平台与各功能模块之间提供业务通信和消息传送机制。

消息推送机制支持一体化管理平台、数据一体化管理模块与各功能模块之间的耦合，以及数据订阅-数据推送服务。

9）统一服务工作流及表单

服务应用管理模块结合服务接口规范，提供统一服务工作流及表单开发组件，保障城市群综合决策与协同服务和应用业务开发的一致性。

4. 应用中心设计

应用中心整体采用微服务架构概念，基于云容器支持应用的智能装配，提供应用的集中发布、管理、统计与监控等功能，装载丰富的多样化的应用，支撑城市群综合决策和跨城市、跨领域、跨业务不同层次的协同服务与应用需求。

1）应用管理与注册

在服务应用管理模块中,应用管理与注册通过应用市场作为应用载体来实现。应用市场提供应用门户、应用发布、应用编辑、应用卸载等功能。

（1）应用门户

应用门户面向城市群综合决策与协同服务的所有应用程序提供应用工具访问的使用入口,显示应用描述、访问量、版本等信息（图6-38）。

图 6-38　应用门户 UI 示例（后附彩图）

（2）应用发布

应用发布提供应用注册、共享、发布管理等功能。

应用提供者基于一体化管理平台的应用开发模板进行二次开发,与配套的二次开发安全证书打包形成应用包,然后将应用包上传到应用中心,应用中心解析识别应用包中相关信息后即可注册到应用中心,并共享到应用门户（图6-39）。

应用包解析与检验规则如下:

①可执行文件检索（拒绝非 Java Web 项目的可执行文件）;

②敏感字检索（根据策略自动拒绝或屏蔽敏感关键字）;

③文件目录及安全证书检索（检查文件目录结构是否合法、检索安全证书是否合法）。

（3）应用编辑

应用编辑提供应用的整包更新,以及已共享的应用的元数据编辑功能。

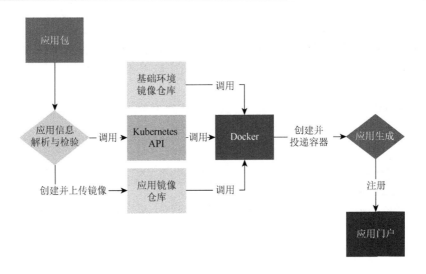

图 6-39 应用发布流程图

元数据编辑只能修改应用在应用超市的元信息，更改后立即生效，不会影响该应用原有的运行、发布状态，应用对应的容器也不会发生变化，但无法修改应用包的内容。如果需要修改应用包中的内容，必须通过整包更新，更新应用镜像仓库以及应用的版本号，且需要重启容器内的 Tomcat，实现应用的版本升级。

（4）应用卸载

应用卸载提供应用超市卸载（只删除在应用超市中的信息，软删除）和所属容器卸载（硬删除）的功能（图 6-40）。

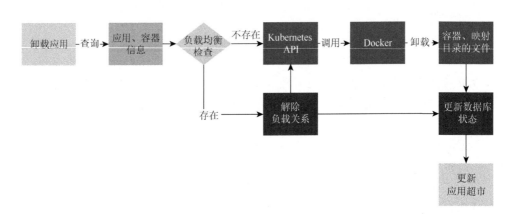

图 6-40 应用卸载流程图

硬卸载必须先卸载容器，再更新应用超市的元信息，否则将会丢失应用信息与应用所属容器之间的链接关系。为了避免误操作，应用超市的保管机制会设置应用镜像仓库保留应用包一段时间，通过定期任务清理无效应用包。

2）智能装配

智能装配工具使一体化管理平台用户在无需任何硬件、软件环境投入的情况下，根据需求搭建城市群综合决策与协同服务的应用。

用户通过智能装配工具调用数据一体化管理模块、计算模型汇集管理模块和服务应用管理模块的各种资源，设置应用的标题、底图、数据等信息，即可在线生成个性化的在线应用，为各部门在现有资源和工具基础上的城市群综合决策与协同服务的应用定制需求。

智能装配工具支持框架、页面、菜单、控件、工具条、数据服务等应用内容的个性化自定义，提供应用定制装配功能。

智能装配包括应用装配、服务智能匹配、应用浏览、自定义添加服务、底图方案配置、专题地图配置、专题图表配置。

（1）应用装配

应用装配工具可配置不同的模板和组件，支持样式自定义、数据源自定义，支持页面布局配置化、可视化，即所见即所得的配置方式，选择底图服务方案、专题服务方案、界面模板以及功能组合形成新的应用，大大减轻了搭建应用程序的难度。

（2）服务智能匹配

在组装配置服务时，智能装配工具根据用户的使用习惯自动匹配相关资源，数据搜集来源于该用户曾经注册、订阅、收藏以及浏览过的资源等。

服务智能匹配工具充分体现了智能装配的智能性，省去了用户每次组装配置信息时查找和手动添加相关服务信息的步骤。

（3）应用浏览

用于浏览用户定制的新应用。

（4）自定义添加服务

用户根据业务需要自定义添加所需服务，包括基础地图服务（WMTS、WMS、VTS 等）和专题方案服务（专题服务、图表可视化服务，以及要素查询服务），解析服务信息并在地图上进行渲染。

（5）底图方案配置

底图方案配置工具为智能装配提供基础底图配置方案的功能，输入为地图服务，输出底图方案文件。

底图方案配置流程包括目录树创建、服务添加、底图渲染，最后生成方案文件导出等步骤，如图 6-41 所示。

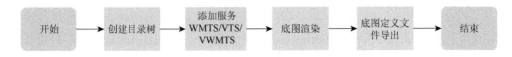

图 6-41　底图方案配置流程

（6）专题地图配置

专题地图配置为智能装配提供快速配置专题地图，以及地图服务地址输出功能（图 6-42）。

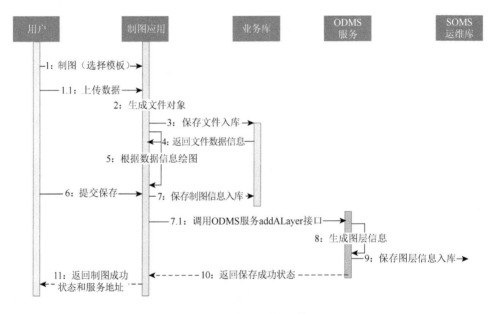

图 6-42　专题地图配置流程

一体化管理平台用户通过专题地图服务查询预览专题地图或二次开发应用，满足快速专题地图的应用需求。专题地图配置提供丰富的地图模板，例如统计地图（饼图、柱图、折线图、水滴图、分段饼图、分段柱图）、业务地图（点标绘、线标绘、面标绘、综合型）、热力图等，功能丰富，使用简单。

（7）专题图表配置

专题图表配置为智能装配提供统计图表制作，以及将其成果生成 DQS 服务地址导出的功能，可通过 DQS 实现数据可视化展示（图 6-43）。

专题图表配置提供丰富的图表模板，例如饼图、柱图、折线图、散点图、雷达图、复合型图表等。

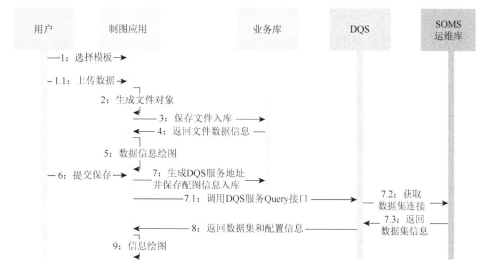

图 6-43　专题图表配置流程

6.3.4　运维管理模块

运维管理模块提供数据资源、计算资源、服务应用发布与共享的运维管理功能。

1. 数据存储与管理监控

1）数据资源监控

数据存储与管理监控主要关注可用状态、性能指标和空间容量三个方面。

可用状态包括数据库是否能正常访问、特定进程或服务状态；性能指标包括连接数、缓存读取命中率、缓存写入命中率、死锁数量、回滚数量等；空间容量包括表空间和数据文件的容量、状态和使用率、数据库碎片比率等。

以关系数据库为例，重点监控以下指标：后台进程状态（SMON、PMON、DBWn、LGWR、CKPT 等）；PGA 状况（内存占用比、PGA 使用率、PGA 命中率）；SGA 状况（buffer cache 命中率、库缓存命中率、数据字典命中率、共享池命中率、回滚段争用比）；表空间利用率；日志使用情况。

2）数据资产分析

按数据类型、目录结构、时间周期和数据源等方式查看当前注册资源的统计信息，能够分析各类数据资产所占的数量和容量，并支持可扩展统计方式。

2. 计算资源运维管理

城市群多源异构大数据具有数据量巨大、数据标准不统一、数据结构复杂等特点，需要提供一系列计算分析才能提取出符合标准的有效数据，从而进行分析和计算。计算模型汇集管理模块作为多源异构大数据计算分析的关键模块，提供诸如统计分析、空间分析、自然语言处理、机器学习等丰富算子库，通过构建业务模型进行计算定制和计算，涉及的计算任务和计算节点庞大且众多，急需一套运维管理的机制和工具协调均衡计算任务需求与计算资源之间的关系，保障计算的稳定有效运行。

1）计算资源监控

计算资源监控工具实时监控计算任务执行状态，可直观地监控管理各计算任务的执行情况，如任务总数、正在执行的任务数量及列表、执行进度、是否异常等信息。若发现计算任务异常，系统将及时发出警告信息。

2）计算节点管理

计算节点管理可将计算节点按照节点组和主机进行分组管理，用户在计算节点管理的页面查看节点状态，了解各个节点运行状态，并对节点进行新增、删除、启动、停止、重启等操作，以及监控 CPU、内存、IO 等运行指标。

3. 服务资源运维管理

为一体化管理平台的各种服务资源提供运营与管理，包括发布、管理、监控各种 Web 服务，并统一控制服务权限。服务应用管理模块通过生成的服务代理地址实现负载均衡、权限控制，以及服务监控。

4. 综合监控

统一监控管理一体化管理平台的系统资源，可设置监控预警阈值，当超过阈值时将告警。综合监控虚拟机、数据库、服务以及 Spark 节点的状态，对主机资源层、中间件层、应用层的核心指标项进行统一监控，以及为一体化管理平台各功能模块、资源使用提供管理支持。

1）数据库监控

数据库监控功能提供对达梦、PostgreSQL、MongoDB 等多源异构数据库状态的监控，及时了解数据库服务器的状态，支持监控内存使用情况、数据库每秒增/删/改/查的操作数量、每秒发送和接收字节数等数据库服务器的性能指标。

数据库的监控状态分为异常、繁忙、正常、未知监控，当监控状态为异常或者繁忙时需要特别关注，及时进行调整。

2）中间件监控

中间件监控功能提供对 Tomcat、WebLogic 等中间件资源状态的监控，监控 Tomcat、WebLogic 中间件的服务器状态、端口、JVM 性能、应用程序运行状态等指标，支撑一体化管理平台集成、部署、运行的稳定性。

3）应用监控

监控一体化管理平台运营管理及其相关联的应用进行，并可将多种监控类型添加为应用资源，通过可视化的性能监测指标能够洞悉应用系统的运行状况，如 CPU 平均负载、CPU 使用率、内存使用情况、进程总数、运行的进程总数、磁盘使用情况和空闲情况等。支持监控操作系统的进程，判断其所使用的资源比例和健康状况，监控基础应用服务的核心端口、HTTP、FTP、POP3、SMTP、DNS、NTP 等服务可用性和响应时间。实现对各应用的统一、全面监控，可在故障前主动预警，有效规避应用运行过程中的潜在风险。

6.4　接口与开放规范体系设计

6.4.1　接口设计

一体化管理平台对外设计了两种类型的接口，一是接入数据、模型、算子、服务和应用资源，二是提供数据、模型、算子、服务和应用资源。

一体化管理平台内部接口主要包括数据一体化管理模块、计算模型汇集管理模块、服务应用管理模块之间的接口，接口参数包括数据、模型、算子、服务和应用资源。接口方式包括 API、Web Service、微服务方式。接口关系设计如表 6-4 所示。

表 6-4　一体化管理平台的接口关系设计

输入	输出	接口名称	接口形式	备注
一体化管理平台	特定用户	一体化管理平台数据/数据服务/数据应用微服务	数据 API、数据服务、微服务	一体化管理平台数据共享规范、数据服务接口规范
		一体化管理平台模型/计算服务/分析应用微服务	模型插件、计算服务、微服务	算子/插件开发规范、处理服务接口规范
		一体化管理平台应用	微服务	
特定用户	一体化管理平台	外部数据/数据服务/数据应用微服务	数据 API、数据服务、微服务	一体化管理平台数据接入规范、数据服务接口规范
		外部模型/计算服务/分析应用微服务	模型插件、计算服务、微服务	算子/插件开发规范、处理服务接口规范
		外部应用	微服务	

输入	输出	接口名称	接口形式	备注
数据一体化管理模块	计算模型汇集管理模块	模型输入数据/数据API/数据服务	数据库连接、数据API、数据服务	
	服务应用管理模块	服务输入数据/数据API/数据服务	数据库连接、数据API、数据服务	
	运维管理模块	运维输入数据	数据库连接	
计算模型汇集管理模块	服务应用管理模块	服务输入模型	算子、模型插件、模型服务、微服务	
	运维管理模块	运维输入模型	算子、模型插件、模型服务	
	数据一体化管理模块	模型输出数据	数据文件	
服务应用管理模块	数据一体化管理模块	服务输出数据	数据文件	
	运维管理模块	运维输入服务	服务API	
运维管理模块	数据一体化管理模块	数据运维	数据文件	
	服务应用管理模块	服务运维	服务API	

6.4.2　二次开发体系

为满足开发性、扩展性和第三方开发者对大数据应用的个性化需求，一体化管理平台提供丰富的二次开发接口以及相应的二次开发文档，帮助特定用户方便快捷地定制满足业务需求的综合决策与协同服务和应用。一体化管理平台提供元数据扩展、自定义算法插件、自定义服务、数据接口和管理接口等二次开发能力。

1. 元数据扩展

一体化管理平台提供基于元数据描述的数据扩展和服务扩展能力，数据一体化管理模块、服务应用管理模块具备支持基于元信息动态扩展数据类型和服务类型的能力。特定用户可以通过一体化管理平台提供的元数据新增界面或者调用 REST API 接口，指定名称、标识、类型等信息来扩展元信息。

2. 自定义算法插件

计算模型设计器提供插件式的组件管理机制，特定用户可通过二次开发接口进行扩展开发，并以插件的方式集成到计算模型汇集管理模块的计算模型设计器中。算法插件的二次开发流程如图 6-44 所示。

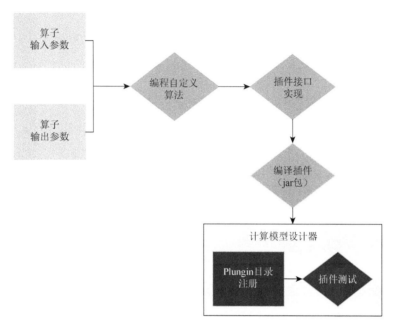

图 6-44　算法插件二次开发流程

其中，自定义算子需要实现的四个接口为：

①StepDialogInterface：算子图形界面的定义；

②StepDataInterface：用来存储步骤的临时数据；

③StepInterface：实际要执行的业务逻辑；

④StepMetaInterface：用于保存用户设置的元信息和输出字段的名称。

3. 自定义服务

开发者可基于一体化管理平台服务接口规范开发自定义服务。通过服务应用管理模块可自定义服务注册、发布，并扩展集成到一体化管理平台中。

4. 数据接口

开发者可基于一体化管理平台数据接入基本要求和数据接口实现自定义数据

开发，将采集、存储的扩展数据类型集成到一体化管理平台中。数据接口遵循HTTP，以 KVP、REST 方式对外提供，各类应用开发人员可以调用一体化管理平台提供的数据接口快速开发大数据应用，通过数据驱动业务发展。

5. 管理接口

开发者可以使用管理接口在运维管理模块中定制功能，或者开发独立的管理应用程序。管理接口以 REST 接口的形式对外提供。

第7章 基于国土空间规划"一张图"
系统的应用实践

广东省国土空间规划"一张图"实施监督信息系统（以下简称国土空间规划"一张图"系统）部署在广东省"数字政府"政务云平台，为省市县三级用户提供系统服务，系统基于 SpringCloud 微服务架构进行构建，可以根据城市群协同发展需求，聚焦空间资源优化利用、城市群协同发展评估、基础设施与重大项目优化配置、规划实施动态监测、生态保护与修复等方面的综合决策与协同服务应用场景，在国土空间规划"一张图"系统上重构服务化体系，支撑城市群协同发展。本章参照大湾区城市群协同发展场景设计方案，研发相应功能模块并集成到国土空间规划"一张图"系统，以"粤政图"和城市群综合数据一体化管理平台为数据支撑，在大湾区九市开展应用实践。

7.1 国土空间规划"一张图"系统

为贯彻《中共中央 国务院关于建立国土空间规划体系并监督实施的若干意见》精神，落实《自然资源部办公厅关于开展国土空间规划"一张图"建设和现状评估工作的通知》《自然资源部办公厅关于加强国土空间规划监督管理的通知》《国土空间规划"一张图"实施监督信息系统技术规范》等关于规划全过程管理、全方位监督、全程留痕的具体要求，作为国土空间规划"一张图"系统建设的 5 个试点省之一，广东省印发《广东省人民政府关于加快推进全省国土空间规划工作的通知》《广东省国土空间规划"一张图"建设工作方案》等文件，按照广东省"数字政府"改革建设和"一网统管"的工作部署，采用"全省统筹，分类实施"的方式，基于省"数字政府"政务云平台，并依托覆盖"省-市-县-镇"四级的政务外网，搭建一套上下贯通、横向连通、符合网络安全要求的省市县三级联动的国土空间规划"一张图"系统。

7.1.1 系统特点

国土空间规划"一张图"系统以满足国家要求为前提，构建了规划"一张图"应用、规划分析评价、成果审查与管理、监测评估预警、资源环境承载能力监测预警、指标模型管理 6 项系统基本功能，支撑各级各类国土空间规划编制审批、实施监督全过程。此外，结合广东省实际工作，以用促建对国土空间规划"一张图"系统功能进行拓展，为过渡期间规划实施管理和用途管制提供支撑。一是加强三维地形数据的应用，实现二三维一体化数据分析与直观展示。二是强化系统实用性，增加建设用地指标台账管理、规划实施体检诊断、地块全生命周期查询、增减挂钩和规划修改分析、永久基本农田占补分析等功能。三是加强数据共享和业务协同，设计相邻县（区）规划数据共享机制。四是采用线上线下同步、内业外业关联监测的模式，辅助国土空间用途管制全方位动态监测与展示。五是系统满足规划成果（指标）数字化在线填报，支持现状评估、体检评估、规划成果分阶段上报汇交，推进规划成果闭环、全程留痕管理。

7.1.2 系统运行情况

国土空间规划"一张图"系统部署在"数字政府"政务云平台和政务外网，系统运行数据均脱密处理为政务版，系统融合汇聚了涵盖土地、矿产、海洋、自然保护区，以及遥感影像、三维白模、交通、水利等各类，涉及基础地理、现状调查、空间规划、管理审批、监测监管等数据服务 700 多项，已载入六普、七普等多年度的人口，以及社会、经济等综合统计数据，形成覆盖全域、三维立体、权威统一的国土空间数字化"底板"。2020 年 12 月系统上线运行以来，拥有稳定的政务用户群体，用户覆盖省市县三级自然资源部门、省文化和旅游厅、交通运输厅、水利厅以及各类开发园区等 300 余个单位，1000 多个账号。

7.2 系统总体设计

国土空间规划"一张图"系统按照高质量高标准的要求，进行顶层设计，依托现有平台进行资源重构，通过构建数字模型、空间规划体系重构规划空间关系、生产关系及社会关系。以问题导向和技术领跑的思维，站在更高的起点来做智慧规划，以大数据战略、人工智能战略来构建生态文明建设，一体化动态规划设计治理，通过时空结合和场景化等策略，逐步形成数据精准化、业务协同化、监管全程化、预警实时化、决策科学化、服务一体化的国土空间规划"一张图"系统，助力"一张蓝图管到底"和空间治理能力现代化的智慧国土空间规划，逐步实现从传统规划向可感知、能学习、善治理和自适应的智慧型生态规划转变。

7.2.1 设计原则

国土空间规划"一张图"系统建设过程中严格遵循软件工程和系统工程的要

求,以"实用、高效、先进、可靠、安全"为基本准则,建立"规范、安全、开放"的信息化平台。按照要求,国土空间规划"一张图"系统在设计上,遵循以下几方面的原则。

1. 总体设计和分步实施的原则

国土空间规划"一张图"系统是广东省自然资源厅"一网一库一平台 N 应用"自然资源信息化体系规划下的一个重要组成部分,随着国土空间规划需求的变化和技术的发展,系统需要不断升级完善。因此,在进行系统设计时,采取总体设计、分步实施的原则,以保证项目建设的连续性,避免重复建设和返工所造成的损失。

2. 先进性和实用性原则

国土空间规划"一张图"系统的设计结合实际,充分考虑技术路线的先进性和实用性,采用成熟的先进技术,软件、数据库及软件平台支撑工具均采用先进稳定的、能满足海量数据存储与管理的主流产品,系统结构合理,数据处理速度快、冗余性强、实用性强,保证了架构的先进性和可操作性。

3. 开放性原则

国土空间规划"一张图"系统作为国土空间规划成果数据共享的一部分,系统的开放性是重中之重,必须考虑其向后的兼容性,以及数据、功能的可阅读性和访问性。系统在运行环境的软、硬件平台选择上要符合工业标准,具有良好的兼容性和可扩充性,能够较为容易地实现系统的升级和扩充。系统提供矢量化、数字测绘及数据转换等多种数据输入方式,支持国家及行业 GIS 标准数据交换格式,输出可采用图形、数据表格及图形数据结合的多种输出方式,同时还能在将来与其他系统进行信息交换,具有扩展能力。

4. 标准化和规范性原则

标准化是信息系统建设的基础,也是系统与其他系统兼容的和进一步扩充的根本保证。系统设计和数据的规范性和标准化是各模块间可正常运行的保证,是系统开放性和数据共享的需要。国土空间规划"一张图"系统建设符合国家标准和行业标准,可直接调用实现资源共享,同时还根据需要制定了自己的地方标准,保证系统整体的协调性和兼容性。系统设计采用"动态体系设计法",严格按照软件工程的一系列基本步骤(可行性论证、用户需求、初步设计、详细设计、项目实施计划、系统测试、系统试运行、系统验收)合理规范工程的实施过程。

5. 安全性和保密性原则

安全性是数据能共享和发布的基石,要保证在经国家相关部门认可的安全的环境下共享空间数据。国土空间规划"一张图"系统的网络配置和软件系统充分考虑数据的保密与安全,多用户任务实时操作,能够对用户权限进行严格的设定,确保网络安全可靠地运行。系统的安全和保密内容包括:①可访问性:未经授权,用户不得对数据进行访问;②完整性:未经授权,用户不得对数据进行篡改甚至删除;③不可否认性:用户一旦对数据进行了修改,就不能事后否认;④数据保护和有效的安全性。

6. 可靠性和稳定性原则

国土空间规划"一张图"系统设计结构合理,系统运行稳定可靠,包含正确性、健壮性两个方面。一方面,系统在提交前应该经过反复测试,保证系统长期的正常运转;另一方面,系统必须有足够的健壮性,在发生意外的软、硬件故障等情况下,能够很好地处理并给出错误报告,并且能够得到及时的恢复。

7.2.2　建设模式和框架

1. 建设模式

结合广东省各地市经济发展不平衡、信息化水平存在较大差异的实际情况,国土空间规划"一张图"系统采用的是"全省统筹,分类实施"建设方式。

全省统筹是指由省里统一开发建设涵盖国家要求、满足省里管理需求的系统,系统功能涵盖全省国土空间规划成果检查、成果汇交、实施评估、监测预警等国土空间规划全过程,可供省级和市县使用,为建立全省国土空间规划体系并监督实施提供技术支撑。

分类实施是指信息化水平不高、自建本级系统能力和意愿不强的地区,可直接使用省级统筹建设的市县级国土空间规划"一张图"系统基础版,可满足市县报批国土空间规划需求;对于有一定信息化基础和扩展需求的市县,可以在省系统的基础上进行功能扩展,搭建符合自身需求的系统;经济实力强、信息化水平高的地市,可以开展市县系统建设,但需要根据国家和省的管理要求,和省级系统做好接口对接和数据同步,例如同为部国土空间规划"一张图"系统建设试点的广州市、深圳市,市级相关部门通过市平台接入数据,并使用平台提供的各类服务,但市级平台需建立与省级平台数据同步与交换机制。

2. 建设框架

按照建设模式国土空间规划"一张图"系统建立了省市县三级系统。市县级系统根据自身的条件选择市县级国土空间规划"一张图"系统基础版、扩展系统或自建系统。省级系统往下向市级、县级系统逐层传导数据,县级、市级往上逐层提交数据,由此实现省市县系统三级联动、部省市县四级系统上下贯通。

1)数据体系与建设框架

国土空间规划"一张图"系统建设涉及面广,包括省市县系统在广东省"数字政府"政务云上的部署;省市县系统与国土空间基础信息平台的数据交换,以及从广东省政务信息资源共享平台获取数据;部省市县系统之间的数据交互除了接口设计外,还需要处理广东省政务外网与国土资源业务专网的连接;公众服务、广东省政务外网与互联网的数据处理与网络转换等。数据体系与建设框架如图 7-1。

2)省级系统建设

依据自然资源部国土空间"一张图"建设指南和广东省自然资源厅建立"一网一库一平台 N 应用"的自然资源政务信息化服务体系要求,国土空间规划"一张图"系统建立在国土空间基础信息平台之上,由平台为国土空间规划"一张图"系统提供数据支撑。

(1)开发模式

省级国土空间规划"一张图"系统采用 SpringCloud 微服务架构、前后端分离的开发模式,该模式为系统扩展、功能重构提供了良好的支持。除此之外,系统使用 ArcGIS 处理 GIS 数据,Oracle 作为关系数据库。

从使用数据的角度来看,广东省国土空间规划"一张图"系统需要图形服务以及指标模型计算服务。系统所需图形服务从政数局的"粤政图"图形服务获取;系统所需指标与模型计算,嵌入广东省国土资源大数据模型服务中运行,并对外提供服务接口(图 7-2)。

(2)部署模式

省级国土空间规划"一张图"系统采用 Docker 虚拟化部署技术部署在广东省"数字政府"政务云上。相比于传统基于 VMware 技术的虚拟化方案,Docker 技术能够绝对保障不同环境下系统的高度一致性,可以使得开发环境、测试环境和部署环境高度一致。

(3)运行模式

对应 SpringCloud 微服务架构的系统开发模式是分布式、集群化的系统运行模式。其中,分布式有利于系统根据功能性能需求进行拆分扩展,集群化有利于系统的高可用以及横向性能扩展。

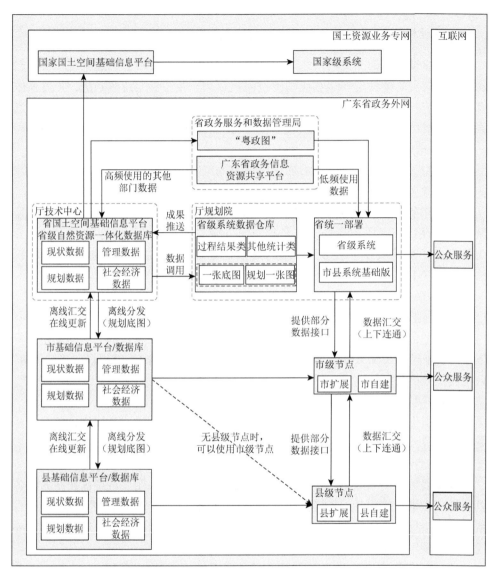

图 7-1　数据体系与建设框架

7.2.3　系统框架

省级国土空间规划"一张图"系统框架分为软硬件基础层、信息资源层、数据分析层、应用支撑层、应用服务层、标准规范体系及安全运维保障体系等方面。系统框架如图 7-3 所示。

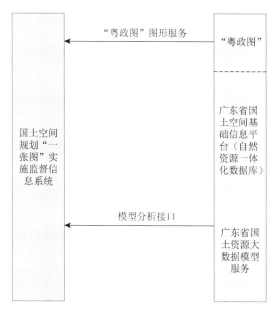

图 7-2　数据利用

1. 软硬件基础层

软硬件基础层依托广东省"数字政府"等现有平台基础、计算资源、存储资源、网络资源，由广东省"数字政府"政务云平台为系统提供运行支撑的基础环境。其中，IaaS 服务包括计算资源服务、存储资源服务、网络资源服务等；PaaS 服务包括分布式文件系统、数据库服务、中间件服务、大数据套件服务、容器服务等；云平台安全服务包括基础安全服务、数据安全服务、应用安全服务等；灾备资源服务包括本地备份服务、异地灾备服务等。软硬件基础层也是平台最终信息的承载者，位于整个分层体系结构的最底层。

2. 信息资源层

信息资源层由空间规划"一张图"管理库、过程管理类数据库、新兴数据专题库、指标库和模型库以及平台运行所需的信息资源及信息资源库组成，整合现有数据基础，构建国土空间规划监测评估预警数据体系、指标体系。其中，空间规划"一张图"管理库包括现状、规划、管理、经济社会等仓库；经济社会库包括人口数据库、法人单位数据库、自然资源和空间地理数据库、社会信用信息数据库、社会经济数据库、住建数据库等；新兴数据专题库包括手机信令、导航轨迹等；指标库（土地利用与管理指标库）和模型库包括规划数据、模型数据、空间数据、非空间数据、业务数据以及新产生的数据等。

图 7-3　系统框架图

3. 数据分析层

数据分析层主要对收集的数据进行挖掘、存储、分析及处理，给管理层提供决策。包括重点分析规划数据、业务数据、管理数据以及其他数据等，提取有用信息和形成结论；对数据加以详细研究和概括，对分析加工后的有效信息进行持久存储，以便应用层快速响应；做到生成想要的分析、从数据中获取洞察、找到所需的实体、定位可提供这些实体的数据的数据源、模型管理以及理解执行分析所需要的算法和工具等。

4. 应用支撑层

应用支撑层是实现基础应用服务、系统基础功能,支持系统基础运行和对外提供信息应用的层,对系统的运行起支撑作用的中间件平台和应用服务与数据交换共享技术支撑。应用支撑层是实现业务应用服务支撑、提供通用业务组件和环境的层。应用支撑层包括空间规划 "一张图" 目录管理服务、第三方系统对接服务、指标与模型计算引擎、指标管理与模型管理、工作流引擎、ArcGIS 服务、统一身份认证中心、大数据分析引擎、权限服务、日志服务、报表服务等。

5. 应用服务层

应用服务层面向国土空间规划的编制、审批、修改和实施监督全过程,实现标准规范及指标体系、资源环境承载能力监测预警、国土空间规划 "一张图" 应用、国土空间规划分析评价、国土空间规划监测评估预警、国土空间规划成果审查与管理、国土空间规划指标模型管理、系统管理以及其他系统成果接入及对外信息共享等。

6. 标准规范体系

标准规范体系根据相关数据标准、技术规范和管理规范,建立和完善基础数据分类与编码标准、数据格式、信息发布规范、数据交换协议等统一标准,为平台数据共享和应用整合奠定基础。技术开发过程中遵循相关的技术规范,如代码编写规范、命名规范、接口规范、二次开发标准等,提高了软件开发质量,降低了开发周期,增强了代码的可重用性和易读性,使软件便于维护,便于扩展。

7. 安全运维保障体系

安全运维保障体系结合最新的信息安全防御手段,为系统提供各种安全服务和访问控制,建立一个通用的、高性能的安全平台。平台安全体系包括密码服务系统、授权服务系统以及基本安全防护系统等,提供贯穿整个平台的安全服务,包括身份验证、不可否认、数据保密性、时间戳等安全服务功能。运行保障机制包含支持平台运行的相关机制、制度,对平台的管理依靠的是合理的运行管理机制。

7.2.4 总体架构

1. 网络环境

国土空间规划 "一张图" 系统建设涉及广东省政务外网、国土资源业务专网和互联网三种主要网络，为实现"纵横贯通，互联互通"要求，网络进行通信时，需要采用相应的手段或者策略（图7-4）。

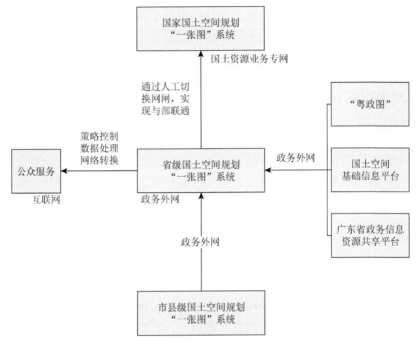

图 7-4　网络环境

1）国土资源业务专网

国家国土资源业务专网是国家国土资源业务系统专门使用的网络，其中国家国土空间规划"一张图"系统就是部署在该网络环境下。省级国土空间规划"一张图"系统向国家级国土空间规划"一张图"系统汇交指标数据等时，就存在广东省政务外网与国土资源业务专网的通信。目前，广东省政务外网与国土资源业务专网是物理隔离，通信需要手动切换网闸实现。

2）广东省政务外网

为了进一步适应广东省电子政务应用的实际需要，满足各政府部门快速增长的信息化要求和业务应用需求，广东省信息中心从2007年开始对电子政务外网进行升级扩建，建设标准统一、功能完善、高速宽带、互联互通、安全可靠、可扩展性强的电子政务外网平台，先后完成了中心机房扩容、网络平台升级、安全保障系统以及数据中心的建设。现在广东省政务外网支撑着广东省政务业务系统的连接，实现各业务系统的互联互通，省级国土空间规划"一张图"系统也部署在广东省政务外网之上。

3）互联网

省国土空间规划"一张图"系统部署在广东省"数字政府"政务云上，所处网络环境是广东省政务外网，系统需对部分互联网端用户提供公众服务，广东省政务外网与互联网的联通由政务云的策略控制，国土空间规划"一张图"系统负责做好数据的处理与网络路由的转换。

2. 数据库部署

1）自然资源一体化数据库

现有的自然资源一体化数据库包括现状数据、规划数据、管理数据等。现状数据以第三次全国国土调查成果为基础，整合基础地理数据、影像图、地形图等数据；规划数据是指国土空间规划成果数据，由国土空间规划"一张图"系统推送到广东省国土空间基础信息平台进行统一的数据入库与更新；管理数据包括不动产登记、建设项目管理、测绘管理等。经济社会数据是自然资源一体化数据库需要完善的内容，在完善的过程中，国土空间规划"一张图"系统需要的部分数据从广东省政务信息资源共享平台获取（图 7-5）。

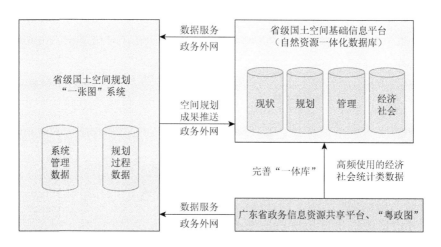

图 7-5　数据交互关系

2）省级空间规划过程数据库

国土空间规划"一张图"系统为空间规划数据提供质检、审查、入库等功能，最后将空间规划成果数据推送给国土空间基础信息平台，由平台统一维护管理，并为其他应用系统提供数据支撑，包括国土空间规划"一张图"系统。同时，空间规划过程结果类数据由国土空间规划"一张图"系统入库管理，除此之外，系统还对管理类数据库提供系统管理等。

3）国土空间基础信息平台

广东省国土空间基础信息平台是按省市县节点建设，经过多年探索和建设，全省构建了"1 个省级主中心 + 19 个市级分中心"的省级时空信息云平台，县区建设了"数字县区"，基本上实现了平台的全省覆盖，各地的应用水平参差不齐，广州、深圳、珠海、惠州等地的应用水平较高，但部分偏远地区的平台数据更新不够及时，大部分应用还是以省里平台的数据服务为主。

广东省国土空间规划"一张图"系统主要根据广东省国土空间基础信息平台来建设。省级国土空间基础信息平台包含的数据比较全面，可以支撑省级国土空间规划"一张图"系统的建设，但是省级国土空间基础信息平台还是缺少相当部分的市县级的数据，如市县级的详细规划、专项规划等数据。

3. 系统部署

省国土空间规划"一张图"系统部署于广东省"数字政府"政务云，并依托覆盖"省-市-县-镇"四级的广东省政务外网为全省用户提供服务应用。广东省"数字政府"政务云平台采用自主安全可控的云平台技术，构建起"1 + N + M"的"数字政府"全省一片云，形成安全可靠、弹性伸缩的基础设施，为资源整合、管运分离、数据融合、业务贯通提供了支撑（图7-6）。

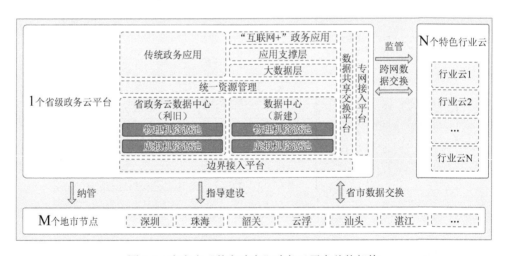

图 7-6 广东省"数字政府"政务云平台总体架构

省国土空间规划"一张图"系统部署采用 Docker 容器技术，实现服务运行的进程隔离和资源动态分配，精细化控制资源使用，降低部署难度。依托容器技术和微服务框架，系统服务之间通过进行领域划分，并通过 RPC 或者事件驱动完成必要的 IPC，使用 API Gateway 进行所有微服务的请求转发（图7-7）。

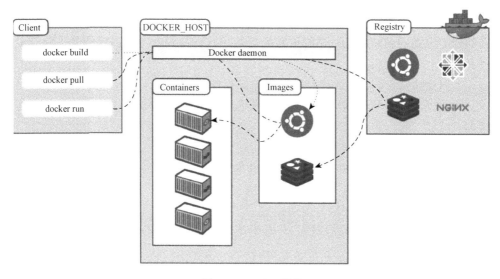

图 7-7　Docker 架构

7.2.5　安全设计

1. 软件开发安全保障

1）数据的加密

通过对核心数据库部署数据加密系统，进行内容控制管理，对核心敏感数据以加密形态存储，避免由于设备丢失、数据库文件盗取等引起的数据泄密；采用国产密码算法对数据的加/脱密实现独立控制，增加安全监督并且分权管理，避免数据库管理员成为不受控制的超级用户，弥补数据库自身权限控制系统的不足；结合密钥体系实现敏感的加固加密防护，避免数据库遭非法入侵时的数据泄密。通过基于角色的数据库访问控制策略，在保证应用透明的前提下，做到数据库访问的粒度控制。按照数据库的结构层次，数据库的加密粒度可以分为数据库级、表级、记录级、字段级和数据项级。根据不同需要，选择合适的加密粒度。

2）数据传输加密

在核心关键业务单位和云中心之间的数据传输中采用密码进行加密设置，保证数据传输的安全。数据传输加密技术的目的是对传输中的数据流加密，以防止通信线路上的窃听、泄漏、篡改和破坏。如果以加密实现的通信层次来区分，加密可以在通信的三个不同层次来实现，即链路加密、节点加密、端到端加密等。

3）数据库恢复技术

尽管采取多种措施保护数据库，但数据库的破坏仍然不可能完全避免，因此，数据库系统除了要有较好的完整性、安全性保护措施及并发控制能力外，还需要有数据一旦遭到破坏能及时进行恢复的功能。在软件开发中数据库恢复大致有以下办法：

①数据库每次修改时，将修改前与修改后的值分别写入"运行日志"文件中。

②数据遭到破坏，则数据库管理人员利用系统建立的日志文件和转储的后援副本对破坏的数据进行恢复。

4）数据安全存取技术

运用分层思想和 RESTful 技术，将软件系统的数据存取操作有效分离出来，隔绝外界对数据的直接的访问。客户端的所有数据都来源于 RESTful 的方法调用。在 RESTful 数据存取服务组件内部建立了严格的安全认证机制，数据的存取都要得到有效的授权认证才能获得通过，最大限度地保证了数据安全。

2. 系统使用安全保障

1）使用控制授权保护

系统安全性保护包括：使用权的鉴别、使用范围限制、存储控制权鉴别。

使用权的鉴别是指按照各级职能部门设置用户级别，分别将有权使用本数据库管理系统的部门设置在不同的用户组，并为每个用户设置系统用户标识符和口令。通过口令对用户的使用权进行鉴别。对有使用权的合法用户，按照授权规则授予不同的权限，所有用户按权限不同分成六级：系统管理员、数据库管理员、省级用户、地区级用户、县级用户和其他业务系统用户。

使用范围限制是指对不同层次的用户，按照级别不同，对其使用范围设置权限，只允许访问数据库中一部分数据。系统管理员、数据库管理员和省级用户的使用范围是整个数据库，而其他用户的使用范围只是数据库的一部分。

存储控制权鉴别是指只有系统管理员和数据库管理员对数据库有存储控制权。

2）身份认证

用户认证是指系统用户可以具有系统管理、编辑、查看三种不同的角色，每个用户可以是三种角色的组合，其中系统管理可以操作本软件的所有模块；编辑只能够进行遥测数据查看与修改，不具有数据库管理、用户管理等功能；查看只能够查看系统的内容非编辑和管理内容。同一个账户在同一时间只能有一个用户使用。设立安全监控是通过日志记录账户在系统中的操作过程，为信息系统提供安全体系管理、监控、保护及紧急情况下服务。为了保证信息的合法访问，建立统一的认证网关和授权管理系统。

系统中主要有两类操作涉及身份认证和授权访问控制。一类是对接入的业务系统（即接入用户）的身份认证和授权访问控制，当一个业务系统，通过应用适配器或者调用交换系统的 Java API，向信息交换平台发送数据或者从交换平台读取数据时，必须提供身份信息（用户名/口令、CA 证书），交换平台进行身份认证和权限检查，被授权的合法用户才能将操作完成；另一类是对系统管理人员的身份认证和访问控制，用户登录管理平台，进行系统管理，必须经过系统的身份认证和授权访问控制。这两类身份认证和授权管理都可以通过 eStarESS 提供的安全管理模块来实现。eStarESS 支持两种身份凭证：用户名/口令和数字证书两类技术体系的电子身份凭证。

用户名/口令认证的实现方式是：系统管理员利用系统超级用户登录系统管理平台，建立多个用户，并授予不同的权限，密码加密后保存在用户数据库中。

将这些用户分别赋予不同的权限，用户登录时对系统提供的用户名/口令进行认证和权限检验。系统管理员登录系统的过程类似，只是管理员每次登录时都要输入用户名和口令，而不是像业务系统那样，用户名和口令预先被配置。

3）数据交换资源保护

在交换平台中，数据被保存在消息队列中，不同的用户对消息队列的访问权限是不一样的，给每个用户分别授予不同的权限，从而实现对数据资源的保护。具体的实现方法是：对于共享的信息，可以发送到公共的队列中，将该队列的访问权限赋予所有的用户，则所有的用户登录后，都可以访问该队列的信息。对于私有信息，保存到私有队列中，将权限授予特定的用户，则只有该用户可以访问该队列中的消息，其他用户则不能访问。

4）数据通信安全保证

数据交换过程的安全保障主要指信息在交换过程中不能被非法篡改、不能被非法访问、数据交换后不能抵赖等功能。系统提供了两种方法实现上述功能：一种是支持 HTTPS，通过 SSL 实现数据防篡改、数据加密等功能。另一种是通过支持对消息内容的数字签名、数字摘要和信息加密，来实现上述的安全功能。上述两种安全传输实现方式，都需要数字证书的支持，在交换系统中，利用系统提供的证书，也可统一使用外部 CA 系统颁发 CA 证书。

7.3　国土空间规划"一张图"系统集成应用

由于社会经济高质量发展所需的开发利用和保护等活动，都是以空间为载体，将部门间决策和协同要素落在空间上，落在国土空间规划"一张图"系统上，通过平台建立部门间的政务数据共享和交互，把林业、水利、交通、农业、海洋、能源、发展和改革、产业园区等部门数据空间化、模型化、场景化，通过业务数据的协同和综合分析，可以实现城市群部门间业务协同和综合决策。

7.3.1 集成应用设计

基于前后端分离架构技术，城市群协同发展场景应用功能在国土空间规划"一张图"系统的集成分为前端集成与后端集成。

（1）前端集成

前端采用模块化开发技术，将不同的功能依据一定的规则（规范）封装成不同的块，并进行组合在一起。块的内部数据与实现是私有的，向外部暴露一些接口（方法）与外部其他模块通信。如图 7-8 所示。

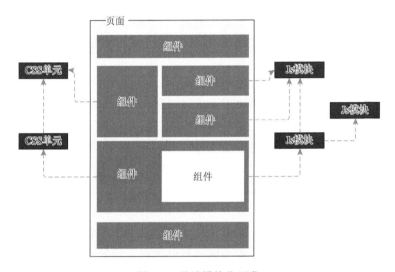

图 7-8 前端模块化开发

基于前端模块化开发，系统前端实现了微前端动态集成技术，利用该技术，场景应用的前端可以单独开发、单独部署，通过前置方向代理，实现资源统一访问。如图 7-9 所示。

（2）后端集成

后端开发采用 SpringCloud 微服务架构，根据具体应用场景构造适合的服务化体系，开发实现场景应用的后端服务并可被独立分布式部署。应用场景按照系统微服务开发标准进行开发，统一部署运行，场景应用微服务被纳入系统服务管理中心统一管理，并通过统一网关对外提供服务。已经有成熟功能模块的场景应用可以单独部署，并通过国土空间规划"一张图"系统集成服务，将场景应用注册到系统服务管理中心进行管理，最后通过前置反向代理与一起对外提供服务。后端集成如图 7-10 所示。

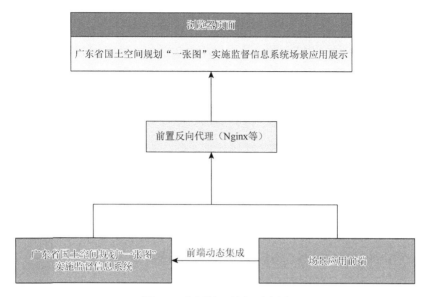

图 7-9　资源统一访问示意图

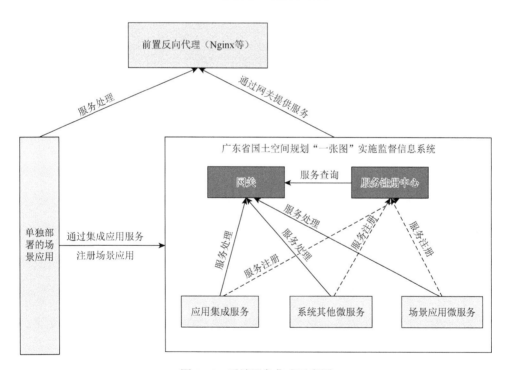

图 7-10　后端服务集成示意图

7.3.2　集成后的系统架构

系统架构设计从软硬件基础层、数据资源层、平台支撑层、应用服务层、标准规范体系及安全运维保障体系等方面进行设计。

系统架构如图 7-11 所示。

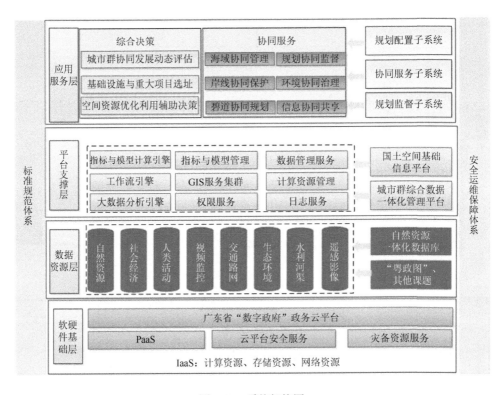

图 7-11　系统架构图

（1）软硬件基础层

软硬件基础层是指广东省"数字政府"政务云平台的现有平台基础、计算资源、存储资源、网络资源等，这些资源为系统的稳定运行提供保驾护航的支撑。IaaS 服务包括计算资源服务、存储资源服务、网络资源服务等，PaaS 服务包括分布式文件系统、数据库服务、中间件服务、大数据套件服务、容器服务等，云平台安全服务包括基础安全服务、数据安全服务、应用安全服务等，灾备资源服务包括本地备份服务、异地灾备服务等。软硬件基础层也是系统最终信息的承载者，位于整个分层体系结构的最底层。

（2）数据资源层

依据应用场景的需求，需要整理融合大量数据，包括自然资源、社会经济、人类活动、视频监控、交通路网、生态环境、水利河渠、降雨气象、遥感影像、三维数据、林业数据等。这些数据由城市群综合数据一体化管理平台进行管理，实现数据共享协同以及数据分析服务支撑。

（3）平台支撑层

除了国土空间基础信息平台，还有部署于广东省"数字政府"政务云平台的城市群综合数据一体化管理平台，具备数据汇聚、分析集成、决策模型部署等功能，为城市群综合决策与业务协同场景应用提供技术支撑。

（4）应用服务层

针对城市群综合决策与协同服务应用需求和业务特征，围绕应用场景驱动方法，进行城市群应用场景需求分析和应用场景设计。利用平台支撑层的支撑能力，落地实现综合决策与业务协同场景应用，为大湾区用户、政务用户、公众用户提供服务。

（5）标准规范体系

标准规范体系满足相关数据标准、技术规范和管理规范。建立和完善基础数据分类与编码标准、数据格式、信息发布规范、数据交换协议等统一标准，为平台数据共享和应用整合奠定基础。技术开发过程中遵循相关的技术规范，如代码编写规范、命名规范、接口规范、二次开发标准等，可以提高软件开发质量，降低开发周期，增强代码的可重用性和易读性，使软件便于维护，便于扩展。

（6）安全运维保障体系

安全运维保障体系为系统提供各种安全服务和访问控制。平台结合最新的信息安全防御手段，为平台提供各种安全服务和访问控制，建立一个通用的、高性能的安全平台。平台安全体系包括密码服务系统、授权服务系统以及基本安全防护系统等，提供贯穿整个平台的安全服务，包括身份验证、不可否认、数据保密性、时间戳等安全服务功能。运行保障机制包含支持平台运行的相关机制、制度，对平台的管理依靠的是合理的运行管理机制。

7.3.3　主要功能板块

通过对国土空间规划"一张图"系统进行功能重组和改版升级，新增"规划配置"与"协同服务"两大板块，将聚焦城市群综合决策和协同服务需求的城市群空间资源优化利用、基础设施与重大项目选址、绿道碧道协同规划和治理、自然岸线协同保护、空间基础信息共享、国土空间规划实施监督等场景功能模块集成部署在系统上，在省市县三级自然资源部门与海洋、生态环境、水利、地质、林业等部门开展应用实践。

1. 规划管控

规划管控板块基于"多规整合"思路，以已有和正在编制的各种规划以及采集的相关数据为基础，采用先进的互联网技术，集成三条控制线（耕地保护目标和永久基本农田、生态保护红线、城镇开发边界）、总规控制线（城市绿线、蓝线、紫线、黄线、历史文化保护线、工业用地控制线等）、其他控制区（地质灾害隐患点、饮用水水源保护区、地面沉降易发分区、地质活动断层影响分区等）的空间分布、面积统计、叠图分析等功能。

依托规划管控板块强化底线约束、落实保护优先，为资源优化配置、空间布局、项目选址等明确刚性约束，辅助实现全域、全要素数字化管控以及空间规划编制、审批、实施、监测、评估、预警的闭环管理，促进跨部门、跨层级、跨维度的空间信息集成与融合，实现对国土空间全面透彻的感知，建立规范、透明、高效的行政审批制度，加速空间资源优化整合。

1）永久基本农田管控

永久基本农田是绿色生态系统的重要组成部分，是发挥土地生态景观功能的重要资源基础。保护利用好永久基本农田，定期对粤港澳大湾区城市群的永久基本农田质量水平进行全面评价至关重要。

构建永久基本农田分析模型，从永久基本农田总面积、永久基本农田占国土面积比例、永久基本农田占稳定耕地面积比例等指标进行监测，通过粤港澳大湾区城市群各市县永久基本农田指标情况进行排名，达到监管全域范围内永久基本农田状况的作用（图7-12）。

图 7-12　永久基本农田管控（后附彩图）

2）生态保护红线管控

生态保护红线是国土空间规划中的重要管控边界，是发挥土地生态景观功能的重要资源基础。生态保护红线内自然保护地核心保护区外，禁止开发性、生产性建设活动。

生态保护红线管控模块从总面积及占国土面积比例、自然保护地核心保护区规模、陆域面积及占比、自然保护地一般控制区规模、海域面积及占比、自然保护地外的其他区域规模等生态保护红线指标进行监测，通过粤港澳大湾区城市群各市县生态保护红线管控各项指标排名，达到监督生态保护红线实施情况、管理生态保护红线状况、严守自然生态安全边界的作用（图7-13）。

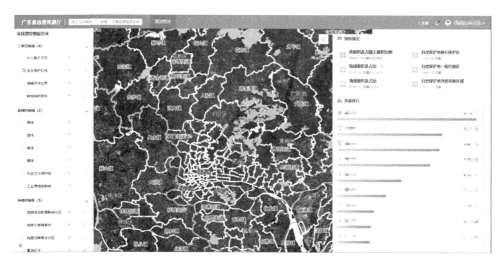

图 7-13 生态保护红线管控（后附彩图）

3）城镇开发边界管控

城镇开发边界是指可以集中进行城镇开发建设、完善城市功能、提升空间品质的区域边界，是允许城市建设用地拓展的最大边界，是国土空间规划中应当明确的控制线。划定城镇开发边界是加强空间开发管制、控制城市和小城镇无序蔓延的重要措施。

城镇开发边界管控模块对城镇开发边界总面积以及占国土面积比例、集中建设区面积、特别用途区面积、拓展系数等城镇开发边界指标进行监测；通过粤港澳大湾区城市群各市县城镇开发边界管控各项指标排名，达到监督城镇开发边界实施情况、管理城镇开发边界状况、严守城镇开发边界的作用（图 7-14）。

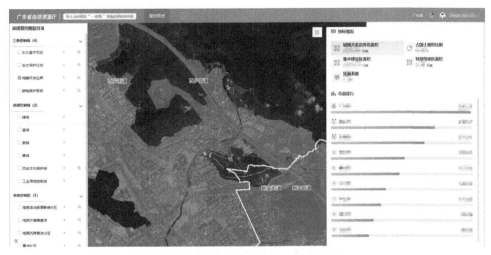

图 7-14　城镇开发边界管控（后附彩图）

4）耕地保护目标管控

耕地保护目标管控模块，基于耕地保护目标总面积、占国土面积比例、现状耕地面积、占现状耕地比例等其他耕地保护目标管控指标数据进行监测及可视化展示；通过对粤港澳大湾区城市群各市县耕地保护目标管控指标进行排名，实现对耕地保护目标管控状况监管（图 7-15）。

图 7-15　耕地保护目标管控（后附彩图）

5）地质活动断层影响分区管控

地质活动断层影响分区模块，基于现有地质活动断层数据，以图数关联的形式展示出严重影响区面积、较严重影响区面积、轻微影响区面积、稳定区面积等指标情况；以表格形式对粤港澳大湾区城市群各区县地质活动断层指标进行陈列展示，高效体现出各项指标状态，能更好地对其进行监测（图 7-16）。

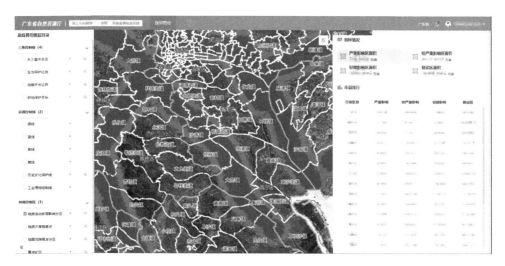

图 7-16　地质活动断层影响分区管控（后附彩图）

6）地质灾害隐患点管控

地质灾害隐患点模块，基于地质灾害隐患点数据，构建地质灾害隐患点管控模型，以图数的形式对地质灾害隐患点及个数等指标进行可视化展示；以排名的形式对粤港澳大湾区城市群各市县的地质灾害隐患点个数进行展示，对地质灾害隐患点管控状况实施高效监控（图 7-17）。

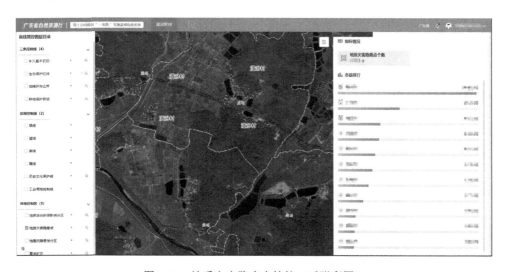

图 7-17　地质灾害隐患点管控（后附彩图）

7）地面沉降易发分区管控

地面沉降易发分区管控模块，通过对地面沉降易发区数据进行套合分析，以图数的形式展示高易发区、中易发区、低易发区、不易发区及面积等指标；通过陈列表格的形式，对粤港澳大湾区城市群各市县地面沉降易发分区各项指标进行展示，达到监测管控的作用（图7-18）。

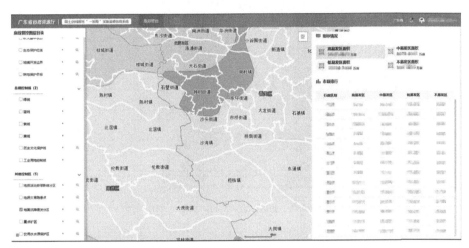

图 7-18　地面沉降易发分区管控（后附彩图）

8）重点矿区管控

重点矿区管控模块，通过对重点矿区数据进行套合分析，以图数的形式对重点矿区及其总面积进行可视化展示；对粤港澳大湾区城市群各市县重点矿区情况进行排名，监管全域范围内重点矿区管控状况（图7-19）。

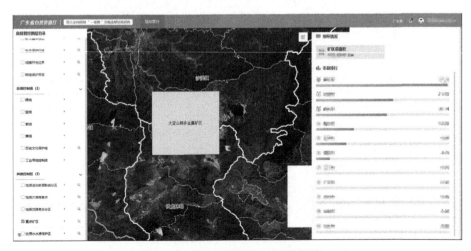

图 7-19　重点矿区管控（后附彩图）

9）饮用水水源保护区管控

饮用水水源保护区管控模块，对一级保护区面积及占比、二级保护区面积及占比、准保护区面积及占比等饮用水水源保护区管控指标进行监测，通过对粤港澳大湾区城市群各市县饮用水水源保护区进行排名，达到监管全域范围内饮用水水源保护区管控状况的作用（图7-20）。

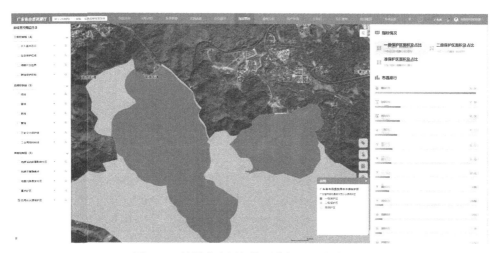

图 7-20　饮用水水源保护区管控（后附彩图）

2. 空间数据

空间数据板块以第三次全国国土调查成果为基础，整合规划编制所需的林业、水利、交通、农业、海洋、能源、发展和改革等空间关联数据和信息，形成了坐标一致、边界吻合、上下贯通的一张底图，融合汇聚了涵盖土地、矿产、海洋、自然保护区，以及遥感影像、三维白模、交通、水利等各类，涉及基础地理、现状调查、空间规划、管理审批、监测监管等数据服务700多项，已载入六普、七普等多年度的人口，以及社会、经济等综合统计数据，形成覆盖全域、三维立体、权威统一的国土空间数字化"底板"。空间数据板块是国土空间规划"一张图"系统的数据基础，包含了现状、规划、管理、社会经济等数据。包含数据浏览、数据查询和对比分析三大功能。

1）数据浏览

数据浏览支持将各类资源按照规划数据资源目录进行梳理，并在展示系统中进行叠加展示与基础的查询定位，以满足多源数据的集成浏览展示与查询应用需求（图7-21）。提供了常用目录、全局目录和收藏夹以切换不同场景需求下的数据浏览要求。其中，全局目录中整理了涵盖现状数据、规划数据、管理审批和社会经济共四大类的数据。

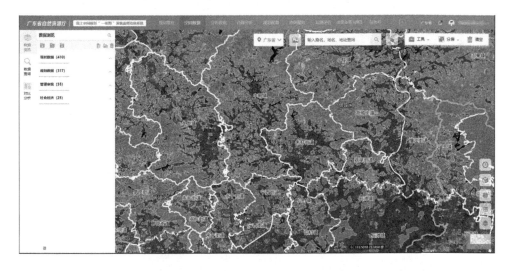

图 7-21　数据浏览（后附彩图）

2）数据查询

数据查询主要是对已进入系统流程的项目提供属性筛选、空间筛选等查询方式，获得图属一体查询结果并按维度进行分类统计后输出统计结果。主要提供用地预审、用地报批、拆旧复垦等业务查询功能以及全周期查询（图 7-22）。

图 7-22　数据查询（后附彩图）

业务查询：主要针对已入库用地项目信息提供属性查询、空间查询两种方式，根据属性查询是按照项目名称、申请单位、地块号等进行查询；根据空间查询是按照用户自定义的几何形状进行查询，并且可以以该几何形状为缓冲源，设定一定缓冲区进行缓冲查询。

全周期查询：从时间维度和业务维度对地块进行全生命周期查询，全方位挖掘地块土地相关信息。时间维度展示地块历年的土地利用现状农用地、建设用地和未利用地三大类信息；业务维度展示涉及的土地利用规划、规划修改、用地预审、用地报批、成片开发方案、增减挂钩、拆旧复垦、三旧改造等信息。针对地块在时间维度和业务维度的查询，让用户通过自定义绘制、文件上传等方式选择地块范围。

3）对比分析

对比分析是针对国土空间规划、行政审批等应用需求提供项目审查、控制和查询处理功能，通过绘制、上传、选择范围的方式选定分析范围，一键分析即可对该地块进行相应的审查分析。提供现状、规划、耕地保护、用地、用海等类型的分析（图 7-23）。

图 7-23　对比分析（后附彩图）

现状分析：包括地类分析、土地利用现状（政务版）地类分析、行政区分析、权属分析、占耕地分析、自然保护区分析、地质灾害易发区分析和地质公园分析。

规划分析：包括土地利用总体规划分析、已批预审分析、城市总体规划分析、永久基本农田分析、生态保护红线分析、城镇开发边界分析、重点矿区分析、国家规划矿区分析、重点勘查区分析、矿产资源储备区分析和矿产资源禁止开采区分析。

耕保分析：包括占压永久基本农田分析、高标准农田分析、城市周边永久基本农田分析、永久基本农田补划分析、变更调查坡度分析、整备区与坡度分析、补充耕地项目分析、补充新增耕地项目分析和稳定耕地分析。

用地分析：包括已批红线分析、在批红线分析、建新区分析、拆旧区分析、重叠宗地分析、重叠已批红线分析、探矿权分析、采矿权分析、临时用地分析、设施农用地分析、拆旧复垦立项分析、拆旧复垦验收分析、三旧改造项目分析和标图建库分析。

用海分析：包括海洋功能区分析、海洋生态保护红线分析、海域现状权属分析、海岸线占补分析、围填海历史遗留问题分析、无居民岛占压分析和海底路由走线占压红线分析。

3. 规划配置

规划配置板块集成全省大型产业集聚区、已建省级以上开发园区的空间四至和用地详情；省级以上规划重大建设项目和市县重点项目的清单管理、面积统计及"三线"衔接情况；南粤古驿道、绿道碧道专项规划的协同分析和综合展示；全省开发建设及耕地恢复、永久基本农田补划的潜力空间分布；资源环境承载和国土空间开发适宜性评价的成果应用；基础设施与重大建设项目的规划条件筛选、多因子综合评价、多方案综合比选等辅助选址决策功能。依托该板块，可辅助用户在人口、交通、产业、基础设施、公共服务等项目建设及资源优化配置和协同服务方面的综合决策，加强用地空间布局和项目建设的统筹，为基础设施建设项目的选址选线提供合规性分析等基础性服务。

1）基础设施与重大项目优化配置

基础设施与重大项目优化配置功能从区位条件、现状用地条件、交通条件、规划条件、产业条件、周边环境与设施以及政策条件结合空间数据、社会经济数据、管理数据等多方面进行综合分析，构建各类指标分析因子库和分析指标模型，面向不同类型的选址场景分析需求，包括城镇开发边界内依据规划条件的可用空间选址、重大工程项目多因素综合评价选址、多线路方案综合效益比选。调用数据库数据与分析因子，构建针对不同选址应用场景的分析模型，支撑选址要素之间及各个主管部门之间数据协调和业务协同，实现多方案综合评价与优选功能（图7-24）。

主要包含以下功能点：

①基础设置与重大项目选址地块与现状用地、用林、用海资源占用压占分析，综合分析各项指标，形成对应指标指数。

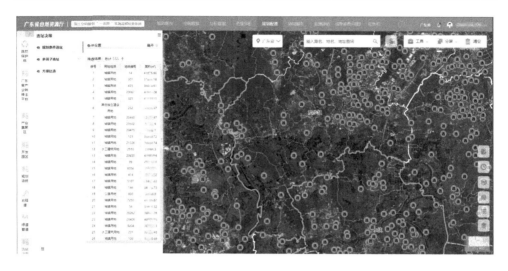

图 7-24　基础设施与重大项目优化配置（后附彩图）

②基于项目选址影响因子库，根据不同类型进行分类和编目，形成评价指标体系。

③基础设置与重大项目选址地块与土地利用规划、交通规划、产业规划等各类规划数据的空间分析，实现分析结果可视化；便于项目在用地审批之前就消除矛盾、衔接一致，尤其"三区三线"这类刚性约束条件，系统通过知识化表达，明确告知政策风险点和管控要求。

④基于 GIS 二三维空间分析，输入项目相关位置信息，系统根据参数即可组建对应的分析模型，调用区域内的现状数据、规划数据、管理数据以及社会经济数据，利用大数据挖掘分析、三维仿真技术等技术，实现支持规划指标统计以及全面的审查。例如通过输入基础设施与重大项目拟占地空间位置的四至坐标，或者屏幕点选多边形，系统自动调用拟占地范围内及其周边的各种自然和社会环境条件、制约或者有利因素数据进行分析，形成选址方案。

⑤支撑重大项目科学选址的辅助决策和重大项目查询、统计与管理。

基础设施与重大项目选址决策功能提供了多种选址决策场景。可以依据规划条件进行选址，按照规划用途来筛选项目地块；系统也可以针对不同类型项目的选址要求，进行多因子综合评价辅助选址，用户可根据不同项目的选址因素来灵活组合评价因子。

目前，系统已在交通、能源、重大产业以及水利等类型的机场、高铁、光伏、变电站、产业园区、防洪工程以及医院等具体项目选址做了典型应用，针对不同类型的项目选址构建了不同评价指标体系，详见表 7-1 至表 7-8。

表 7-1 机场建设选址分析评价因子及业务数据表

项目类型	典型应用	评价因子	使用的业务数据
交通类项目	机场建设选址分析	滑坡地带	地质活动断层影响分区
		水土流失情况	地质灾害隐患点
		土地利用状况	第三次国土调查
		生态环境情况	自然生态保护
		矿产情况	采矿权、探矿权
		自然保护区	自然保护区
		历史保护建筑周边建设控制	历史文化名城、街区、文物保护单位
		改造条件	三旧改造
		机场端净空保护要求	民用机场的飞行净空保护区内对于建筑物/构筑物的高度限制要求；对于影响机场通信、导航的设施设备的限制要求
		坡度坡向	坡度坡向数据
		相对高程	高程数据
		基本农田保护范围	永久基本农田
		生态保护管控范围	生态保护红线
		耕地保护范围	耕地保护目标
		城镇建设范围	城镇开发边界
		其余轨道交通发达程度	轨道交通路网数据
		与城市中心的通达水平	交通路网数据
		铁路站场	POI、轨道交通路网数据
		与港口码头距离	POI、港口、码头数据
		气象条件	风统计表、风频率表
		地形条件	地形图
		地块规划用地类型	规划地类数据
		电力供给保障情况	供电设施
		人口数	人口数据
		居民出行习惯	手机信令数据

表 7-2 高铁建设选址分析评价因子及业务数据表

项目类型	典型应用	评价因子	使用的业务数据
交通类项目	高铁建设选址分析	滑坡地带	地质活动断层影响分区
		水土流失情况	地质灾害隐患点
		自然保护区	自然保护区
		坡度坡向	坡度坡向数据
		河湖管理范围	河湖管理范围

项目类型	典型应用	评价因子	使用的业务数据
交通类项目	高铁建设选址分析	相对高程	高程数据
		轨道交通线网密度	轨道交通路网数据
		铁路站场	轨道交通路网数据
		路网密度	交通路网数据
		历史保护建筑周边建设控制	历史文化名城、街区、文物保护单位
		人口数	人口数据
		居民出行习惯	手机信令数据
		重要市政管线廊道（高压线、西气东输管线）	城市重大基础设施线网、城市供电设施等数据
		基本农田保护范围	永久基本农田
		生态保护管控范围	生态保护红线
		水源地保护范围	饮用水水源保护区

表 7-3　光伏项目选址分析评价因子及业务数据表

项目类型	典型应用	评价因子	使用的业务数据
能源类项目	光伏项目选址分析	土地利用状况	第三次国土调查
		自然保护区	自然保护区
		洪涝威胁情况	洪涝灾害数据
		坡度坡向	坡度坡向数据
		相对高程	高程数据
		滑坡地带	地质活动断层影响分区
		水土流失情况	地质灾害隐患点
		历史保护建筑周边建设控制	历史文化名城、街区、文物保护单位
		规划电力容量	规划电网数据
		区位交通	交通路网数据
		日照情况	日照数据
		基本农田保护范围	永久基本农田
		生态保护管控范围	生态保护红线
		能源发展情况	能源发展战略规划及有关可持续发展方面的规划

表 7-4　变电站选址分析评价因子及业务数据表

项目类型	典型应用	评价因子	使用的业务数据
能源类项目	变电站选址分析	与负荷中心的距离	电网线路、站点规划数据
		坡度坡向	坡度坡向数据
		相对高程	高程数据
		滑坡地带	地质活动断层影响分区
		用地性质	规划用地
		区位交通	交通路网数据
		洪涝威胁情况	洪涝灾害数据
		雨污管网配套情况	雨污水管网
		对通信的干扰情况	电信设备数据
		居民点分布	人口数据

表 7-5　产业园区选址分析评价因子及业务数据表

项目类型	典型应用	评价因子	使用的业务数据
重大产业类项目	产业园区选址分析	基本农田保护范围	永久基本农田
		生态保护管控范围	生态保护红线
		耕地保护范围	耕地保护目标
		城镇建设范围	城镇开发边界
		地块规划用地类型	规划地类数据
		容积率	控规数据
		建筑密度	控规数据
		绿化率	控规数据
		供水保障情况	供水设施
		雨污管网配套情况	雨污水管网
		电力供给保障情况	供电设施
		燃气保障情况	燃气设施
		电信网络保障情况	电信设备
		轨道交通线网密度	轨道交通路网数据
		路网密度	交通路网数据
		铁路站场	轨道交通路网数据
		与港口码头距离	港口、码头数据
		产业园区发展情况	产业园区规划资料
		生态功能区	生态功能区划数据
		产业发展状况	工业发展规划、工业"十三五"和"十四五"规划、招商引资资料

表 7-6　防洪工程综合评价分析评价因子及业务数据表

项目类型	典型应用	评价因子	使用的业务数据
水利类项目	防洪工程综合评价分析	河湖管理范围	河湖管理范围
		水资源情况	水资源规划
		洪涝威胁情况	洪涝灾害数据
		降水风速情况	降水量、风速数据
		气象灾害	气象灾害数据
		水土流失情况	水土保持、水土流失数据
		生态保护	生物多样性
		周边景观融合度	城市风貌引导
		植被覆盖度	植被覆盖度数据
		林地保有量	第三次国土调查

表 7-7　整治类综合评价分析评价因子及业务数据表

项目类型	典型应用	评价因子	使用的业务数据
水利类项目	整治类综合评价分析	水质	水功能区现状、水质监测数据
		绿化率	控规数据
		景观设施	控规数据
		净流量	主要河流的流域面积、最大流量、平均流量、最高水位、平均水位等数据
		洪涝威胁情况	洪涝灾害数据

表 7-8　医院选址分析评价因子及业务数据表

项目类型	典型应用	评价因子	使用的业务数据
其他类项目	医院选址分析	基本农田保护范围	永久基本农田
		生态保护管控范围	生态保护红线
		耕地保护范围	耕地保护目标
		城镇建设范围	城镇开发边界
		滑坡地带	地质活动断层影响分区
		水土流失情况	地质灾害隐患点
		土地利用状况	第三次国土调查
		坡度坡向	坡度坡向数据
		相对高程	高程数据
		日照情况	日照数据

续表

项目类型	典型应用	评价因子	使用的业务数据
其他类项目	医院选址分析	用地性质	规划用地
		区位交通	交通路网数据
		空气质量	大气监测数据
		噪声影响情况	噪声监测数据
		城市重要污染源	污染监测数据
		盛行风	城市主导风向风速
		绿化率	控规数据
		周边车流量	道路监测数据
		城市各等级道路	交通路网数据
		距离最近公共服务中心距离	公共服务设施数据
		距离最近工业用地距离	第三次国土调查
		公交线网	公交路网数据
		与公交站点距离	公交路网数据
		供水保障情况	供水设施
		雨污管网配套情况	雨污水管网
		电力供给保障情况	供电设施
		人口数	人口数据
		人口（年龄）构成	人口数据
		重要市政管线廊道（高压线、西气东输管线）	城市重大基础设施线网、城市供电设施等数据
		垃圾焚烧、填埋、堆肥厂	垃圾焚烧、填埋、堆肥厂等基础地理信息数据
		卫生健康情况	卫生健康事业发展规划、养老设施数量及分布情况

　　交通、能源、产业、水利等有关部门综合考虑各类因素和条件，结合相关指标，经过分析评价做预选址后，可以提前在系统里进行多方案比选，自然资源和规划部门则从用地、用林、用海、用矿资源要素保障，以及重要底线约束、征地区片地价等方面做综合分析，便于项目在用地审批之前就消除矛盾、衔接一致。尤其是像"三区三线"这种刚性约束，系统通过知识化表达，明确告知项目拟用地政策风险点和管控要求，市县相关主管部门在系统里核实预检后修改项目边界，有利于加速项目落地。以重要交通站场选址分析为例，在分析模型构建和运行中数据输入和输出的流程如图 7-25 所示。

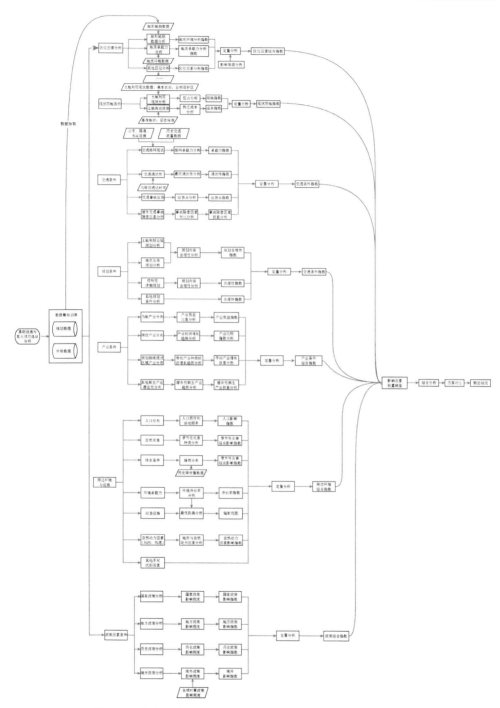

图 7-25　基础设施与重大项目选址业务数据流程图（后附大图）

2）空间资源优化利用辅助决策

空间资源优化利用辅助决策功能基于现状调查、三线划定、"双评价"成果、交通等专项规划成果、地形地貌、管理审批、社会经济等相关数据，综合适宜性评价、新增开发建设潜力、土地利用格局模拟、区片地价等因素，通过模型分析计算，得到国土空间开发适宜和不适宜的区域分布；结合现状已开发利用情况，得到大湾区内新增建设的空间潜力；再按照生态优先、经济优先、安全优先等不同发展情景，利用 FLUS 模型，模拟不同自然生态和社会经济条件下未来一段时期内的资源优化开发区域，最后结合区片综合地价，来辅助各级政府部门在城市空间发展方向和空间资源利用时序做出最优选择，实现跨区域的资源优化利用（图 7-26）。主要包含以下功能点：

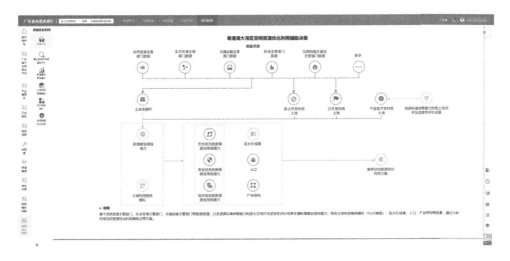

图 7-26　空间资源优化利用辅助决策流程

①在国土空间开发适宜性评价功能中，以图表联动的方式展示了大湾区各市在生态保护重要性、农业生产适宜性和城镇建设适宜性的相关影响因素的评价情况（图 7-27）。

②在新增建设用地潜力功能中，基于自然资源、生态环境、交通运输等部门数据资源，以及资源环境承载能力和国土空间开发适宜性评价成果，对大湾区各市的土地总面积依次避让禁止开发利用、不适宜开发利用空间，扣除已开发利用的土地，结合考虑修正因素，得到区内新增建设用地潜力空间，将新增建设用地潜力和存量建设用地潜力的测算和成果可视化，包括形成各级潜力分布图、潜力排名表。

③在土地利用格局模拟功能中，结合土地利用格局模拟（FLUS 模型），分析

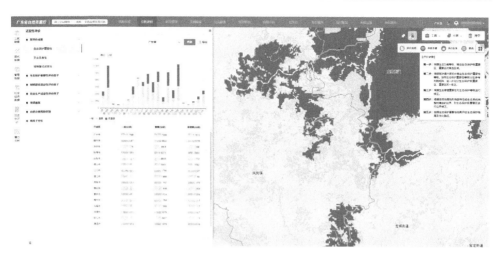

图 7-27　国土空间开发适宜性评价（后附彩图）

涉及的不同社会经济和自然气候因素，模拟大湾区各市基于生态优先、经济优先和安全优先三类情景的土地利用格局。

④在区片综合地价功能中，展示大湾区各市的区片综合地价排名和空间布局情况。

⑤在空间资源优化利用功能中，从土地利用现状、国土空间开发适宜性、生态红线管控、农用地征收价格成本等方面，模拟生态优先、经济优先和安全优先三类情景的土地利用格局，通过分析形成空间资源优化利用辅助决策方案（图 7-28）。

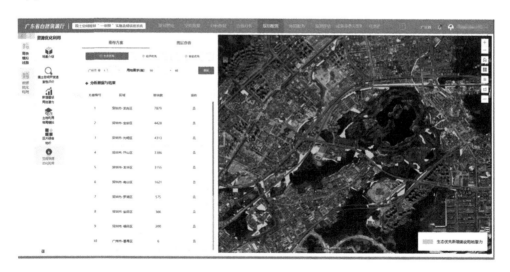

图 7-28　优化利用辅助决策场景示例（后附彩图）

3）城市群协同发展评估

城市群协同发展评估功能基于同步性、差异性等指数分析方法，构建大湾区城市群协同测度模型与评价指标体系，评价大湾区城市间经济、人口、社会、资源等多要素领域的协同发展水平，探讨动力机制，总结发展模式，提出政策、治理、市场、服务、规划、文化、产业、设施、生态环境等方面协同发展的实现路径与政策创新机制，为城市群综合决策与协同管理服务提供理论基础和数据依据。支撑自然资源部门与能源、水利、交通、科技、生态环境、市场监督管理、发展和改革等部门在城市群资源协同配置评估、城市群服务协同共享评估、城市群环境协同治理评估、城市群产业协同创新评估、城市群制度协同安排评估等方面的业务协同（图 7-29）。

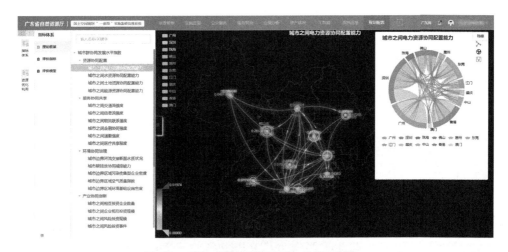

图 7-29　城市群协同发展评估（后附彩图）

模块提供了指标总览、评价模型等功能，能从总览查询、指标统计、指标图谱等方面对指标进行多角度的展示；按照指标的过程或类型做层级展示，展示出指标的层级关系；根据指标的属性等方面考虑，做指标专题图展示，从整体上更直观展示指标情况；通过归类列表、饼状图、柱状图、图表联动展示指标具体情况；城市群协同发展水平评估分析，基于国土、产业、交通、人口、经济等数据，采用指数分析方法和协同测度模型分析城市、城市群的协同发展水平，并提供评估结论。

4. 协同服务

协同服务板块集成"三线一单"生态环境分区管控、岸线保护、环境协同治理（含自然生态、海洋环境、地表水环境、大气环境、环境压力等）、海岸线使用与协同保护，以及海上风电场、登陆点及集控中心、海缆路由的分析评价与辅助选址、海陆使用权属冲突识别、海岸带强侵蚀区识别等海域协同管理功能。后续逐步拓展自然保护地、南岭国家公园、现代农业产业园等其他专项规划协同服务模块。依托该板块可支撑国土空间规划与生态环境、能源、海域、林业等省级相关专项规划间开展跨区域、跨部门的数据交互与协同服务，有助于实现空间规划与专项规划的传导管控、协同共治和服务共享。

1）空间基础信息协同共享

空间基础信息协同共享功能提供面向不同层次用户、不同业务对象的数据服务，优化空间基础信息协同共享，提供基础地理数据、自然资源数据、交通空间数据、规划空间数据、专题空间数据等数据汇集、处理，形成自然资源和空间地理基础信息库，覆盖城市群全范围、多尺度、多来源，数据最权威、最丰富的空间数据资源。汇聚涵盖土地、森林、矿产、海洋、自然保护区、交通、水利、总体规划、专项规划、历史文化保护、三旧改造、拆旧复垦、地质灾害防治、环境监测等各类数据提供用户浏览查询，引入腾讯互联网大数据、国土调查云监测数据、三维地形和建筑白模等新兴数据，构建覆盖全省、联动更新、边界吻合、陆海统筹的国土空间总体规划、专项规划、详细规划 "一张图"，构建统一国土空间规划数字化底板，实现跨区域、跨部门的业务协同。支撑省市县三级自然资源部门与发展和改革、海洋、能源、林业、农业农村等部门在多源空间数据浏览、多源空间数据查询、多源空间数据对比等方面的业务协同（图 7-30）。主要实现了以下功能点：

图 7-30　空间基础信息协同共享（后附彩图）

①根据数据服务标准，提供在线数据服务注册功能，数源单位以注册在线数据（服务）方式编目挂接到平台数据中心的统一数据目录体系中；

②提供实体数据汇聚功能，通过本地前置机推送到位于政务云的平台数据中心进行编目管理，形成统一的数据目录体系；

③提供数据搜索、筛选、预览功能，便于用户根据需要搜索数据以及预览数据；

④提供数据申请、订阅、服务查看功能，通过数据申请的用户，可以使用以及查看数据；

⑤提供数据服务接口，以接口的方式对外提供多种数据服务；

⑥提供模型设计器功能，利用模型设计器可以对通过申请的数据进行抽取、转换和加载等操作，满足用户对数据分析的需求；

⑦提供模型设计器插件功能，可以通过二次开发来新增插件，扩展模型设计器，满足数据分析的需求。

2）绿道碧道协同规划与治理

绿道碧道协同规划与治理功能聚焦岸边带水陆统筹治理，串联绿道碧道产业发展、农业农村、自然生态等资源，通过采集城市群生态数据、生产空间格局、防洪工程信息等数据，探讨城市群绿道碧道规划和治理模式；集成城市群绿道碧道综合数据，以可视化方式展示城市群绿道碧道带；实施各城市协同规划、共同治理绿道碧道；以安全为前提、以生态保护与修复为核心、以河道管理范围为主体、以高质量发展为目标，构建城市群级别生态活力滨水经济带。支撑省市县三级自然资源部门与市场监督管理、水利、林业、工业信息化、文旅等部门在绿道碧道与自然保护协同治理(岸边带＋自然保护)、绿道碧道与农业农村协同治理(岸边带＋农业农村)、绿道碧道与文旅保护协同治理（岸边带＋文旅保护）、绿道碧道与产业发展协同规划（岸边带＋产业发展）等方面的业务协同。

系统提供了碧道岸边带协同分析和查看绿道碧道周边环境功能。结合业务需要，相关部门可以在系统上任意绘制或者选择项目地块，来协同分析空间上的保护与利用矛盾冲突，通过定量、定位分析为下一步部门协商定性提供决策手段（图7-31）。

①在绿道碧道与文旅保护协同治理（岸边带＋文旅保护）功能中，展示了绿道总体规划、特色节点及其交通站点等详细信息和空间分布情况；

②在绿道碧道与产业发展协同规划（岸边带＋产业发展）功能中，分析沿线典型企业、工矿用地和三旧改造情况；

③在绿道碧道与农业农村协同治理（岸边带＋农业农村）功能中，分析沿线的种植园地、临水而建的村庄、河湖范围内的耕地；

④在绿道碧道与自然保护协同治理（岸边带＋自然保护）功能中，分析了沿线生态保护红线、生态保护重要性情况。

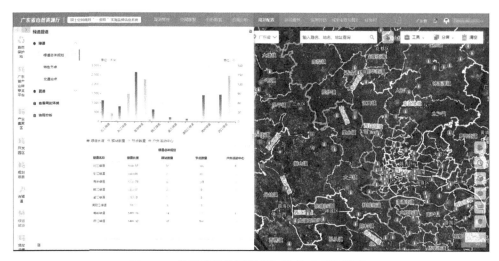

图 7-31　绿道碧道协同规划与治理（后附彩图）

以南沙新区的某碧道为例，把水利部门划定的河湖管理范围内的耕地标识出来，通过部门会商把水道内洪水经常淹没、又零星分布不利于连片保护的耕地退出，不纳入永久基本农田进行特殊保护，以此来加强河湖水系与自然资源、农业农村的协同治理，结果如图 7-32 所示。

图 7-32　协同规划治理场景——南沙新区的某碧道（后附彩图）

3）环境协同治理

环境协同治理功能基于城市群协同发展多维度评价技术，以大数据分析、标准化处理，结合现有数据基础，以可视化方式对空气、水等环境污染情况进行分析和展示。同时通过应用集成平台，实现基于业务协同各市域共同努力处理污染问题、污染源管理、配套设施管理等。支撑省市县三级自然资源部门与市场监督管理、海洋、水利、林业、工业信息化、生态环境等部门在饮用水环境协同治理、地表水协同监测、永久基本农田环境协同治理、自然生态环境协同治理、规划管控与环境协同治理、城镇开发建设环境协同治理、岸线保护与海洋环境治理、空气质量环境协同治理等方面的业务协同。实现基于业务协同各市域共同努力处理污染问题、污染源管理、配套设施协同管理（图7-33）。

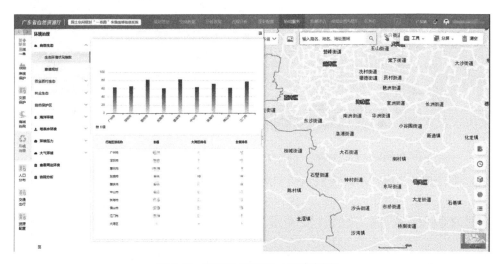

图 7-33　环境协同治理（后附彩图）

在自然生态环境协同治理方面，展示了与生态环境状况指数、碧道规划成果、农业农村生态（永久基本农田、高标准农田）、林业生态（国家公益林、自然保护区）的协同；在岸线保护与海洋环境协同治理方面，展示了近岸海域水质监测成果。

在地表水环境协同治理方面，展示了与城市水环境质量、湖泊水库、河湖管理范围的协同。整合水环境管理主要业务数据、地表水环境监测、饮用水考核、地下水考核等数据，形成水污染防治"一张图"。

在城镇开发建设环境协同治理方面，展示了城镇开发边界与优先保护区的冲突、开发园区与优先保护区的冲突；集成工业企业数据库、广东省省级环境信用评价企业、广东省涉重金属重点行业企业清单、使用消耗臭氧层物质企业清单、广东省集中式污水处理厂、垃圾焚烧发电厂、固体废弃物处理中心、火力发电厂等空间数据，支持对大湾区重点排放单位名录进行监督检查，依托全面的环境数据，实现排放数据管理分析和数据核查监管，快速对重点排放单位排放违规行为进行预警监测，加强对重点排放单位的监督。

在空气质量环境协同治理方面，展示了城市环境空气质量综合指数。整合大气环境管理主要业务数据、环境监测数据、涉气污染源数据、机动车数据、渣土车轨迹数据等数据,形成大气环境质量"一张图"。实现区域空气环境动态监管,以空气质量评价、颗粒物组分监测、光化学污染、机动车污染排放监测及污染排放数据为核心,展示空气污染排放现状评价结果,辅助环保相关部门实时了解区域空气质量状况及污染超标排现象。对粤港澳大湾区主要城市的空气监测数据进行统计分析,以每天、每月、每季度、每年为时间维度对各种污染物的变化趋势进行展示。

4)规划协同监督

规划协同监督功能从规划约束性指标、空间布局吻合性、城市体检评估和三条控制线实施管控方面,以土地变更调查数据、遥感影像数据、计划审批数据等多元数据为基础,利用时空多尺度大数据的集成分析、城市群地理要素智能识别技术及数据融合感知技术,构建规划实施动态监测指标体系。根据土地变更调查数据监测区域土地利用时空变化情况,同时分析规划基期年遥感影像及最新遥感影像,以及历年土地变更调查数据,获取土地利用空间变化信息。获取农用地、建设用地、未利用地的变化趋势以及土地利用结构的变化情况,进而分析规划指标的执行进度,动态监测规划实施进展。从指标数据、空间分布、排名对比、实地照片、问题反馈等多个维度,支撑省市县三级自然资源部门与地质、发展和改革、海洋、能源、交通、工业信息化、文旅、生态环境、农业农村、水利、统计等部门在规划分析评价(风险识别与潜力分析)、规划成果协同审查与备案、合规性审查、规划体系传导与专项规划衔接、"三区三线"划定与实施管控、规划实施管理与辅助用途管制、规划实施监测预警等方面的业务协同(图 7-34)。主要实现了以下功能点:

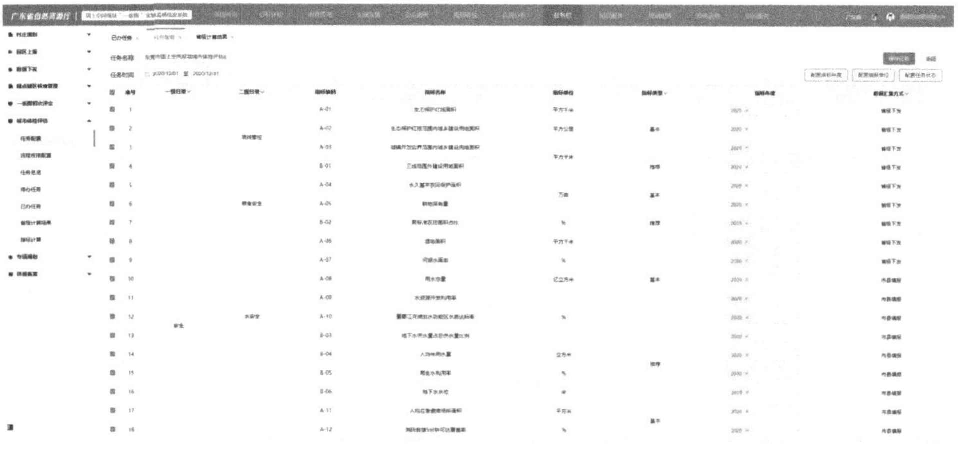

图 7-34　规划协同监督

①在规划约束性指标管理中,提供规划约束性指标的执行情况、空间分区与规划用地的空间吻合性情况图数联动可视化、排名表。

②在空间布局吻合性中,提供了项目合规性审查,便于审查项目规划符合性;专项规划合规性审查,为项目提供了相关专项规划的审查,更好支撑项目选址与专项规划衔接情况;提供交通等重大建设项目涉及的永久基本农田占补分析及实地踏勘照片关联;基于用地现状、耕地质量等别、农业生产适宜性、农业两区划定的大湾区永久基本农田补划潜力区识别。

③在城市体检评估中,对全省城市的体检评估诊断指标进行计算,地市可对评估成果进行填报,形成体检表、诊断表;规划体检评估诊断成果可视化,包括图数文联动、同级排名、预警警示等。

④在三条控制线实施管控中,基于遥感影像的永久基本农田内违法违规建设、挖塘、挖矿、种树等行为的监测、预警、举证反馈等,形成指标表、排名表、图斑分布、问题预警与反馈处理台账等;基于采矿、企业排污、河流流域、土壤质量的永久基本农田质量监测,识别风险区并形成预警警示;基于现状调查、遥感影像的城镇开发边界内永久基本农田、连片耕地,以及城镇开发边界外的批次用地报批、新增建设用地等冲突识别,形成指标表、排名表、图斑分布;基于遥感影像的生态保护红线内违法违规建设、耕地开垦、挖塘、挖矿、砍伐、森林火灾、流域海域排污等行为的监测、预警、举证反馈等,形成指标表、排名表、图斑分布、问题预警与反馈处理台账、邻域告知与协同处置等。

5) 自然岸线协同保护

自然岸线协同保护功能从自然岸线变化监测、自然岸线违规建设监测预警和自然岸线修复治理方面,基于现状调查、遥感监测影像、入河排污普查、海洋生态红线、海岸带综合保护与利用总体规划、交通等相关数据,从岸线长度变化、人类开发活动对岸线影响、岸线生态/水质修复和问题反馈等多个维度,支撑省市县三级自然资源部门与海洋、农业农村、林业、生态环境、市场监督管理等部门在自然岸线生态环境协同治理、自然岸线生态修复(围填海、海砂淡化场、海岸带生态修复)、自然岸线占用补划、海岸线与农田协同治理、岸线保护与海洋环境治理等方面的业务协同。主要实现了以下功能点:

①自然岸线长度的历年变化分析与可视化,包括历年长度分析,自然岸线长度变化地图可视化及动态展示;

②对各地自然岸线保有量的管控指标、海岸线保护与利用的有关情况进行可视化展示和分析;

③基于遥感影像的自然岸线识别、自然岸线长度实时动态监测与自然岸线长度预警;

④基于遥感影像的自然岸线违法违规建设(房地产开发等)、耕地开垦等人为开发活动的监测、预警、反馈以及用地开发审批;

⑤自然岸线生态评估、自然岸线水质监测与治理等;

⑥自然岸线协同监督与协同保护，包括邻域岸线生态修复协同修复等；

⑦人工岸线对岸线保有率变化影响分析、人工岸线开发的审批与监督台账等（图 7-35）。

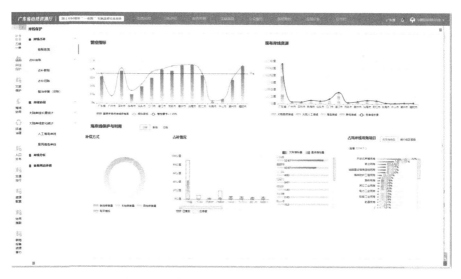

图 7-35　自然岸线协同保护——台账总览

在自然岸线协同保护中，围绕岸线环境治理、生态修复、岸线占用补划等业务，营造良好的岸线生态格局。以广州市某区某大桥北侧海岸线重点海湾整治工程为例，掌握项目基本信息、空间位置，通过关联外业照片、无人机全景数据，足不出户便可直观了解岸线整治情况，实现对岸线的实时动态监测与预警（图 7-36）。

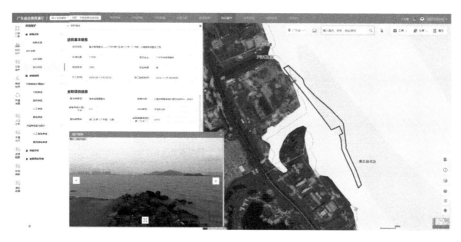

图 7-36　自然岸线协同保护——岸线整治情况（后附彩图）

6）海域协同管理

海域协同管理功能从工业、渔业、航道、旅游、水质和灾害等方面，基于现状调查、水资源综合规划、海域使用权属、海洋功能区划、气象灾害统计等相关数据，从指标数据、空间分布、排名对比、使用权属、灾害风险、问题反馈等多个维度，支撑省市县三级自然资源部门与海洋、气象、能源、地质、交通等部门在风资源综合评价、海上风电场规划评价、海上风电场陆上集控中心选址、海上风电场海缆登陆点选址（图 7-37）、海缆路由选址（图 7-38）、海陆权属冲突分析等方面的业务协同。主要实现了以下功能点：

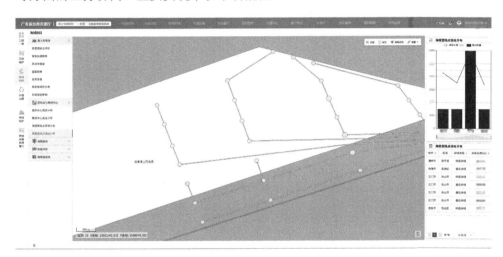

图 7-37　海域协同管理——海缆登陆点选址分布（后附彩图）

图 7-38　海域协同管理——海缆路由选址评价（后附彩图）

①对工业、渔业、交通，旅游用海的分布进行可视化展示，图文联动，形成信息台账。

②基于遥感影像对海域排污等行为的监测、预警、举证反馈等，形成指标表、排名表、图斑分布、问题预警与反馈处理台账、邻域告知与协同处置等。

③海域渔业捕捞权属分析，渔船捕捞纠纷问题协调，对违法违规捕捞行为进行监督反馈与处理，形成处理台账。

④基于遥感影像的水质监测，形成预警警示、信息台账。

⑤影响海洋交通运输、捕鱼等海洋活动的海洋灾害（台风、海啸等）的监测预警，以及对海洋灾害的应急路线规划。

⑥海域可再生能源的利用（风力发电），风力发电站分布可视化展示，形成基站分布所在处表。

⑦海域关于粤港澳主要航道交通干线分布、人工鱼礁规划、人工鱼礁区、海洋保护区、海洋红线区等分布区划。

7.3.4　应用成效

集成后的国土空间规划"一张图"系统已经在广东省直各部门以及全省各级自然资源部门开展了广泛应用，获得部省领导好评、行业认可和社会广泛关注。

为全省各级自然资源及省发展和改革、水利、交通、文旅等 300 余单位 1300 余用户相关业务开展提供在线共享多源、多部门政务空间数据服务和决策信息，有效支撑跨部门综合分析，为基础设施布局、专项规划衔接等相关业务提供了快速、高效、统一可靠的数据基础和分析手段，为重大工程选址决策提供了有效支撑，实现了国土空间的协调和部门业务协同，提高了业务办理效率，取得了良好的应用效果。

支撑了全省 1.4 万个（含粤港澳大湾区 6000 余个）交通、水利、能源、重大产业等类型的国家、省、市级重大项目空间落地，不仅为项目精准落地提供空间资源保障，还大大提高了选址效率，降低了项目选址成本。

支撑了广东省"三区三线"划定，获多部委组成的国家工作组、中国工程院院士和广东省政府主要领导认可。系统参展了全国首届数字政府建设峰会，并入镜央视新闻联播。相关成果获得 2021 年中国地理信息科技进步奖一等奖、2022 中国地理信息产业优秀工程金奖和第一届全国智慧海洋大数据应用创新大赛（2022）三等奖。

结　语

　　本书以城市群协同发展场景实践应用为导向，采用"什么是场景—如何识别场景—场景的应用"的逻辑主线，按照"场景的理论研究—协同发展需求识别规划场景—协同发展应用场景设计—空间规划数据共享网络化服务标准研究—协同发展场景实践应用"的逻辑思路，展开了理论分析和应用实践，形成"理论构建—需求分析—场景设计—标准制定—平台构建—功能研发—系统集成应用"的成果。研究成果服务于粤港澳大湾区城市群的综合统筹决策与协同管理，支撑了粤港澳大湾区国家战略，推进了粤港澳大湾区治理体系和治理能力现代化，具有巨大的社会、经济与生态效益和推广应用价值。

　　构建的场景规划理论体系不仅是对场景规划工具的全新探索，用于指导在不同领域开展场景实践工作，也是促进城市群协同发展的统筹协作工具，能够为未来开展城市群协同发展问题研究提供理论基础与实践指导，助力城市群协同共建过程。根据城市群协同服务应用场景的需求和业务特征，以场景驱动的方法，融合物联网、大数据、人工智能等先进技术，从需求、对象、路径等角度展开城市群协同场景构建及分析，将有助于构建协同服务应用示范场景，为城市和城市群在产业、交通、环境、资源、生态等不同领域的协同发展过程与机制提供理论基础。

　　研发的综合数据一体化管理平台为实现聚焦空间、数据赋能、规划引领的城市群综合决策与协同分析提供了先进的技术手段，已在广东省"数字政府"政务云部署，实现了数据、方法、计算模型、服务、应用等成果的集成管理，包括港澳数据成果的融合管理和展示，形成了面向城市群综合决策与协同服务的空间数据底座。一体化管理平台具备 PB 级、多层次、细粒度的数据、模型、服务的综合一体化管理能力，平台研发的矢量空间数据引擎、空间数据集成融合等一系列技术成果，已集成应用于全省唯一的通用政务空间地理公共支撑和综合应用平台"粤政图"平台的升级改造，提升了平台数据发布与存储管理能力，两个平台共同支撑了国土空间规划"一张图"系统的运行。

　　以自然资源全域全要素为空间载体，研发了城市群空间资源优化利用、基础设施与重大项目选址、绿道碧道协同规划和治理、自然岸线协同保护、空间基础信息共享、国土空间规划实施监督等场景模块，并集成部署在广东省国土空间规划"一张图"实施监督信息系统上，在人口、交通、环境、产业、基础设施、公共服务等领域开展综合决策和协同服务应用示范。通过数据统一融合、共建共享、上下互联互通，以数据赋能、场景驱动、统筹空间资源为抓手，聚焦空间治理、基础设施等重点领域开发应用场景，为跨区域、跨部门、跨层级的综合决策与协同服务提供优质高效、科学精准、及时响应的数字服务和决策信息，有效降低了行政成本，在空间资源优化配置、要素保障和协同保护等方面成效显著。

大湾区城市群的综合决策和协同服务场景丰富，应用需求面广，本书目前仅是对城市群空间资源优化利用、基础设施与重大项目选址、绿道碧道协同规划和治理、自然岸线协同保护、空间基础信息共享、国土空间规划实施监督等 10 个场景的方案设计、系统模块开发和应用成果做了详细和深入介绍，在通过政务系统为市民提供服务方面还有所欠缺。后续会聚焦部门业务需求、城市群协同问题，丰富应用场景研究，进一步优化与提升综合决策与协同服务场景功能模块；提升系统平台的智能化辅助决策能力，通过结构化建模、关联分析、知识服务构建等技术，提高自动化、数字化、智能化水平；充分依托"粤省事""粤政易"等优势平台，面向公众提供更优质的移动应用服务。

参 考 文 献

陈波，2019. 基于场景理论的城市街区公共文化空间维度分析[J]. 江汉论坛，（12）：128-134.

陈章喜，吴振帮，2019. 粤港澳大湾区城市群土地利用结构与效率评价[J]. 城市问题，285（4）：29-35.

范为，2020. 城市文化场景的构建机制研究：以加拿大多伦多市为例[J]. 行政管理改革，（5）：83-91.

方创琳，2014. 中国城市群研究取得的重要进展与未来发展方向[J]. 地理学报，69（8）：1130-1144.

方创琳，2017. 京津冀城市群协同发展的理论基础与规律性分析[J]. 地理科学进展，36（1）：15-24.

高真，黄本胜，邱静，等，2020. 粤港澳大湾区水安全保障存在的问题及对策研究[J]. 中国水利，（11）：6-9.

郜书锴，2015. 场景理论的内容框架与困境对策[J]. 当代传播，（4）：38-40.

广东省市场监督管理局，2019. 地理信息公共服务平台 服务接口规范：DB44/T 2214—2019.（2019-12-03）[2024-03-02]. https://www.nssi.org.cn/nssi/front/114566050.html.

郭金金，陈伟军，2021. 计算社会科学时代场景内涵的再认识[J]. 新闻界，（4）：18-27.

胡正荣，2015. 传统媒体与新兴媒体融合的关键与路径[J]. 新闻与写作，（5）：22-26.

黄锋华，黄本胜，洪昌红，等，2022. 粤港澳大湾区水资源空间均衡性分析[J]. 水资源保护，38（3）：65-71.

吉林省市场监督管理厅，2021. 国土空间规划数据服务技术规范：DB22/T 3241—2021[S/OL].（2021-06-01）[2024-03-02]. https://www.nssi.org.cn/nssi/front/114367123.html.

江西省市场监督管理局，2022. 地理空间数据共享和交换规范：DB36/T 1646—2022[S/OL].（2022-09-26）[2024-03-02]. https://www.nssi.org.cn/nssi/front/123148306.html.

江西省质量技术监督局，2017. 电子政务云平台资源服务规范：DB36/T 980—2017[S/OL].（2017-12-29）[2024-03-02]. https://www.nssi.org.cn/nssi/front/108630473.html.

克拉克，李鹭，2017. 场景理论的概念与分析：多国研究对中国的启示[J]. 东岳论丛，（1）：16-24.

况旭，刘传立，李明海，2022. 粤港澳大湾区建成区扩张时空特征分析[J]. 测绘通报，540（3）：90-95，110.

李娟，李兴拼，李杰，2022. 粤港澳大湾区水资源管理形势及对策[J]. 水利发展研究，22（10）：65-70.

李泽众，2020. 粤港澳大湾区交通建设对长三角城市群未来交通建设的启示研究[J]. 特区经济，（10）：12-14.

梁龙武，王振波，方创琳，等，2019. 京津冀城市群城市化与生态环境时空分异及协同发展格局[J]. 生态学报，39（4）：1212-1225.

陆军，2020. 都市圈协同发展的理论逻辑与路径选择[J]. 人民论坛，（27）：54-57.

苗慧，2019. 移动互联网时代下的"场景理论"研究[J]. 西部广播电视，（13）：1-2.

聂晶，2019. 融媒体时代媒介场景论研究：读梅罗维茨的《消失的地域》[J]. 传媒论坛，2（16）：112，114.

彭芳梅，2019. 《粤港澳大湾区发展规划纲要》解读与启示[J]. 特区实践与理论，（2）：78-82.

彭兰，2015. 场景：移动时代媒体的新要素[J]. 新闻记者，（3）：20-27.

沈贻炜，俞春放，高华，等，2012. 影视剧创作[M]. 杭州：浙江大学出版社.

涂成林，田丰，李罗力，等，2021. 中国粤港澳大湾区改革创新报告[M]. 北京：社会科学出版社.

王红野，张继立，马婧，2020. 粤港澳大湾区海上风电发展现状与展望[M]//国际清洁能源论坛. 粤港澳大湾区绿色发展报告（2020）. 北京：中国言实出版社：70-81，551.

吴军，郑昊，2021. 社区消费场景研究：基于青年需求的实证分析[J]. 现代城市研究，（9）：36-42.

武法提，黄石华，殷宝媛，2018. 场景化：学习服务设计的新思路[J]. 电化教育研究，39（12）：63-69.

夏蜀，2019. 数字化时代的场景主义[J]. 文化纵横，（5）：88-97.

新华社，2023. 粤港澳大湾区经济总量突破 13 万亿元人民币[EB/OL].（2023-03-22）[2024-03-02]. https://www.gov.cn/xinwen/2023-03/22/content_5747768.htm.

徐步刊，周兴社，梁韵基，等，2012. 一种场景驱动的情境感知计算框架[J]. 计算机科学，（3）：216-221.

杨黎静，李宁，王方方，2021. 粤港澳大湾区海洋经济合作特征、趋势与政策建议[J]. 经济纵横，423（2）：97-104.

杨珍丽，唐承丽，周国华，等，2018. 城市群-开发区-产业集群协同发展研究：以长株潭城市群为例[J]. 经济地理，38（1）：78-84.

余迎，刘文君，2010. 媒介、场景、行为：从《消失的地域》谈梅洛维茨的媒介情景理论[J]. 学理论，（30）：178-179.

喻国明，梁爽，2017. 移动互联时代：场景的凸显及其价值分析[J]. 当代传播，（1）：10-13，56.

张志明，林琳，周艳平，2022. 打造粤港澳大湾区城市群功能分工新格局[N]. 中国社会科学报，2022-06-08（3）.

赵钟楠，陈军，冯景泽，等，2018. 关于粤港澳大湾区水安全保障若干问题的思考[J]. 人民珠江，39（12）：81-84，91.

周春山，邓鸿鹄，史晨怡，2018. 粤港澳大湾区协同发展特征及机制[J]. 规划师，34（4）：5-12.

朱俊成，2011. 基于多中心与区域共生的长三角地区协调发展研究[J]. 中国人口•资源与环境，（3）：150-158.

左晓安，孟令宇，梁宇红，2022. 香港服务业深度参与大湾区发展研究[J]. 特区经济，407（12）：7-11.

Chakraborty A，Sherman S A，2020. How scenario planning affects regional and local plans and planning practices：an empirical analysis[J]. Lincoln Institute of Land Policy，1-3.

Gardner J，1983. The Art of Fiction：Notes on Craft for Young Writers[M]. New York：Alfred.A. Knopf.

George K，1994. Playwriting：The First Workshop[M]. Waltham：Focal Press.

Goffman E，1959. The Presentation of Self in Everyday Life[M]. New York：Doubleday Anchor Books.

Hu Y，Chen X，Liu X，et al.，2022. Ecosystem service responses to land use change in southern Guangzhou—the practice of applying natural resources integrated database for research[J]. Land，11（7）：1012.

Hu Y，Chen X，Tang Z，et al.，2021. Collaborative 3D real modeling by multi-view images photogrammetry and laser scanning：the case study of Tangwei Village，China[J]. Digital Applications in Archaeology and Cultural Heritage，21：e00185.

Kahn H，Wiener A J，1967. The Year 2000：A Framework for Speculation on the Next Thirty-Three Years[M]. New York：The Macmillan Press.

Katz E，1979. The Film Encyclopedia[M]. New York：Crowell.

McLuhan M，1964. Understanding Media[M]. New York：McGraw-Hill Press.

Meyrowitz J，1986. No Sense of Place：The Impact of Electronic Media on Social Behavior[M]. New York：Oxford University Press.

Neil M，Hinkle W P，Morgan G，2016. Scenarios—international best practice：an analysis of their use by the United States，United Kingdom，and Republic of Korea[EB/OL].（2016-02-01）[2024-03-02]. http://www.jstor.org/stable/resrep22842.5.

Scoble R，Israel S，2013. Age of Context：Mobile，Sensors，Data and the Future of Privacy[M]. Scotts Valley，CA：CreateSpace Independent Publishing Platform.

Silver D A，Clark T N，2016. Scenescapes：How Qualities of Place Shape Social Life[M]. Chicago，IL：University of Chicago Press.

Treviño A J，2003. Goffman's Legacy[M]. NewYork：Rowman and Littlefield Publishers.

Wack P，1985. Scenarios：uncharted waters ahead[J]. Harvard Business Review，63（5）：72-89.

彩　图

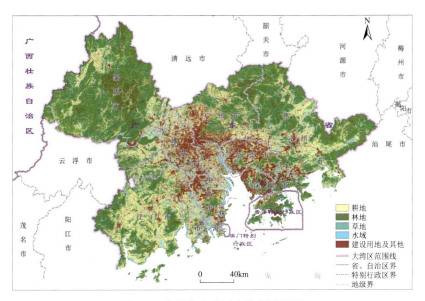

图 3-2　粤港澳大湾区土地利用类型

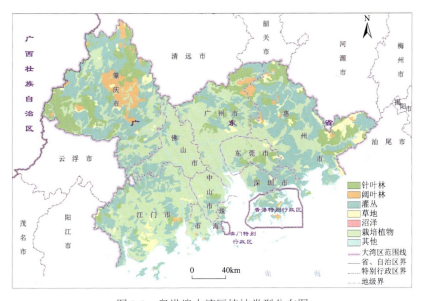

图 3-3　粤港澳大湾区植被类型分布图

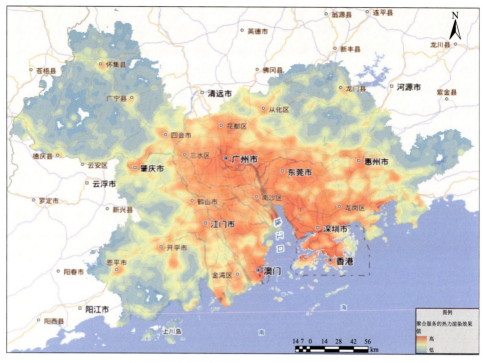

图 6-35 聚合分析服务的热力渲染效果示意图

图 6-36 实时流数据服务样例

图 6-38 应用门户 UI 示例

图 7-12 永久基本农田管控

图 7-13　生态保护红线管控

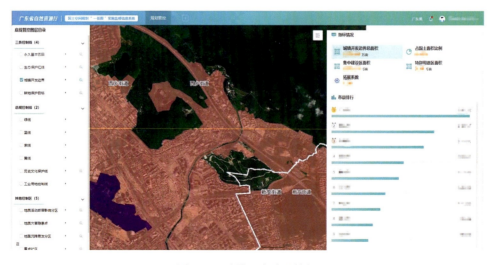

图 7-14　城镇开发边界管控

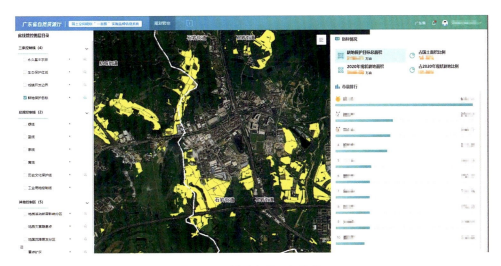

图 7-15　耕地保护目标管控

图 7-16　地质活动断层影响分区管控

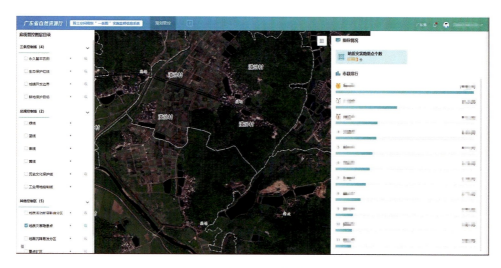

图 7-17　地质灾害隐患点管控

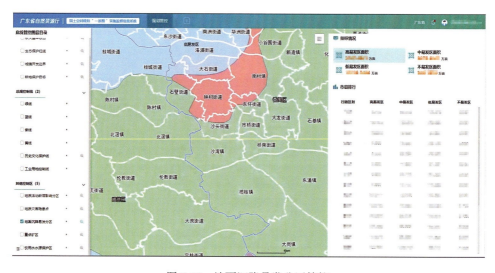

图 7-18　地面沉降易发分区管控

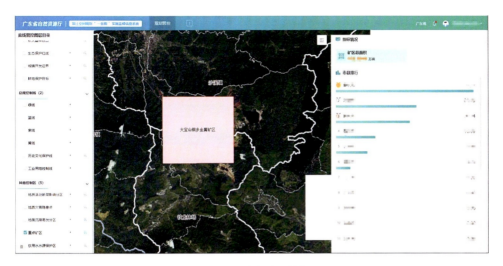

图 7-19　重点矿区管控

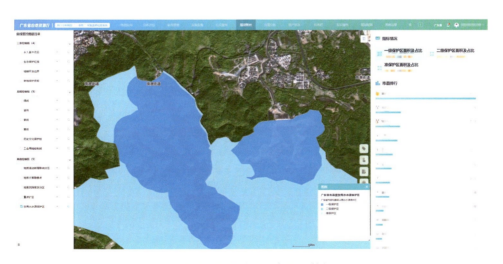

图 7-20　饮用水水源保护区管控

图 7-21　数据浏览

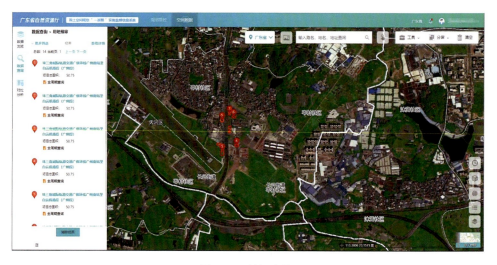

图 7-22　数据查询

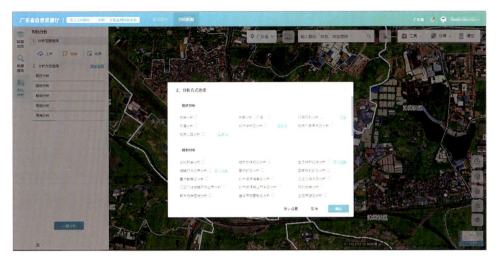

图 7-23　对比分析

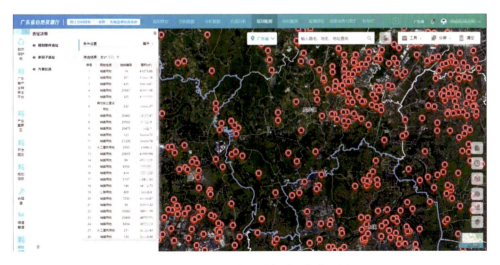

图 7-24　基础设施与重大项目优化配置

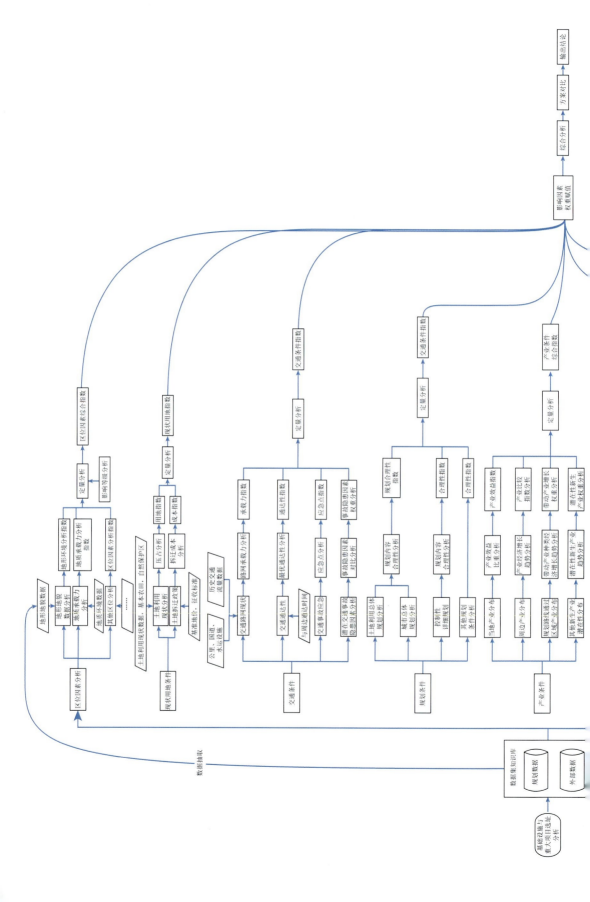

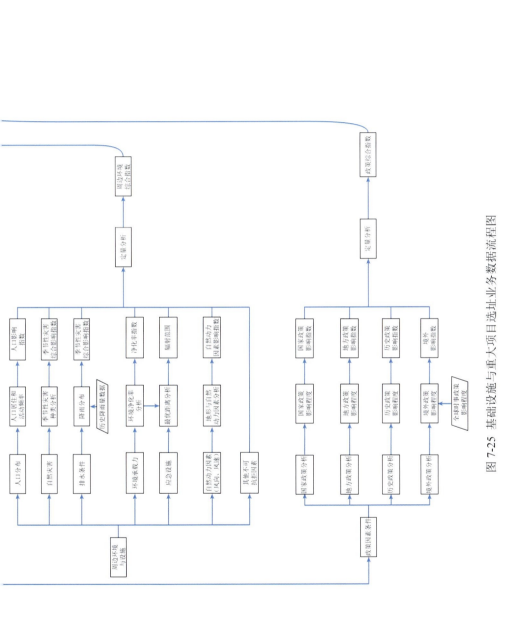

图 7-25 基础设施与重大项目选址业务数据流程图

图 7-27　国土空间开发适宜性评价

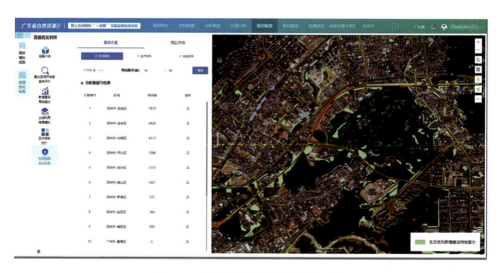

图 7-28　优化利用辅助决策场景示例

图 7-29　城市群协同发展评估

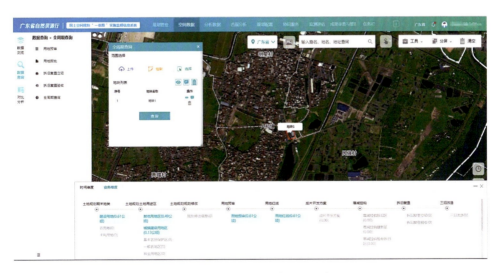

图 7-30　空间基础信息协同共享

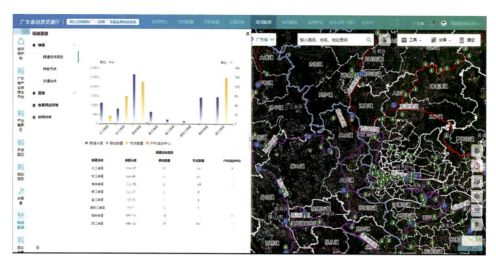

图 7-31　绿道碧道协同规划与治理

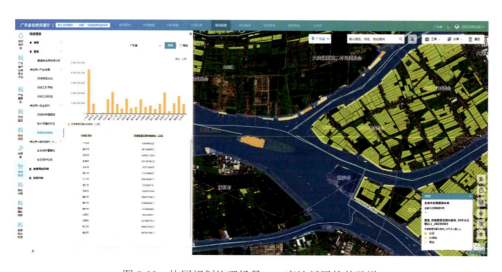

图 7-32　协同规划治理场景——南沙新区的某碧道

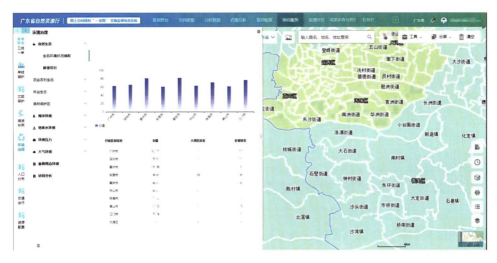

图 7-33　环境协同治理

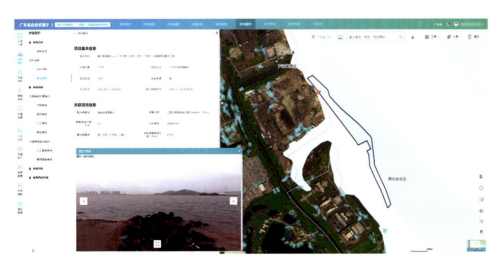

图 7-36　自然岸线协同保护——岸线整治情况

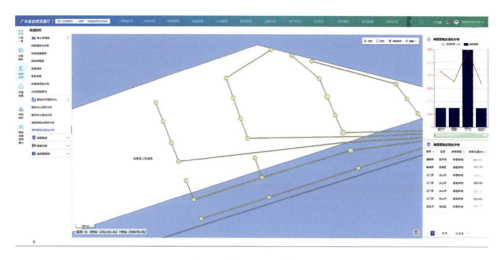

图 7-37　海域协同管理——海缆登陆点选址分布

图 7-38　海域协同管理——海缆路由选址评价